# 中國學術思想 研究輯刊

三三編

林慶彰 主編

## 第 1 冊

### 《三三編》總目

編輯部編

### 《論語》、《孟子》言「天」的哲學說明之研究

郭俊泉 著

花木蘭文化事業有限公司

國家圖書館出版品預行編目資料

《論語》、《孟子》言「天」的哲學說明之研究／郭俊泉 著 --
初版 -- 新北市：花木蘭文化事業有限公司，2021〔民 110〕
目 4+162 面；19×26 公分
（中國學術思想研究輯刊 三三編；第 1 冊）
ISBN 978-986-518-430-8（精裝）
1. 論語 2. 孟子 3. 儒家 4. 學術思想
030.8                                              110000648

ISBN-978-986-518-430-8

9 789865 184308

中國學術思想研究輯刊
三三編 第一冊                      ISBN：978-986-518-430-8

## 《論語》、《孟子》言「天」的哲學說明之研究

作 者 郭俊泉
主 編 林慶彰
總 編 輯 杜潔祥
副總編輯 楊嘉樂
編 輯 許郁翎、張雅淋 美術編輯 陳逸婷
出 版 花木蘭文化事業有限公司
發 行 人 高小娟
聯絡地址 235 新北市中和區中安街七二號十三樓
          電話：02-2923-1455 ／傳真：02-2923-1452
網 址 http://www.huamulan.tw 信箱 service@huamulans.com
印 刷 普羅文化出版廣告事業
封面設計 劉開工作室
初 版 2021 年 3 月
全書字數 140111 字
定 價 三三編 18 冊（精裝）新台幣 48,000 元

# 《三三編》總目

編輯部 編

# 《中國學術思想研究輯刊》三三編 書目

# 《中國學術思想研究輯刊》三三編
# 各書作者簡介・提要・目次

## 第一冊　《論語》、《孟子》言「天」的哲學說明之研究

### 作者簡介

郭俊泉，畢業於香港中文大學，現職社會工作者。於大學時期受牟宗三先生著作啟發，研習哲學，並於 2002 年開始，在香港新亞研究所修習，師從盧雪崑教授，專研孔孟哲學及康德哲學，2014 年獲頒博士學位。

### 提　要

當代學者對孔孟之天主要有三種不同的理解，當中包括神性義的天、虛化義的天及形上實體義的天。本文擬提出，以上三義所理解孔孟所言之「天」的意思，皆有值得商榷之處。本文嘗試引入康德的學說，指出孔孟的「仁」及「本心」包含有豐富的意思，當中包括自由意志，以及據此所自立的道德法則，以致道德法則所規定的一個終極目的——圓善。孔孟所言的仁者不只念孜在孜於踐仁，亦關心踐仁所開展出來的道德世界，而這亦是世界造化的終極目的，並從而肯定一超越意義的「天」作為道德世界的根據。究其實，這「天」的實義是「本心」之充其極，故我們可說「本心」是創造或世界的本體。孔孟之「下學上達」及「盡心知性知天」實涵有「道德的形而上學」的意思。本文由對「天」的崇敬亦進而討論孔孟所包含的「道德的宗教」之意。

　　本文對於學術界有關孔孟學說的兩個主要理解作討論，包括孔孟傳統並未有包括形而上學，以及孔孟傳統已包含有形上實體義之天，並擬提出由主、客先驗綜和所理解的「道德的形而上學」，可能更符合孔孟之原意。

## 目　次

# 第二冊　「予豈好『譬』哉？」：孟子與譬喻

## 作者簡介

　　饒忠恕，台大哲學系東方哲學組博士生，鑽研先秦諸子。從小就讀台中美國學校，從美國伊利諾州惠頓大學雙主修神學與西方哲學學士班畢業後，進入台大哲學所碩士班就讀。在傅佩榮與李賢中教授的指導之下，開始研究中國哲學、儒家哲學，以孟子之譬喻為主題完成碩士畢業論文。其研究興趣

與實務工作涵蓋中國哲學論文中英對譯、哲學電視節目主持（好消息《貓道上的哲學家》），也受邀擔任哲學與神學相關講座，並創辦神學經典讀書會。

## 提　要

本書討論孟子與譬喻，並且分為理論設立、理論延伸、教學實踐三篇呈現。

理論設立篇篇名為「予豈好『譬』哉？」，重新檢驗「孟子為何如此地『好辯』？」，並且經由譬喻分析所得出的答案是：孟子所批評的對象違反了道義，而道義的實質內容以及判斷標準顯示於孟子的譬喻中。本篇做完文獻回顧、譬喻定位與概念澄清三方面的鋪陳之後，便一一探討《孟子》中的「四端」、「五倫」與「三辯」。

理論延伸篇藉由「思想單位」研究方法分析《孟子》文本，得出孟子人性論的五點摘要：有什麼？猶有四肢—人有四肢；是什麼？乃若其情—可以為善；為什麼？芻豢悅口—理義悅心；會怎樣？得養則長—失養則消；要怎樣？魚掌不兼—舍生取義。藉此分析，也可見該方法的優點包括：望遠鏡式的近看、遠看之功能與提供清楚的詮釋分類標準。

教學實踐篇奠基於以上「思想單位」的方法、《孟子》文本的認識以及筆者主持好消息《貓道上的哲學家》（台灣第一個兒童思辨節目）之經驗，試圖把以上理論化為各種課程可以使用的討論問題，藉由細緻的問題設計，試圖重新引起學生們對於《孟子》文本的興趣，以及提升學生參與討論之可能性。這些問題的設計原則包括提升互動、壓低門檻、抓住重點與聯結生活。

## 目　次

# 第三冊　荀子與戰國黃老之學研究

## 作者簡介

　　商曉輝，男，1990 年生，天津市河北區人。博士畢業於西北大學中國思想文化研究所，獲中國史博士學位，導師為謝陽舉教授，現為西北農林科技大學馬克思主義學院講師。兼任中國先秦史學會法家研究會理事、陝西省孔子學會會員、陝西省馬克思主義學會會員。主要研究方向為黃老道家、先秦法家、西方政治思想史（主攻漢娜・阿倫特、以賽亞・伯林）。

　　主持 2020 年陝西省社會科學基金年度項目「黃老學說中的國家治理思想研究」；2020 年西北農林科技大學基本科研業務費人文社科一般項目「國家治理視角下的黃老道家研究」；2019 年西北農林科技大學博士科研啟動基金項目「荀子國家治理思想及當代價值研究」。在《原道》《諸子學刊》《甘肅社會科學》《管子學刊》《中國中醫基礎醫學雜誌》《華夏文化論壇》等核心期刊發表多篇文章。

## 提　要

　　荀子是先秦思想的集大成者。他以孔門嫡傳自居，繼承發展了孔子的儒家思想。同時，他還借鑒吸收道法名墨陰陽等各家思想。黃老之學是戰國中後期最為昌盛的思潮，戰國中後期的許多學者都受到黃老之學的影響。荀子

三次擔任齊國稷下學宮的祭酒，長年在稷下學宮講學。而稷下學宮中的主要思潮即為黃老之學。可以說荀子思想的許多方面都受到黃老之學的深刻影響。通過借鑒和吸收黃老之學，來彌補先秦儒家思想的不足。

荀子借鑒吸收黃老之學主要表現在五個方面。天人觀方面其思想之中所指的天大部分應為自然之天，是對黃老之學的自然主義天道觀的借鑒吸收。對黃老氣本源論思想的借鑒，提出了事間萬物都由氣所構成以及事物內部的陰陽二氣互相運動產生萬物的思想。對黃老「天地有恆常」思想的借鑒，提出了「天行有常」的哲學命題；人性思想方面借鑒吸收了黃老之學的自然人性論。認為人的本性不是孟子似的道德屬性，而應該是與動物相同的自然屬性。對情感和欲望持肯定態度，一方面受郭店楚簡儒家思想的影響。另一方面則借鑒了黃老對情慾的肯定態度。同時對稷下學者宋銒的「情慾寡淺」思想進行了批判。宋銒「情慾寡淺」思想的本意不是人的情感欲望本來是不多的，是很少的，即「情慾固寡」的意思。本意應該是在承認人們內心情感欲望非常多的前提下，削減和抑制人們內心之中不必要以及過多的情感和物質欲望的意思。荀子對宋銒「情慾寡淺」思想的理解是不正確的；解蔽思想方面借鑒了黃老之學的認識論思想以及黃老之學對形而上之道的理解。並對天官、天君、虛、壹、靜等黃老之學的哲學術語進行了借鑒，在此基礎之上有所發展和創新；禮學思想方面其「明分使群」的思想是對黃老之學「分」思想的借鑒。還借鑒了黃老之學的術治思想以及禮法並重的思想，為的是彌補禮治思想自身的不足。同時比較其與稷下學者慎到的法思想也可以看出儒學與黃老之學二者治理思想的理論依據和區別之處。名學思想方面荀子名學思想的政治內涵及意義都以政治和倫理為最終歸宿和目的。黃老的名學思想以形名的方式所闡述，與荀子的名學思想在政治內涵及政治意義方面完全相同，也是以倫理和政治為依歸。二者相互影響和借鑒。

以荀子和黃老之學為例，探討荀子思想之中的黃老因素，能夠更好的把握戰國中後期儒道二者之間的互相借鑒和發展。宏觀上瞭解和理清戰國中後期思想史的發展和脈絡。

## 目 次

# 第四冊　《墨子》道德哲學研究

## 作者簡介

韋展勛，字續墨，好任俠，好飲酒，好玄思。祖籍為廣西宜州，出生於臺北北投。輔仁大學哲學博士，曾任崇右影藝科技大學通識中心兼任講師、現為輔仁大學哲學系、輔仁大學全人教育中心以及亞東技術學院兼任助理教授。研究內容多為：墨家哲學、先秦諸子思想與 PBL（Problem-Based Learning）教學法。

## 提　要

　　本文試圖以《墨子》文本為理論根據進行爬梳，本文結構以前人研究之反思著手，設定研究之範圍與目的，以「思想單位」進行古籍之研究為進路並以「基源問題研究法」、「層面整體動態觀」與「創造的詮釋學」進行多軌之研究，由《墨子》文本中的道德意涵進入主題研究，以時代背景為主，進而討論其道德哲學之判斷原則與其道德哲學之目的，並探討其理論之基礎，如「天志」、「義」、「兼愛」以及「利」等相關概念，以進行其道德哲學理論架構之重詮，再進一步探討《墨子》道德哲學之道德判斷，並以其「三表法」思想為開端，佐以《墨辯》中的判斷方法，進而提出與西洋古典效益主義之差異性，於其後章節提出相關問題考察進行比較，並做出結論。

## 目　次

## 第五冊　「太極」概念內涵的流衍與變化——從《易傳》
　　　　到朱熹

### 作者簡介

程強，公元 1971、農曆辛亥年生。祖籍運漕，出生地陶廠。小學、初中就讀於當地，在運漕、含城讀完高中。十六志於學，醉心於馬列，浸研三四年。高中輟學，輾轉於生意場。兩年後又學美術，讀於巢湖師專，畢業後在襄山中學任教十一年，期間始留意於傳統舊學。2006 年，入安大哲學系，專研儒家。三年後又進上師，繼學之。畢業後，在黔地任教，奄忽又八載。回首相望，茫茫然如未曾有學，甚為傷悼矣。是為記，以告來者。

### 提　要

本文旨在考察中國哲學史上儒家一個最為重要概念——「太極」內涵的流衍變化。

從《易傳》的文本看，易道以乾坤陰陽為基始，易之三則：不易、簡易、交易，皆以乾坤為基，所謂「乾坤毀，則無以見《易》」，故此，由「太極兩儀」建立起來的《易傳》的本體論體系，其最高概念——太極——不得越乾坤而獨存。因此，把「太極」作為超越天地的本體或生成之母來理解不符合《易傳》整個體系。從「太極」的詮釋史看，「太極」為「大中」一義最為認可，自漢人董仲舒至清學者，兩千餘年罕有反對者。「太極大中」一義可貫通漢學、宋學，也打通程朱、陸王的分歧，並且還可以統攝三個不同的體系：董仲舒天人學術、程朱的本體論，周、邵、張等渾沌體系。一言以譬之，太極之為大中可以貫通整個儒學，成為儒學的核心精神，與儒家的「中庸」大中至正的道統不謀而合。「太極」的其他諸涵義，如太極元氣說、太極本無說、太極天理說、太極為一心、太極為蓍草不分等等，這些涵義都明顯帶有時代的特色，歷來都是毀譽參半，沒有大家一致的認同，儒學內部各體系派別的扞格紛爭也由之而起。

因是故，本文把太極大中一義作為《易傳》太極本義來考察，並在這個基礎上考察太極概念內涵的流衍變化。

究其歷史發展的沿革來看。戰國末期，道家《老子》的渾沌體系通過對《易傳》太極概念的解讀而開始滲入到儒家內部。其後，其他各家學術也採用了儒道合流的觀點，如《鶡冠子》、《呂氏春秋》便是這兩個體系融合的結

　　果，它們把《易傳》「太極生兩儀」的形式與《老子》渾沌說合二為一，這樣，「太極」與「元氣」的合一首次實質性出現在這兩部著作中。

　　漢人的「太極」觀沿著兩條路線發展：其一，因襲《易傳》的體系而形成董仲舒的天人思想構架。在董仲舒的體系裏，「太極」被明確地解釋為天地之「中」。在董仲舒的著作中，「太極」與混沌不分的「元氣」從未有形式上的連接，「元氣」的具體涵義偏重於類似陽氣，董仲舒強調陰陽調和。其二，漢初的學者順著《鶡冠子》、《呂氏春秋》的渾沌元氣創生萬物的思路，又進一步往上追溯，追溯到一個一無所有的「絕對虛無」。《淮南子》與漢人的易緯《乾鑿度》都在渾沌的元氣（太極）之先置一絕對虛無，名之曰「太易」，由「太易」生成元氣（太極），再有元氣（太極）生成陰陽、天地、萬物。

　　這樣，就出現了一個理論困難：「太易」絕對虛無，故此不具有生成功能。那麼，不具有生成功能的「太易」如何生成渾沌之太極？鄭玄為了應付此種矛盾，把「忽然而自生」的觀念引入「太極」的特性中：「太極」具有忽然的自生自成的功能，相當於老子的「獨立而不改」的「道」。「太易」之為絕對的虛無又混同於「太極」，與「太極」合二為一，即「太易」的絕對虛無的本性根植於太極自身之中。按照這個邏輯，我們可以順利推理為：「太易」的本性也會根植於由太極生成的萬事萬物中，萬事萬物中必有一個絕對之虛無，為其本體。

　　鄭玄這兩點至關重要的創造性解釋使學術史發生了重要的改轍：漢學向玄學過渡了。

　　王弼在鄭玄的基礎上，順著鄭的思路，進一步把「太極元氣」砍掉了，獨留下「太極為無」一義，「忽然而自生」被簡釋為「獨化」的功能——萬物「獨化」於自己的「無」，「自本自根」於自己的「太極」，王弼拉進莊子的學術與鄭玄合二為一，開闢玄學新天地。王弼的革新僅在於把「太極」這一新內涵發揮成一套嚴密的體系，從而造就一時代之學。

　　隋唐經學沒有創新，他們沿襲漢人與王弼的太極觀，兼攝太極為無與元氣兩個涵義，沒有獨特的創新。然而，隋唐經學的太極觀又經韓愈、李翱的改造，增加一個太極之性的說法，從而形成三者合一的趨勢，影響了宋儒。這使得宋學初創者的太極觀，自胡瑗、邵雍、周敦頤至司馬光、張載、蘇軾無不兼攝三義：太極即為「元氣」、也為「本無」、還具有太極為「性」。周敦頤的《太極圖說》典型地代表這個新融合的獨創。

　　然而，自二程開始，卻遠離這個新傳統，僅保留周、張等太極為性一義，他們在氣論上把「動靜無端，陰陽無始」發揮到極致，太極元氣說便無法立根。朱熹繼承二程，又試圖融合周敦頤《太極圖說》體系，同時又試圖融攝漢人的渾天說。朱熹的博大體系因此便發生了裂痕，使得他不得不應付「太極」與「氣」的先後關係，形成了朱子學的獨特內容——理氣關係說。

# 目　次

# 第六冊　宋翔鳳的經學研究

## 作者簡介

　　賴志偉，臺灣高雄市人，1974 年生，畢業於臺灣大學歷史系和歷史學研究所碩士班，師從中研院近代史前所長陳永發院士。期間，入讀臺北奉元書院數年，與毓鋆老師學習儒學經典，深刻體會到中國文化的博大精深，並為之後的經學研究奠定基礎。後入北京大學歷史系博士班，師從歐陽哲生教授，專攻清代經學史，發表過《莊存與的〈尚書〉研究——對〈尚書既見〉的新解讀與新看法》等十數篇文章，並獲博士學位。

## 提　要

　　宋翔鳳活動於科場、學界、官場的時間橫跨乾隆、嘉慶、道光、咸豐四朝，歷經清朝由盛世末期淪為晚清衰世。期間乾嘉漢學經歷了如日中天，到漢宋融合、理學復興、今文經學復興等學風的轉換，這對宋翔鳳產生深遠的影響。本論文擬在深入鑽研文獻記載基礎上，將文獻與當代研究資料相結合，從學術史的角度剖析宋翔鳳經學研究的變遷及其特色，並衍伸討論常州學派經學的發展，以此具體反映清中葉以後學術界的發展趨勢。

　　從乾隆三十八年（1773）二月四庫館開館後，漢學得到這次規模空前的官方修書活動的認可與支持，進一步達到鼎盛的局面，成為當時學術界不可撼動的領導地位。在此背景下，宋翔鳳從小就深受漢學的影響，自言：「余十幾歲，里門耆宿方談古文訓故之學，聞而竊慕。」再加上三十六歲前長期待在其父宋簡身邊接受將漢學融入科舉之文的訓練，所以在嘉慶後期以前，宋翔鳳把主要的精力放在對漢學的研究，以鄭玄為典範，考據為手段，完成大量考據學的著作，如《論語鄭注》、《論語纂言》十卷本、《四書古今訓釋》、《小

爾雅訓纂》、《經問》等重要的經學作品,這時他的經學思想與當時漢學家並無太大差別。

另外因母親莊氏的關係,宋翔鳳在嘉慶四年隨其母歸寧常州,並受母命留於其舅莊述祖處受業,由此習得常州學派之家法和經學思想,為他日後學術轉型奠定下基礎。常州學派以莊存與、莊述祖、劉逢祿、宋翔鳳為代表人物,其中莊存與將「廟堂之學」轉為家學後成為常州學派的開山宗師,阮元稱他「於六經皆能闡抉奧旨,不專為漢、宋箋注之學,而獨得先聖微言大義於語言文字之外」。莊述祖承續伯父之學,改以「漢學求根株」的方式改造家學,使常州經學得以跟漢學接軌,並另闢途徑開創《夏時》與《歸藏》之研究。劉逢祿與宋翔鳳二人同為莊存與外孫,他專攻今文經學典籍《春秋公羊傳》,成為常州《公羊》學最重要的代表人物,並首先將《公羊》的微言運用於《論語》研究之中。本文主要想從常州經學研究的整理中,考察宋翔鳳如何將常州學派的經學思想整合到個人的研究中,如在《過庭錄》中,宋翔鳳將莊述祖所傳授《尚書》今古文之分的家法與《公羊》微言相結合,或是把「孔老同源說」引入到《管子》的研究中。

宋翔鳳進行學術轉型的大背景是漢學日益脫離現實而無法解決盛世衰敗後所產生的實際問題,導致漢宋調和的學術風潮出現於嘉慶後期,對當時學術格局的變動產生重要作用。宋翔鳳亦不可避免受其影響,希望從中找出一條新出路,最後選擇了常州學派。其中最能體現出宋翔鳳繼承莊述祖之衣鉢的是《大學古義說》中對政教合一制度的論述,此書是延續莊述祖的莊述祖《夏時說義》而來。此外,《論語說義》在《大學古義說》的基礎上增補了「孔老同源說」及《公羊》學研究,將莊存與、莊述祖及劉逢祿三人的學術研究有機的統合一起,使得宋翔鳳成為常州學派集大成者。

宋翔鳳一生走過八十四個年頭,可謂歷經滄桑。十三次科考的失敗,窮途潦倒四處求職,任官委曲求全以求自保,直至七十多歲方能辭官歸故里。在六十多年的經學研究中使得他著作等身,為後人留下彌足珍貴的經學思想資產,也為晚清今文經學的興起鋪平了道路,成為莊存與「以學開天下」遺志的重要實踐者。

# 目　次

# 第七冊　漢初學術及王充論衡述論稿（修訂本）

## 作者簡介

　　李偉泰教授，1977 年畢業於臺灣大學中國文學研究所博士班，獲國家文學博士學位。歷任臺灣大學中國文學系講師、副教授、教授、系所主任等職。其學術專長主要為《史記》、《漢書》、兩漢學術史、《四書》，並長期從事相關之教學與普及推廣工作。著有《兩漢尚書學及其對當時政治的影響》（臺北：臺灣大學文學院，《文史叢刊》之四十三，1976 年 6 月初版；2019 年 3 月花木蘭修訂版），《漢初學術及王充論衡述論稿》（臺北：長安出版社，1985 年 5 月初版；2021 年 3 月花木蘭修訂版），與該系同仁合作編著《史記選讀》（臺北：臺大出版中心，2014 年 8 月增訂一版），與何寄澎等合作編著《中國文化基本教材》（臺北：龍騰出版社，1999～2000 年），其他論著詳見臺灣大學中國文學系網頁。

## 提　要

　　本書分為兩個單元：前四篇及附錄為一組，探討漢沿秦制的深層原因：劉邦集團放棄楚地本位，改採「秦本位政策」，藉以籠絡秦民，使秦民和劉邦集團產生休戚相關的共識，對外充分發揮秦地固有優越的人力物力資源，使劉邦在東、西對抗中屢挫屢起，終於重演類似戰國時期秦滅六國的故事，力挫東方強敵。因此對於漢沿秦制的現象，不能單純從消極面視為漢初庶事草創，未遑改訂秦制，所以因循而不革；也不能當作是無為政策的結果。相反的，這是劉邦集團積極的選擇，是他們克敵制勝的深層原因。由於秦制是以法家精神作為其制度的神髓，所以漢初朝廷在治術方面採用黃老的清淨無為，藉以沖淡秦制苛刻的弊端。這種秦制和黃老治術結合的局勢，使儒家的政治理想無從施展，故為眾多漢儒所批判，並展開漫長的崇儒運動，其結局是漢廷形成王霸並用，陽儒陰法的局面。

　　第伍至第玖篇為另一組，論述王充及其代表作《論衡》。王充在性格方面的最大特色，是辨明事物真相的傾向特別強烈。他著作《論衡》的主旨，以「疾虛妄」一語來概括（〈佚文篇〉），其目的是「就世俗之書，訂其真偽，辯其實虛。」（〈對作篇〉）綜觀王充一生的事業，主要有兩個項目：一為仕宦，二為著作。他的仕宦生涯很不順利，在「仕數不耦」（〈自紀篇〉）的情形下，他提出互相矛盾的適偶說和命定論來自我排遣：既然每個人的境遇都是由命

或偶然因素來決定，則他對自己在仕途上的失意也就可以無所怨尤了。但他在適偶說和命定論之外，還有「求」的觀念，使他的生活依舊充滿了朝氣。他所能有效追求的，是倚靠著書立說達到「名傳於千載」（〈自紀篇〉）的地步。這份心願，與明辨然否，力求精確的心態，同為著作《論衡》的主要動力。

王充依據他在地方上的仕宦經驗，詳細的比較儒生和文吏的長處和短處，反映漢代地方吏治的若干問題，以及儒、法兩家在地方政治中的對立情形。王充對漢代的禁忌迷信，作了全面而有系統的批評，內容之詳盡，批評之透澈，均屬前所未有，不愧是破除迷信的偉大先驅者。王充在考辨文獻記載方面的重大貢獻，不在具體的成果，而是不迷信權威，勇於懷疑的精神，以及他所使用的各種考辨方法。《論衡》立說頗有自相矛盾之處。原因可歸納為三點：（一）王充在思想系統的一貫性方面有缺陷。（二）為了明哲保身，所以他一方面力斥災異說，另一方面卻屢屢稱道漢朝瑞應，而他明知災異與瑞應是一事的兩面。（三）《論衡》的著作時間長達三十年，完成時間不同的各篇，難免有說法彼此牴牾之處。

# 目 次

# 第八、九冊　漢代心性論研究

## 作者簡介

張靜環（1961～）臺灣屏東人，成功大學歷史語言研究所碩士（1991），高雄師範大學國文學系博士（2020）。

## 提　要

本研究主要探討漢代心、性、情、欲、志、意及心性的修養問題。全文共分九章，第一章「緒論」敘述研究動機、方法，及文獻回顧，並界說中國心性論的要點，以明本文所探討的課題。第二章「漢代以前之心性說」，是以重點式來簡述漢以前《書》、《詩》、《左傳》、儒家、道家、法家之心性論發展，作為漢代心性論發展脈絡與方向的依據。第三章至第六章，以時間來劃分漢代心性思想的發展，共分「西漢前期」、「西漢後期」、「東漢前期」、「東漢後期」四個時期，探討 18 家之心性論。第七章「漢代心性論之特質」，即綜論漢代心性論發展所形成之特徵，以概述漢代心性論整體的發展。第八章「漢代心性論之影響」分別從對後代心性論與當代現實二方面，探討漢代心性論的影響。第九章「結論」，主要針對宋張載、周敦頤對漢代心性論的評論，作

一番的說明，並提出在中國心性論的「善惡本質說」、「向善實踐說」、「天人和諧說」、「知性致命說」等發展特點中，論述漢代心性論亦居重要的呈現啟後的地位。

## 目　次

### 上　冊

# 第十冊 劉宗周哲學系統的闡釋

## 作者簡介

陳敏華，廣東台山人。於香港新亞研究所研習哲學，2007 年獲哲學博士學位。研習範疇主要為孔、孟哲學與宋明理學，對程明道及劉宗周兩位儒者引發的哲學問題，尤感興趣，曾撰寫：〈程明道「仁體」之研究〉及〈劉宗周哲學系統的闡釋〉兩篇論文。在取得博士學位後，於港、臺兩地多次參加研討會，與各界學者就宗周哲學系統內的論題交流，加上從事教育工作多年，對「以《論語》作為中、小學德育課題是否可行」這方面的話題，亦進行過探討。

## 提 要

本論文旨在對晚明的最後一位理學家——劉宗周的哲學系統進行闡釋，

主要分為「誠意」之學、「慎獨」之學及「證人」之學三個系統，並採用牟宗三先生判語：「歸顯於密」作為研究線索，分別論述各系統之大旨及發前儒之未發者。

第一至三章乃分析「誠意」之學。宗周一方面肯定陽明有關「良知」及「致良知」的本義，良知教呈顯教的規模；另一方面又辨難良知教，據《大學》釐清陽明所規定的「致知格物」與「心意知物」諸義，並簡別「四有句」，由此確立「意是心之所存」。據此，他第一步將良知之顯教歸於「意根最微」的密教。

第四至六章是探討「慎獨」之學。宗周以《中庸》的「天命之性」為基石，標示「性」之尊，再由「道」的不睹不聞指向「獨體」，標示「天」之尊。藉「天命之性」，宗周得出：未發已發以表裏對待、動靜一源、氣質義理只是一性及盈天地間一氣等結論。至「心體」與「性體」的「形著」與「綜和」關係被肯定，即理順了第二步工作，最後由「盡心」與「知性」完成「心性天是一」的儒家道德形上學。

宗周的「證人」之學，即第七章所舉出的〈人譜〉諸篇，指向「誠意」與「慎獨」最終能達致的境界。由正面言成學之道，再肯定反面改過之功，正反面均由本心而發，故〈人譜〉為宗周哲學的最具體、最圓熟的表徵。

# 目　次

# 第十一冊　近代社會思潮演進格局下的船山學

## 作者簡介

劉覓知（1974～），女，苗族，湖南大學嶽麓書院歷史學博士。研究方向：中國古代思想史，工作單位：湖南大學普通教育與繼續教育學院。獲長沙市卓越教師、長沙市德育先進個人等榮譽稱號，主持一項省級課題，參與兩項國家級課題、一項省級重大課題和兩項省級一般課題，在《中國哲學史》、《湖南大學學報》、《求索》等核心期刊發表多篇文章，出版著作《近代湖湘文化和近代中國歷史進程》、《地域文化理論視域下的湖湘文化研究》。

## 提　要

王船山與顧炎武、黃宗羲並稱為「明末清初三大思想家」，但是相比顧炎武、黃宗羲的學術思想研究，近代以前對王船山的研究明顯沒有引起學界的足夠重視，這種狀況直至 19 世紀中晚期才有了轉機，由湖南出現了一股波及全國的研習船山學的熱潮。通過探究近代船山學傳播的途徑和過程，發現近代船山學研究的發展與近代中國許多社會思潮的產生相伴相隨。在近代幾次影響較大的社會思潮中，都可以發現王船山學術思想活躍的蹤跡。本文即致力於探究近代社會思潮演變格局下，各知識群體對船山學的詮釋與重建，側

重於瞭解他們之間的互動和對近代中國社會所產生的影響。

　　本文以船山學與中國近代社會思潮的發展關係為研究對象，通過二者之間的互動，認識到歷次社會思潮的興起，不僅豐富了船山學的內容，也推動了船山學的發展，更有利於船山學較好地實現了從傳統文化向近代文化的過渡；同時船山學對近代社會思潮的活躍也有積極促進作用，船山學為近代社會改良運動和革命運動提供了有力的理論支持。本文試圖通過剖析這一階段船山學發展嬗變的向度和轉型機制，進一步探究在面臨西方文化滲透加劇的情況下，近代知識群體應該如何傳承和理解傳統文化，如何實現傳統文化的近代轉型。同時也想探究船山學，曾經給予了近代國人救亡圖存的精神動力，今天在中華民族崛起的道路上，我們該如何繼續弘揚船山的精神，努力構建有中國特色的思想文化體系。

# 目　次

# 第十二、十三、十四冊 蕅益智旭《靈峰宗論》研究

## 作者簡介

　　黃家樺，高雄人，國立高雄師範大學文學博士，研究方向為佛學思想、佛教文學等。現任高雄市立中山國中人事主任，高雄高工進修學校兼任國文

教師。著有《蕅益智旭《靈峰宗論》研究》及單篇論文〈蕅益智旭〈一筆勾〉曲調研究〉、〈靈峰片石，不讓東林——蕅益智旭持守靈峰山的道念〉（收入宗教文化出版社《蕅益大師與淨土法門研究》論文集）、〈雲門宗旨及五家宗風禪法蘊合的雪竇禪〉等。

## 提　要

本文研究目的可歸納為二：補闕救殘，釐正學風。

因歷來未有以《靈峰宗論》為主題之研究，復因發現之文本《淨信堂初集》原稿可補《靈峰宗論》之闕，爰本文在「智旭著作中一以貫之思想為何」的問題意識脈絡下，以筆者對智旭著作反覆研讀、製表整理所得到的結果，作為重新思考和探討之基礎，在遵循智旭對佛法和文字關係為理路來梳理文本，以此對其思想作根本之建構研究，並期能使若干疑點得到澄清。本文試圖以《靈峰宗論》等對其作思想、實踐、文學全面的探討，來達到筆者研究的一點心願。

在補闕救殘方面，因《淨信堂初集》、《絕餘編》二本原稿，提供明崇禎戊寅年，智旭在四十歲是年秋天之前的史料。又，此二本文集的原稿資料，不但能讓本文重新探討其思想，也在各章釐清其儒釋道三教融通、禪淨思想等疑竇。復因尋得智旭手跡等實物文本，完成三篇文稿補遺。

本文首次對智旭原稿詩偈作初探，提出其創作觀「心影說」可作為解釋所有文學之究竟理論，並分析法書「筆端三昧」感人之因。在詩偈用韻研究，發現智旭用韻本色是「任運自然、左右逢源用韻而不被韻用」。又首次論證其詩偈用韻密度高卻未具易於傳播功能之議題，並總結智旭文學特色是「借詩說法」、「以佛法為詩文」：他以自身所示之文學藝術境界所說的是「以實相介爾心行世法、出世法」，則行佛法於世間，亦不壞世法，且所行世法會有佛法味。

因末世佛法修學「錯認源流，倒置本末」，學人誤認法門手段為修行究竟目的，於門庭工夫諍論不休，以葛藤解葛藤，忘失歸家了生死才是佛法修學目的。所以智旭提出「圓解之人，既達如來藏性」，能歸根得旨，故能「即流是源」、左右逢「源」，可解末世「競逐枝葉，罕達本源」之弊。是以，對智旭「釐正學風」的根本思想及修學法要，本文建構為「重本源心地」、「重因地發心」、「圓門漸修之說」、「嘗徧神農百草丸，彌陀一句成安宅」、「為末法

持戒修淨土者擇占察及持名二門」。

對本文第陸章結論的研究心印，以一段話為代表：不論對在家出家、世法出世法，「舉世不知真，吾獨不愛假」之智旭皆一以貫之教人「應先開圓解，依解起行，以此方便入三摩地」之法，一以貫之依佛知佛見的「佛說法本源、取法乎上」說法，且以其所發明「真妄同源」之「介爾一心」為圓融絕待佛法之根本，使各宗各教互攝互融，讓千經萬論同條共貫。

本文研究結果，所見的是「圓融各宗而會歸淨土」之智旭，常言佛法非是談玄說妙，且出世要法實無奇特，「正在平常用之間」，不可離事覓理。是以本文將「佛學」和「學佛」作結合，嘗試以佛法的解行相應來作新的研究進路和學術價值。最後，再以「將佛法善用於世法」、「三教門庭融通之法：『五句融會法』」、「《淨信堂初集》、《絕餘編》之詩偈箋證研究」等三點作為研究限制及未來展望。

## 目　次

### 上　冊

# 第十五冊　十七世紀閩南與越南佛教交流之研究

## 作者簡介

　　范文俊，1979 年生，原籍越南清化省。2003 年畢業於越南河內國家大學下屬河內人文社會科學大學文學系漢喃專業。2005 年始，於越南科學社會翰

林院下屬漢喃研究院工作，研究越南佛教歷史、越南佛教文化、越南與中國佛教書籍史、越南佛教經板等 20 餘年。2015 年於台灣國立成功大學取得博士學位，論文題目《十七世紀閩南與越南佛教交流之研究》。近年研究著重於中越兩國佛教書籍與歷史關係，並在美國、台灣、中國、韓國等地發表相關研究。

## 提　要

中國與越南有兩千多年的歷史文化淵源，尤其是越南與中國佛教的往來。在筆者研究越南與中國佛教史及其關係過程時，發現很多閩南僧人曾到越南傳教。他們隨著陸路到越南、或隨著商船來傳教，之後滯留在越南傳承宗派，而成為越南禪祖。因此，本文以《十七世紀閩南與越南佛教交流之研究》為題，以到越南傳教的中國閩南僑僧為研究對象。中國佛教僧人最初隨著中國人移民而來到越南，因此本文首先簡略介紹越南歷史上的中國移民。論文接著研究中國僧人到越南的歷史，以北屬時期與宗藩時期為時限，介紹越南佛教史上的閩南僧人。北屬時期的資料難考，但是到了宗藩時期可以找到福建省天封禪師、應順禪師曾向陳朝皇帝傳教的記錄。幾百年以後，中國明清之際，有很多中國僧人到大越避難、或應邀請到越南傳教，例如：元韶禪師、石濂釋大汕禪師、拙拙禪師、法化禪師、明海法寶禪師等等。諸位閩南僧人中，有幾位重要的禪師分別到了大越南北方。因為閩南僧人到大越的相關資料不多，只有拙拙禪師與明海法寶禪師兩位僧人，後世仍保有資料。拙拙先是在南方傳教，之後從南到北，在升龍看山寺擔任住持，重建北寧省佛跡寺與筆塔寺，建立宗派，並且成為越南北方十七世紀以後的臨濟宗的唯一禪祖。十七世紀下半葉，越南南方阮主羨慕佛教，邀請中國僧人來大越傳戒，因此南方佛教文化發展鼎盛。在這時期，閩南僧人明海法寶從泉州到會安發展宗派、建立傳承。自此，他的宗門發展到南越各省市。

本文以閩南到越南的佛教僧人為主，分別論述越南傳承自中國到大越的各個宗派。此外，論文也敘述越南各地有關閩南僧人傳承佛教的情況與文化，尤其著重介紹拙拙與明海法寶的弟子與他們的傳承。其次，論文也寫道拙拙與明海對越南佛教文化諸多方面的貢獻，如印經、刻板、講經、建築等。針對拙拙禪師的部份，其《拙拙祖師語錄》是本文的新發現，因此詳細記錄該語錄的版本問題與內容。在研究過程中，筆者逐一發現與披露佛教關係史上的許多新史

料。因越南歷史上發生了許多天災人禍，至今所留存的資料很少，特別是南方明海法寶禪師的資料。隨著筆者對越南與中國佛教史論述和閩南與越南佛教關係研究，希望在這之後還可以持續找到新史料，讓隨著每個時代漸進的越南佛教史有更詳盡的補充，特別是中越兩國佛教、文化與歷史關係。

# 目　次

# 第十六冊　道教丹道易學研究

## 作者簡介

段致成（Tuan Chih-ch'eng），1970 年生，台灣台南人。國立臺灣師範大學國文研究所博士。曾任國立臺灣師範大學國文系兼任講師、國立臺北科技大學通識中心兼任助理教授，現職為國立臺北商業大學通識教育中心專任副教授。

研究領域：道教內丹學、道教易學、《周易》象數學與中國思想與文化。

著有博士論文：《道教丹道易學研究——以《周易參同契》與《悟真篇》為核心的開展》。

出版專書：《太平經》思想研究（上）（下），宋元時期《悟真篇·注》的內丹理論研究——以翁葆光《悟真篇·注》為討論核心。

單篇論文：

1. 〈修丹與天地造化同途——試論「外丹」與「內丹」派對《周易參同契》的不同詮釋路徑〉，《輔仁宗教研究》，第九期，2004 年 9 月。

2. 〈俞琰的丹道易學思想研究〉，《台灣宗教研究》，第 4 卷第 1 期，2005年 6 月。

3. 〈張伯端的《悟真篇》與《周易參同契》的關係〉，《丹道研究》，創刊號，2006 年 7 月。

4. 〈大學通識教育中「宗教教育」的定義、困境與省思〉，《國立臺北商業技術學院學報》，第十四期，2008 年 7 月。

5. 〈一個「詮釋學」的觀點——北海老人《談真錄》之「內丹」思想初探〉，收載於：《臺灣的仙道信仰與丹道文化》，台北：博陽文化出版社，2010年 8 月。

6. 〈略述《道藏》中「易學」的分布、研究狀況與「道教易學」的定義〉，2011 年國際易學大會第 23 屆台北年會學術論文發表會，時間：2011 年 11 月26 日，地點：台北經國紀念館。

## 提　要

「內丹學」在道教眾多成仙方術中是公認較有理論基礎的。究其原因，除了漢代《周易參同契》對於中國煉丹理論作出了「原型」（archetype）的論述外，主要是唐五代時期的「鍾呂金丹派」、陳摶以及北宋金丹派南宗與金元金丹派北宗對於道教內丹學的理論基礎，陸續提出深入的論述與見解，後出

轉精，使「內丹」在宋、金、元朝時期以及之後的年代中成為道教修煉成仙之道術或方術的典範。

此外，筆者認為由於《道藏》是道教經籍的總集，亦是道教教義與思想的載體（文獻依據），任何想研究中國道教的研究者，不可迴避地皆必須回到《道藏》來找尋理論依據與養分。現今所謂《道藏》，是指明朝正統十年（1445）編成的《正統道藏》及萬曆三十五年（1607）編成的《萬曆續道藏》。由於明代《道藏》（《正統道藏》、《萬曆續道藏》）的內容包羅萬象，所涵蓋的層面也是多元的（由一些學者主張將《正統道藏》重新分類的內容可以得知）。因此，如果想全面地對《道藏》進行研究，對於獨力研究者來說將是不太可能的事。所以，就必須找尋研究《道藏》的一個洽當切入點。

筆者本論文將以「易學」這個範疇，作為研究《道藏》的切入點，並認為此切入點將是《道藏》研究的一個可行方式。

對於這個《道藏》「研究切入方式」（從「易學」範疇的角度），往昔的研究者的研究成果，可分成三個類型：其一，由「《道藏》中《易》學的分佈狀態」來陳述這個問題；其二，從「道教與《周易》的關係」這個命題來陳述這個問題；其三，直接以「道教易學」這個命題來陳述這個問題。

基於往昔研究成果的侷限、片面與不深入（概論式），所以本論文將擷取其優點，針對其缺點，將以道教修仙方術中最具理論基礎的「內丹學」結合「易學」這個研究《道藏》的切入點，即以「丹道易學」（內丹學與易學的結合）這個研究論題，來論述「丹道易學」的整個發展過程及其整體結構和理論思想。此為本論文的「研究動機」之一。

筆者認為透過「丹道易學」的角度，將有助於《道藏》研究方法的提昇。易言之，以「丹道易學」作為研究《道藏》的切入點，將可展現《道藏》所蘊含的另一思維面貌（不同於往昔道教史的思維面貌）。也就是說，以不同的「視角」（敘事觀點，View-point）來研究《道藏》，將可產生嶄新的研究成果。此為本論文「研究動機」之二。

道教「內丹學」（又稱身體煉金術），是公認最具有「身體觀」的中國思想。中國道教身體觀除了五臟六腑的系統外，最大的特色就是一種「氣—經脈」的系統，此系統又可稱「流動的身體」（循環流動於體內的流體）。

「內丹學」這種屬於人體內部（內景之學）的修煉法，顯現出個別化與內在化的「冥契」（或密契）經驗。因此，存在著比較欠缺普遍化與客觀化的

認知體系的傾向。針對這個問題，道教歷代內丹學家主要以《周易參同契》所提出的煉丹理論為典範，將其轉嫁、移植及轉譯為自己所論述的內丹理論上。《周易參同契》所提出的煉丹理論典範，即是以《周易》與易學這套符號系統來表述煉丹術（或煉金術）。

因此，本論文所設定的「研究目的」，主要是探討《道藏》與《藏外道書》中，這種以「易學」（象數與義理）為表現形式（表述載體），來陳述「內丹學」理論的著作，即屬於「丹道易學」的作品。易言之，本論文所關注的焦點，在於探討與揭示此種「丹道」與「易學」相結合的情形，並說明「丹道」為何要與「易學」符號相結合的原因。此為本論文研究目的。

本論文雖然將研究的焦點集中在「易學」這個範疇，但不太可能進行全面的論述與研究。因此，配合本論文的研究動機（丹道易學），再將範圍縮小到「易學」範疇中談論「內丹」這個部分。而這些著作中又將焦點集中在第二類的《周易參同契》與第三類的《悟真篇》。

道教「丹道易學」的整體發展脈絡及其特色如下：

道教「丹道易學」，以「丹道、易道及天道」為「基源問題」。換言之，即以「丹道」、「易道」與「天道」三者相結合的模式為其特色。其所關注的焦點從早期的「金丹煉製」（《周易參同契》）轉到「宇宙本元運行變化」（彭曉），可以看出有逐漸從外丹過渡至內丹的傾向。之後的鍾呂金丹派與張伯端，則已經初步成功地完成從外丹轉化為內丹。其中張伯端更將關注的焦點集中到「性命」（心性）觀點上，所以此時的內丹學又可稱為「心性之學」。最後俞琰將內丹學結合宋元的圖書《易》學，其關注的焦點則轉變至「身中之《易》」上。換言之，此時所謂的「金丹」即是身中之《易》。

上述「丹道易學」的流變（整體發展脈絡），可以看出有逐漸往「內在」、「心性」、「先天」及「本元」轉化的趨向，易言之，即展現出回溯本源的內向思惟。其次，在形式（《易》學形式）的運用上，從早期的依傍、假借卦爻象到得意而忘象，最後則是完全掃除卦爻象數，這種現象亦可以看出有漸趨「精煉」、「簡約」的傾向（另外，以詩詞歌曲與圖象的表現形式，亦能說明丹道理論趨於精簡的趨勢）。

# 目　次

# 第十七冊　魏晉南北朝道教語言思維探究

## 作者簡介

　　龔韻蘅，國立清華大學中國文學系博士，現為國立臺南大學國語文學系副教授。主要研究範疇為兩漢思想、魏晉南北朝思想，以及古代中國語言思維。著有《兩漢時代靈冥世界觀探究》、《魏晉南北朝道教語言思維探究》，以及〈書寫與觀閱的倫理——李漁戲曲結構論對作者及接受者之界域的探討〉、

〈跨越徵聖與宗經的門檻——從《論衡》之歷史意識論王充的書寫概念〉、〈話語招魂術裏的雙重性格——揚雄之書寫模式及其經典觀析探〉、〈定向與非向之間——劉熙載《藝概》對創作、觀閱主體之調塑及其美學悖論〉〈從「即物」到「極物」——郭象《莊子注》之語言思維及其表詮型態〉等學術論文。

## 提　要

本篇論文主要探討魏晉南北朝道教對語言各種層面的思考，除了分析道教學者如何審視語言，也勘驗道教內部的語言現象，並將之與宇宙論、工夫論、身心觀及救度實踐相照看，嘗試呈現此一知識體系中，多種無法被「言意之辨」這個時代命題所涵蓋的獨特觀念。全文將各道派涉及語言的記載集中並梳理，發現「能否把握終極真際」乃是他們投以最多心力的的談議焦點；另外，對語言如何運作、怎樣藉語言來操控現實情勢，亦有深入的見解。

第一章「緒論：言意之辨以外」，旨在呈示本篇論文的研究重心與思考進程，並簡扼地評介學界相關研究的成果，同時對各章節之討論方式作必要的說明。

第二章「崇抑之間——魏晉南北朝道教思想下的語言效能」，詳細考察魏晉南北朝道教學者如何界定語言文字與「道」、「意」及外物之間的關係，以「離言—寄言—因言」與「天文—地文—人文」兩個觀念模型作為基礎，論述當時道教學者如何在儒學、玄學、佛學的影響下，開展出獨特的語言思維，並依此建構一套井然有序的宇宙圖式。

第三章「本與跡的距離——魏晉南北朝道教認知下的詮釋與翻譯」，企圖觀察道教學者如何思索詮釋與翻譯行為，從意義的生產與失落，來分析詮譯所包含的時空性、詮譯之範圍廣狹以及位階高低，從而說明「閱讀即修行」之思想理路，乃貫穿了整個道教。

第四章「語言的病癥、病癥的語言——魏晉南北朝道教之身體論述」的研究取徑有二，一是稽查魏晉南北朝道教學者以怎樣的辭彙對身體進行描繪，從語言的角度重新講解精、氣、神之締結；二則著眼於道教學者習慣以身體為喻、以身體篩濾各種事件、以身體作為搭建場景之素材的獨特論述方式，並展現他們如何思索國家和社會、災難與救贖。

第五章「神話與神學的糾繆——魏晉南北朝道教之辯訴型態」，重點擺放在討論道教傳授義理時所使用的解說形式，包括問答體、譬喻或悖論等，這

些手法曲折地反映出道教學者認定語言應該被鑄鑠成何種樣貌，才能比較精確地穿透宇宙之奧秘。

　　第六章「諸神的對諍——佛道兩教之雙向附歸及排闥」，處理佛教與道教如何互相提借對方的辭彙及概念，再將之編納為自己思想資源的一部份，因而產生了華梵會通的盛況，然這盛況的底層，卻埋藏著更深沉的動機，語言文字遂成為奪移權力的場域。

　　第七章「結論」，總覽本文的主要論證，並給予全盤的匯整，對正文無法容受的問題亦稍作解釋。

# 目　次

# 第十八冊　世變下的經典與現代詮釋

## 作者簡介

　　蒲彥光，東吳大學中國文學研究所碩士，碩論《韓愈贈序文類之研究》（柯慶明教授指導）；佛光大學文學系博士，博論《明清經義文體探析──以方苞《欽定四書文》為中心觀察》（指導教授龔鵬程、潘美月）。研究興趣綜涉古今文學、經典詮釋等議題，代表著作包括《文本的開展──小說、社會與心理：以論析黃春明、白先勇作品示例》（2005），《明清經義文體探析》（2010）。任教於明志科技大學、國立台北大學、台北海洋科技大學。

## 提　要

　　經典成立或被改寫，總是為了回應世變，如果仔細回顧這些經典，可以看到中西文化論戰、看到傳統詩歌與當代文論如何抗衡，從文化人類學到數位敘事之更迭，無不見證社會變遷與現代學術的駁雜。本書所收錄九篇論文，即為作者於這些議題之反省。

　　〈馬一浮《孝經大義》研究〉篇，以馬氏為例說明其以《孝經》為核心的「六藝論」，如何回應新文化運動下經學解體之時代變局？兼論其說與今文家及佛學的相關性。〈錢賓四先生《湖上閒思錄》研究〉篇，主要分析《湖上

閒思錄》的種種哲思，說明錢氏於學術思想史之見解，同樣想指出他的文化研究，如何回應二十世紀泰西哲學之挑戰。〈試析錢賓四先生如何論詩〉篇，說明錢氏論詩主要從文化史出發，以儒、道二教思想為原生格局，進一步由詩歌之「比興」談通感與「天人合一」。〈文不在茲乎〉篇，談龔鵬程近作《述學》如何承繼馬一浮六藝說為其論學框架，反省國學回應現代化之策略，並指出其理論具有「六經皆文」的特徵。

　　〈《詩經》章句中對唱現象之研究〉篇，對照《詩經》與台灣原住民歌謠之「重章」現象，運用文化人類學觀點，補充糜文開、裴普賢過去的見解。〈《周易》興象繫辭之作法初探〉篇，想要解釋《周易》卦爻辭意象如何流動，兼論此一現象保留了上古習用語、以及過往的史料典故。〈新北市文化局五股守讓堂文獻調查與策展規劃〉篇，從守讓堂文史蒐集訪談案，嘗試爬梳相關產業史，拼湊此一家族敘事之興衰。〈文學與世變〉篇，從文學批評理論出發，說明數位時代扭轉「思維」朝向「知覺」的發展，如何形塑了社會與知識的巨大改變。〈重讀《人間》〉篇，以《人間雜誌》為例，說明報導文學於政治／社會變局下的思考，兼論當前新聞產製受資本主義庸俗化之危機。

# 目　次

# 《論語》、《孟子》言「天」的哲學說明之研究

郭俊泉　著

## 作者簡介

郭俊泉，畢業於香港中文大學，現職社會工作者。於大學時期受牟宗三先生著作啟發，研習哲學，並於 2002 年開始，在香港新亞研究所修習，師從盧雪崑教授，專研孔孟哲學及康德哲學，2014 年獲頒博士學位。

## 提 要

當代學者對孔孟之天主要有三種不同的理解，當中包括神性義的天、虛化義的天及形上實體義的天。本文擬提出，以上三義所理解孔孟所言之「天」的意思，皆有值得商榷之處。本文嘗試引入康德的學說，指出孔孟的「仁」及「本心」包含有豐富的意思，當中包括自由意志，以及據此所自立的道德法則，以致道德法則所規定的一個終極目的——圓善。孔孟所言的仁者不只念茲在茲於踐仁，亦關心踐仁所開展出來的道德世界，而這亦是世界造化的終極目的，並從而肯定一超越意義的「天」作為道德世界的根據。究其實，這「天」的實義是「本心」之充其極，故我們可說「本心」是創造或世界的本體。孔孟之「下學上達」及「盡心知性知天」實涵有「道德的形而上學」的意思。本文由對「天」的崇敬亦進而討論孔孟所包含的「道德的宗教」之意。

本文對於學術界有關孔孟學說的兩個主要理解作討論，包括孔孟傳統並未有包括形而上學，以及孔孟傳統已包含有形上實體義之天，並擬提出由主、客先驗綜和所理解的「道德的形而上學」，可能更符合孔孟之原意。

# 目次

# 導　論

## 第一節　研究動機與目的

　　對於孔、孟所言的「天」，當代學者已有很多不同的研究及論述，而這些不同的論述，可以歸納為三種不同對「天」之理解。第一種是人格神或神性義的天，第二種是虛化義的天，而第三種則是形上實體義的天。本文將於稍後章節討論以上三種意義的天，於此則只作簡單的綜述，進而帶出是次研究的動機及目的。

　　抱持孔孟之天為人格神或神性義的天之學者，主要包括李杜先生及傅佩榮先生。二位先生皆表示孔、孟所言的天，是繼承了周初傳統中的天及天帝的意思，保持了天的神性本質。李杜先生從孔子敬天畏天的表現指出孔子有以天道為天帝意志的表現，〔註1〕並提出孔子「與大多數的春秋時人一樣都沒有否認天的神性本質」。〔註2〕李先生同時指出孟子所言的天為「具有神性的意義」，並且是「有意志與主宰性的神」。〔註3〕另一方面，傅佩榮先生則理解孔子以「天為萬物之造生與載行的根本原理或原始動力」，〔註4〕並「相信天

〔註1〕李杜：《中西哲學思想中的天道與上帝》，台北：藍燈文化事業股份有限公司，2000年，頁70。

〔註2〕李杜：《中西哲學思想中的天道與上帝》，台北：藍燈文化事業股份有限公司，2000年，頁61。

〔註3〕李杜：《中西哲學思想中的天道與上帝》，台北：藍燈文化事業股份有限公司，2000年，頁75。

〔註4〕傅佩榮：《儒道天論發微》，台北：台灣學生書局，1985年，頁109。

是至高而關心人間的主宰」，〔註5〕天不但會「派遣『木鐸』、喚醒世人追隨正道」，亦是「人類祈禱訴求的唯一對象」，而人的行為亦「不能逃過天的明鑒」。〔註6〕有關孟子之言「盡心、知性、知天」，傅先生則指這反映了「天與人之間的親密關係」，而且『天人合一』也成為一種可能實現的理想」，但傅先生進一步言這有「神秘主義的傾向」，顯示了孟子「對於宇宙的道德目的具有絕對的信仰」。〔註7〕

關於以虛化義的天理解孔孟之天，在當代學者中，可以徐復觀先生及勞思光先生為主要代表。徐復觀先生表示孔子言天只是表示「道德的超經驗地性格」，超經驗的性格是指道德的「普遍性、永恆性」，故孔子便以「傳統的天、天命、天道來加以徵表」。〔註8〕至於孟子的天，徐先生表示「盡心」是「心德向超時空的無限中的擴充」，「而所謂性，所謂天，即心展現此無限的精神境界之中所擬議出的名稱。」〔註9〕由引文所見，徐先生所理解孔孟之天，只是道德的超經驗性之「徵表」以及是道德實踐的無限進程中「擬議」出的名稱，本身並沒有實質、獨立的意義。勞思光先生指孔子之「知天命」（《論語・為政》）是「知客觀限制之領域是也」，〔註10〕而孔子之言天，只「有時自不能免俗」，而「偶用習俗之語」。〔註11〕此外，勞先生指孟子之心性之學，只涉及「主體性」的觀念，並「處處皆可以離開『形上天』之假定而獨立」，故「『天』之觀念在孟子思想中並無重要地位，似亦無疑」。〔註12〕勞思光先生明確表示孔子的仁及孟子之心性，並不包含有形上天之意義，而天亦沒有其獨立的意義。

形上實體義之天，是指在經驗世界以外有一個客觀存在之實體以為世界的根據。唐君毅先生、牟宗三先生則有以此義之天理解孔孟之天。唐君毅先生就孔子之天有如下之說：「因孔子雖未明言天之為人格神，亦未嘗否認《詩》《書》所傳之天為人格神之說；而孔子言『知我者其天乎』，亦可涵視天為一有知之人格神之意。即孔子之天非一人格神，亦仍可為人所敬畏之一真

〔註5〕傅佩榮：《儒道天論發微》，台北：台灣學生書局，1985年，頁107。
〔註6〕傅佩榮：《儒道天論發微》，台北：台灣學生書局，1985年，頁110。
〔註7〕傅佩榮：《儒道天論發微》，台北：台灣學生書局，1985年，頁146。
〔註8〕徐復觀：《中國人性論史：先秦篇》，台北：台灣商務印書館，1999年，頁86。
〔註9〕徐復觀：《中國人性論史：先秦篇》，台北：台灣商務印書館，1999年，頁181。
〔註10〕勞思光：《新編中國哲學史》（一），台北：三民書局，2012年，頁133。
〔註11〕勞思光：《新編中國哲學史》（一），台北：三民書局，2012年，頁141。
〔註12〕勞思光：《新編中國哲學史》（一），台北：三民書局，2012年，頁193。

實之精神的生命的無限的存在。以人物有其生命與精神，則生人物之天，不得為一無生命非精神之存在。天所生之人物無窮，則天不能為有限之存在。」〔註13〕此外，有關孟子之天，唐先生則認為「在順心之相續表現，以自默識此心如何興起生長之性，而知其有所自本自原之天。」〔註14〕唐先生以「真實之精神的生命的無限的存在」來理解孔子之天，並認為孟子則以天為心性之本原，此本原亦似是一個客觀存在的實體。另一方面，牟宗三先生指出「孔子雖未說天是一『形而上的實體』（Metaphysical reality），然『天何言哉？四時行焉，百物生焉。天何言哉』！實亦未嘗不涵蘊此意味。『維天之命，於穆不已』，難說孔子未讀此詩句，亦難說其不契此詩句。」牟先生亦舉中庸即視天為「為物不貳、生物不測」之創生實體，並指「此種以『形而上的實體』視天雖就孔子推進一步，然亦未始非孔子之意所函與所許。」〔註15〕「從理上說，它（天）是形上實體。從情上說，它是人格神。而孔子的超越遙契，則似乎偏重後者。」〔註16〕有關孟子之天，牟先生表示「盡心知性知天，順心性說，則此處之『天』顯然是『實體』義的天，即所謂以理言的天」，並且是「創生實體」，「『天』是客觀地、本體宇宙地言之，心性則是主觀地、道德實踐地言之。」〔註17〕牟先生明確地視孔孟之天涵有「形而上的實體」及「創生實體」之意。

　　上文綜述了當代學者對孔孟之天的不同理解。就本文的立場而言，筆者並不同意孔孟之天是神性義的天，因綜觀《論語》及《孟子》，並沒有濃厚的否定人之意志而匍匐於一實體化的外在的神之宗教活動或意識，然間或孔子有表現出對天的崇敬，也是一「道德的宗教」（將於後文詳述之）之表現，而並不代表孔子真相信一外在實體化的神靈。至於虛化義的天，本文亦持保留的立場，孔子於《論語》中多處言及天，孟子亦有云「盡心、知性、知天」（《孟子‧盡心上》），另外，對於「天下歸仁」（《論語‧顏淵》）及「萬物皆備於我」（《孟子‧盡心上》），亦難言孔孟只言仁及心性，即只言道德，而其所言之天並不涉及存在而沒有實義。本文的基本立場是抱持牟宗三先生所言的由道德實踐而達致一「道德的形而上學」之規模，但當中就有關證明的進路或

〔註13〕唐君毅：《中國哲學原論：原道篇一》，台北：台灣學生書局，2004 年，頁 133。
〔註14〕唐君毅：《中國哲學原論：原道篇一》，台北：台灣學生書局，2004 年，頁 246。
〔註15〕牟宗三：《心體與性體》第一冊，台北：正中書局，1996 年，頁 22。
〔註16〕牟宗三：《中國哲學的特質》，台北：台灣學生書局，1994 年，頁 48～49。
〔註17〕牟宗三：《心體與性體》第一冊，台北：正中書局，1996 年，頁 27。

說明的方法，則認為仍有可商榷之處，茲申述如下：

　　牟宗三先生以「形而上的實體」或「創生實體」理解孔孟以至先秦儒家的天，是緊扣着道德以涉及一切存在而作的一個肯斷。依牟先生的意思，整個儒家包括先秦儒家以至宋明儒，皆是一「內聖之學」或「成德之教」，「成德」的最高目標是成「聖」、「仁者」及「大人」，而其真實的意思則是使個人有限的生命達致「無限而圓滿之意義」。〔註18〕在儒家的傳統中，道德實踐所以可能的先驗根據，皆歸結到心性的問題，這一方面的討論屬於「道德底哲學」的範圍。〔註19〕另一方面，牟先生亦指出，「成德之教」同時即涵有一「道德的形上學」之意思，這不同於「道德底哲學」，後者是說明道德的先驗本性，而前者是「涉及一切存在而為言者」，而「道德的形上學」是「由道德的進路來接近形上學，或形上學之由道德的進路而證成者」，「非如西方希臘傳統所傳的空頭的或純知解的形上學之純為外在者然」。〔註20〕牟先生之意，是指出西方希臘傳統皆是以空頭的、外在的、純思想的（純知解的）本體作為存在的根據，相反，儒家以「形而上的實體」作為存在的根據是透過人之道德實踐而得以「證成」其為實而不虛。就此牟先生有以下進一步的論述。

　　「成德之教」或「內聖之學」的終極目標是成聖、成仁者、成大人，然聖者之「仁心之感通乃原則上不能劃定其界限者，此即函其向絕對普遍性趨之申展」，〔註21〕此即仁心必通於天地萬物以申展其絕對普遍性，及其極也，聖者之內容與境界便是「『大而化之之謂聖』，是『與天地合其德，與日月合其明，與四時合其序，與鬼神合其吉凶，先天而天弗違，後天而奉天時』，是於吾人有限之個體生命中直下能取得一永恆而無限之意義，故其所體悟之超越實體、道體、仁體、心體、性體、於穆不已之體，不能不『體物而不遺』，『妙萬物而為言』，蓋聖心無外故也」。〔註22〕牟先生表示由於「聖（仁）心無外」，聖者仁心的申展以充其極，必「體物而不遺」以達於天地、日月、四時及鬼神，故此道德的先驗根據「直接地是吾人之性體，同時即通『於穆不已』之實體而為一」，性體「開道德行為之純亦不已」，同時即「洞澈宇宙生化之不

<hr />

〔註18〕牟宗三：《心體與性體》第一冊，台北：正中書局，1996年，頁6。
〔註19〕牟宗三：《心體與性體》第一冊，台北：正中書局，1996年，頁8。
〔註20〕牟宗三：《心體與性體》第一冊，台北：正中書局，1996年，頁9。
〔註21〕牟宗三：《心體與性體》第一冊，台北：正中書局，1996年，頁22。
〔註22〕牟宗三：《心體與性體》第二冊，台北：正中書局，1996年，頁252。

息」。〔註23〕總而言之,「就統天地萬物而為其體而言,曰形而上的實體(道
體 Metaphysical reality),此則是能起宇宙生化之『創造實體』;就具于個體之
中而為其體言,則曰『性體』,此則是能起道德創造之『創造實體』,而由人能
自覺地作道德實踐以證實之」。〔註24〕雖分言形而上的實體及性體,牟先生一
直強調兩者通而為一。

　　牟宗三先生是極具深刻哲學洞見及富創造性的哲學家,他費八年之心血,
完成三冊《心體與性體》,加上《從陸象山到劉蕺山》共四大冊的巨著,開啟
了當代研究宋明理學(包括先秦儒學)之新一頁,而當中一個劃時代的貢獻
便是以「成德之教」所開出的「道德底哲學」及「道德的形而上學」所成的規
模,不但接上了先秦儒家及宋明儒學的真義,亦為當代儒家哲學研究立下了
一個里程碑,不論學者們對「成德之教」中的「道德底哲學」及「道德的形而
上學」持有贊同或反對的見解,皆不能繞過牟先生所立的義理規模,而必須
回應牟先生所提出的論述。

　　本文對於牟先生之「道德的形而上學」,即由道德的實踐以證成一形而上
學的系統,對此系統規模是贊同的,並認為這是先秦儒及宋明儒所共同意涵
的,即道德實踐必徹上徹下以包含天地萬物為一體,並通貫整個創生過程而
為言的。不過,對於牟先生就「道德的形而上學」的證明進路,本文則擬提出
一些商榷,並且擬就這涉及存在的先驗根據而又客觀地實存之形而上的實體
是否包含在孔孟之天的意思之中,作出進一步的探討。

　　牟先生所言的形而上的實體,亦曰「於穆不已」或「天命不已」的實體。
兩者皆出自《詩經‧周頌‧維天之命》之「維天之命,於穆不已」。穆,深遠
也。〔註25〕深遠可引申為深奧不測,表示這形上的創生實體不為吾人所認識,
即吾人對之並沒有經驗的認識。對於這不為人所認識的實體,孔子的思想是
否真的具有這種實體的意思呢?孔子嘗言「知之為知之,不知為不知,是知
也」(《論語‧為政》),既云不知為不知,孔子是否真的肯定一個不為我們所
認識的形上實體的客觀存在呢?此外,孔子亦言「人能弘道,非道弘人」(《論
語‧衛靈公》),道是要靠人去弘揚的,並不是有一客觀實存的道去弘揚人,
既然孔子如此理解道,又是否會肯斷創生實體的實存?

〔註23〕牟宗三:《心體與性體》第一冊,台北:正中書局,1996年,頁37。
〔註24〕牟宗三:《心體與性體》第一冊,台北:正中書局,1996年,頁40。
〔註25〕宋‧朱熹:《四書章句集注‧中庸章句》,北京:中華書局,1983年,頁35。

對於這形上實體的理解及證明，牟先生指作為宇宙生化之先驗根據的創生實體，與創造道德的性體，二者是通而為一的，即透過道德實踐所實現的道德世界便是真實的世界，故「宇宙秩序即是道德秩序，道德秩序即是宇宙秩序」。〔註26〕依上列的引文，牟先生指道德創造的心性，由於仁心無外，故在實現一道德世界時，便同時即通於「於穆不已」的創生實體。在牟先生而言，這「同時即通於」的關係似乎是一自明的命題，未有作深入的進一步說明。但是，吾人是否可追問，這由道德的心性「同時即通於」創生實體的論證，當中是否可再作進一步的闡釋？牟先生對西方哲學所言的實體（Reality），指出大體或自知識論之路入，或自宇宙論之路入，或自本體論（存有論）之路入，或自生物學之路入，或自實用論之路入，或自獨斷的、純分析的形上學之路入，然皆不是「扣緊儒者之作為道德實踐之根據、能起道德之創造之『性體』之觀念」而言創生實體。〔註27〕故此，牟先生批評西方哲學以「空頭的或純知解的形上學純為外在者」。但是，透過道德實踐實現一道德世界，從而肯定一客觀實存的形上實體，這一步的「跳躍」，是否就可避免對一「空頭的純為外在者」的一種獨斷呢？這似乎仍有可討論的空間。

此外，對於形上實體及性體兩者的關係，似乎亦可有進一步追問的地方。牟先生指出高高在上的天道是超越的（Transcendent），其貫注到人身，便內在於人而為人的性，故天道又是內在的（Immanent）。〔註28〕牟先生於他處亦以「月印萬川」之比喻，指出「實只有一個月亮，並無萬個月亮」，故「是一而非多，是同而非異」。〔註29〕牟先生亦嘗云「『天』是客觀地、本體宇宙論地言之，心性是主觀地、道德實踐地言之」〔註30〕。總以上之說法，牟先生是十分強調形上實體之天道與性體是一而非異，只是依論述分際之不同而有客觀地而言之生化創造的實體，及主觀地說作為道德創造的性體。另一方面，牟先生雖然十分強調兩者是通而為一，同是又強調吾人所不能認識的形上實體是「處於『自存狀態』」及「只停滯於『潛存』（Potential or Latent）的狀態」，「須要人的踐仁工夫去充顯與恢弘」。〔註31〕如此，創

---

〔註26〕牟宗三：《心體與性體》第一冊，台北：正中書局，1996年，頁37。
〔註27〕牟宗三：《心體與性體》第一冊，台北：正中書局，1996年，頁38。
〔註28〕牟宗三：《中國哲學的特質》，台北：台灣學生書局，1994年，頁30。
〔註29〕牟宗三：《中國哲學的特質》，台北：台灣學生書局，1994年，頁80。
〔註30〕牟宗三：《心體與性體》第一冊，台北：正中書局，1996年，頁27。
〔註31〕牟宗三：《中國哲學的特質》，台北：台灣學生書局，1994年，頁58。

生實體與性體究竟是二還是一，牟先生的解說似乎仍不是十分明確。如果
兩者是一，何由在可作道德創造的性體之上，再另立一生化創造的形上實
體？如兩者有異，則兩者之不同之處是什麼？而此一與性體有不同意義的
「自存」、「潛存」的形上實體與自然的世界或天造地設的天地萬物的關係
為何？如二者有不同之處，是否又會導致有「二本」或「兩個路頭」之嫌
呢？〔註32〕

　　有學者對牟先生之形而上的實體亦提出質疑。楊澤波先生指出「（牟先生
所言的）性體為存有性原則、客觀性原則，是『綱紀之主』。牟宗三講性體離
不開道體。……道體是就總體上說，這個總體必須通過個體而顯現，這個源
自於道體的個體就叫做性體。於是，性體便扮演着存有論原則的角色。這裏
所說的存有論原則，是說性體是一個總根源、一個本根，一切道德德目都由
它而生，都源自於它。」楊先生認為「牟宗三設立性體，一個基本的出發點，
就是強調性體是客觀的，沒有性體，心的客觀性便無法得以保證。」〔註33〕
楊先生指心即心體之心，亦是『道德的心』，或『道德的本心』，〔註34〕故保
證心的客觀性便是保證道德的客觀性。〔註35〕楊先生認同心是道德創生的真
正主體，但卻質疑「在其之上畢竟還有一個『形而上的創生實體』（道體），哪
怕你再強調這種實體是『形式』，是『虛籠』，它仍然是一個實體。……既然是
一種實體，為什麼又說它是『形式地說』、『虛籠之總說』，這一實體之『實』

〔註32〕牟宗三先生很重視程明道所言的「一本」，並言「中體、性體、誠體、敬體、
　　　　直體，乃至心體、神體、易體、仁體，與夫寂感真幾、純亦不已、於穆不已
　　　　之實體皆一也。而天理實體亦不外此。直下只是一體之直貫，一體之沛然不
　　　　禦，更無內外彼此之可分。此即為圓頓之一本。」（牟宗三：《心體與性體》
　　　　第二冊，台北：正中書局，1996年，頁110。）此即指主觀言的心體、性體，
　　　　與客觀言之創生實體，兩個體皆是同一實體，故是「一本」。
〔註33〕楊澤波：《牟宗三三系論論衡》，上海：復旦大學出版社，2006年，頁79。
〔註34〕楊澤波：《牟宗三三系論論衡》，上海：復旦大學出版社，2006年，頁24。
〔註35〕楊澤波先生指牟先生是以性體、道體保證心體的客觀性，這恐怕不合牟先生
　　　　的意思。楊祖漢先生對此亦有言曰：「為本心本體找形上學根據，而最終找到
　　　　了『天』云云，乃是楊澤波個人對牟先生文字的理解，……牟先生原文並非
　　　　此意。牟先生所說的道德形上學，是認為人在踐仁盡心的道德實踐中對天道
　　　　有所契悟，此並不是為了使本心善性有穩固的基礎，而建構形上學理論。……
　　　　這那裡是如楊澤波所說，是為了替道德心性找形上根據？如果是為心性找形
　　　　上根據，則便是對道德心性作存有論的解釋，這是牟先生所反對的形上學的
　　　　道德學。」（楊祖漢：〈牟宗三先生對儒學的詮釋——回應楊澤波的評議〉，《當
　　　　代儒學思辨錄》，台北：鵝湖出版社，1998年，頁40～41。）

又表現在何處呢？」〔註36〕此外，楊先生亦認為「雖然牟宗三所說的天道並不是一個人格神，天道創生性體實際上只能是一個自然的生生不已的過程，以天道講性體無非是要凸顯其『自然而定然』之義而已，但在這一過程中，為了替其存有論打基礎又大講『天地之心』，很容易讓人誤以為天道創生性體是一個有意識的過程，引發誤解和混亂。」〔註37〕故此，楊先生提出其個人的見解，指儒家之天道只是「借天為說」，其所言的「借」，只是對傳統的一種借用，「有着極強的歷史必然性」，因為只是「借」，故天不是形而上的創生實體，亦不是仁的真正根據。〔註38〕

除了楊澤波先生，馮耀明先生亦以其分析哲學的觀點對牟宗三先生之道德的形而上學作出批評。對於牟先生所言天道是「超越的」，而天道貫注到人而為人之心性，故天道亦是「內在的」，馮先生認為有關論述是「自相矛盾」，依馮先生之意，「『超越』含有『外在』的意思，凡『超越』者自不能也是『內在』的」，並以「圓而且方」的比喻反映「超越內在說」之「自相矛盾」處。〔註39〕馮先生的立場是：「只有放棄這種強調『既超越又內在』的『天人合

---

〔註36〕楊澤波：《牟宗三三系論論衡》，上海：復旦大學出版社，2006年，頁154。

〔註37〕楊澤波：《牟宗三三系論論衡》，上海：復旦大學出版社，2006年，頁160。

〔註38〕楊澤波：《牟宗三三系論論衡》，上海：復旦大學出版社，2006年，頁154～155。對於楊先生「借天為說」之說，本文是有所保留。儒家之天如只是對傳統之借用，則只有歷史的偶然性而沒有先驗的必然性及普遍性，如是便使儒家以道德世界的實現作為創造的目的之意義變得虛化了，而沒有絕對普遍性，而儒家則只打落為修身養性之說，而不涉及存在，恐怕這並不合於先秦儒家的本義。對於楊澤波先生的「借天為說」，盧雪崑先生亦有回應指「『形上天』之決定意義依據於我們每一個人的道德主體（本心、意志自由）的實存，它是每一個人的實存定分，對每一個人都是真實有效的，因而並不能輕率地說這是『借天為說』。」（盧雪崑：《孔子哲學傳統──理性文明與基礎哲學》，台北：里仁書局，2014年，頁188。）

〔註39〕馮耀明：《超越內在的迷思：從分析哲學觀點看當代新儒家》，香港：中文大學出版社，2003年，頁195～196。盧雪崑先生指出：「我們依照康德嚴格區分 »transzendental«（超越的）與 »transzendent«（超離的）。康德說：『»transzendental«這個詞並不意味着超過一切經驗的甚麼東西，而是指雖然是先驗的（a priori），然而卻僅僅是為了使經驗認識成為可能的東西說的。如果這些概念越出經驗範圍，它們的使用就叫做»transzendent«，要把這種使用同內在的使用，即限制在經驗範圍之內的使用，區別開來。』（Proleg 4：374）」（盧雪崑：《孔子哲學傳統──理性文明與基礎哲學》，台北：里仁書局，2014年，頁438。）如按康德對超越一詞的理解，超越而內在則沒有自相矛盾，而馮耀明先生似沒有分辨超越的與超離的兩者之分別，而本文則旨在辯明這超越意義下的「天」之意思。

一」的本體宇宙論的論述，儒學的未來才會重新歸正軌，也才有可能有較為健康的發展」，〔註40〕其所指的「正軌」及「健康的發展」，就是「恢復原始儒學的真精神」以「回歸到孔孟所開創的人間道德世界」。〔註41〕由於馮先生並不認同超越的天道作為存在的根據，故其所言的「人間道德世界」實亦只限於對人而言，即這道德世界並不是天地萬物之為天地萬物的真實存在。對於馮先生的立場，即儒學只言道德而不涉及存在，正如上文所論，這恐非孔孟以至宋明儒之確意。

從上文可見楊先生及馮先生，皆對牟先生所言之形而上的創生實體的實存提出質疑。明末劉蕺山有言：「天即理之別名，此理生生不息處即是命。以為別有蒼蒼之天、諄諄之命者，非也。」〔註42〕蕺山亦於〈學言中〉有云：「天者，萬物之總名，非與物為君也。道者，萬器之總名，非與器為體也。性者，萬形之總名，非與形為偶也。」〔註43〕依蕺山之意，並不是在世界之外「別有」一個蒼蒼之天之實存以諄諄地命，而天只是萬物的「總名」，不是在物之外的一個主宰（君）。「總名」實只表對天的一種言說，並不意指天之實存。由此可見，宋明儒是否亦是以形而上的實體視天，似亦可有作進一步討論的地方。

從以上所論，可見牟先生所提出的作為一客觀實存的形而上的實體，不論在如何說明其實存以及此實存與心性及萬物的關係上，皆仍有未能完全令人信服的地方。故此，本文的研究目的便是對此而發，並擬指出孔孟之天，實不是一客觀實存的形而上的實體或創生實體，天作為道德實踐上的確信或信仰，只是能自立道德法則的本心之充其極，並不是在心之外「別有」一個實存之天。此亦如蕺山之所言：「天者，無外之名，蓋心體也」。〔註44〕

---

〔註40〕馮耀明：〈序〉，《超越內在的迷思：從分析哲學觀點看當代新儒家》，香港：中文大學出版社，2003 年，頁 vii。

〔註41〕馮耀明：《超越內在的迷思：從分析哲學觀點看當代新儒家》，香港：中文大學出版社，2003 年，頁 261。

〔註42〕明・劉宗周：〈中庸首章說〉，戴璉璋、吳光主編，《劉宗周全集》第二冊，台北：中央研究院中國文哲研究所籌備處，1997 年，頁 350～351。

〔註43〕明・劉宗周：〈學言中〉，戴璉璋、吳光主編，《劉宗周全集》第二冊，台北：中央研究院中國文哲研究所籌備處，1997 年，頁 480。

〔註44〕明・劉宗周：〈學言中〉，戴璉璋、吳光主編，《劉宗周全集》第二冊，台北：中央研究院中國文哲研究所籌備處，1997 年，頁 482。

## 第二節　研究方法

　　牟先生所言之先秦儒家已具有道德的形而上學的意思，即由道德創造以肯定一形而上的實體，但這道德的形而上學是在一哲學思想發展的脈絡中表現出來的。牟先生認為孔子雖沒有明言天是形而上的實體，但「未嘗不函蘊此意味」，而對於「維天之命，於穆不已」，亦「難說其不契此詩句」，故以形而上的實體視天為孔子推進一步之說，「未始非孔子意之所函與所許」，此「亦不碍其對于天之崇敬與尊奉」。〔註45〕另一方面，對於孟子所言的「盡心、知性、知天」，牟先生指「語句上似表示心性與天尚有一點距離，本心即性，而心性似不必即天」，但是這心性與天的距離，是「可被撤銷」的，因為「心之絕對普遍性」以及「心性之內容的意義同于天處」。〔註46〕依上所示，牟宗三先生認為孔孟仍未明確說到心性與形上實體之天通而為一，這意思要發展至《中庸》及《易傳》才充分地表達出來。

　　牟先生指《中庸》實函有「性體與道體或天命實體通而為一」之意，這是由「孟子之自道德自覺上實踐地說性」及「心性向絕對普遍性申展之義」，並「依一形而上的洞悟滲透，充其極」，而有性體與天命實體通而為一之提升，而這一步之提升，是與孟子相呼應，而「圓滿地展示出」。及至《易傳》所言的「乾道變化，各正性命」（《易傳・乾・彖》），牟先生指出由中庸的提升，不但性體與天道實體通而為一，而且直接由上面斷定：「天命實體之下貫于個體而具于個體（流注于個體）即是性」，天命不已的實體之命令作用不已，命至何處即作用至何處，即流注至何處，「流注于個體即為個體之性」。〔註47〕按牟先生之理解，這「天道性命相貫通」在先秦儒家已是一共同的意識，〔註48〕但此意識是在一思想發展的過程中展現出來，孔孟之心性與天未有明確表達

---

〔註45〕牟宗三：《心體與性體》第一冊，台北：正中書局，1996年，頁22。

〔註46〕牟宗三：《心體與性體》第一冊，台北：正中書局，1996年，頁27。

〔註47〕牟宗三：《心體與性體》第一冊，台北：正中書局，1996年，頁31。

〔註48〕天道性命相貫通意指性體及天命實體通而為一。牟先生指「天道性命相貫通乃宋明儒共同之意識，亦是由先秦儒家之發展所看出之共同意識」，並指「（張橫渠）《正蒙・誠明篇》云：『天所性者通極於道，氣之昏明不足以蔽之。天所命者通極于性，遇之吉凶不足以戕之』。此四句即是天道性命相貫通之最精切而諦當之表示者。」（牟宗三：《心體與性體》第一冊，台北：正中書局，1996年，頁417。）此外，牟先生亦有言指「道德形上學的內容就是天道性命相通而為一」。（牟宗三主講，盧雪崑錄音整理：《周易哲學演講錄》，台北：聯經，2003年，頁37。）

出通而為一意，即孔子之踐仁知天、孟子之盡心知性知天，未能達至「澈盡而圓滿」〔註49〕，必進至《中庸》之性體與道體通而為一，以及由《易傳》所意涵之「從上面由道體說性體」，才是「最後之圓成」。〔註50〕牟先生所建立的道德的形而上學，不單有形上實體之意，而且認為必須「澈至《中庸》、《易傳》之境，始有客觀地自天道建立性體之一義」，而這才是儒家發展至圓滿而澈盡者。〔註51〕

　　由於牟先生肯定一作為宇宙生化的創生實體之形而上的實體，故亦認為必須進至由這絕對的形上實體下貫至人以為人之性體，才是道德形而上學最圓滿的意思。但是，由於本文並不認為形而上的實體是客觀存在，故亦並不認同先秦儒家是由孔孟發展至《中庸》、《易傳》才是儒學之最高峰。本文之立論是孔孟所言之天已是道德形而上學之最充分的說明，天是作為道德實踐中的信仰，並由本心之充其極以表象之，天之設定，是要吾人在對天之崇敬及尊奉中致力實踐道德，以至創造一道德的世界，這道德世界同時便是一最後真實的世界，這才是天之確義。故本文會集中討論孔孟之天的意思。由於孔子有「周監於二代，郁郁乎文哉！吾從周」（《論語・八佾》）之言，故孔子之學說是繼承周初的傳統，而孟子亦是孔子之學的繼承者，〔註52〕故本文亦會以哲學思想的發展脈絡之方式，先論《詩》《書》中之天的意思，再繼以分別論述孔子及孟子之天。

　　牟宗三先生據其所理解儒家系統之性體與天道實體的模型，以對宋明儒的學說作分疏，牟先生云：「『五峰蕺山』與『象山陽明』是一圓圈的兩來往。前者是從客觀面至主觀面，而以主觀面形著而真實化之；後者是從主觀面到客觀面，而以客觀面挺立而客觀化之。兩者合而為宋明儒之大宗。」〔註53〕此外，勞思光先生理解的孔孟之學說只有心性之學，沒有道德形上學的意味，故勞先生據此而就宋明理學提出以「歸向孔孟」之「基本目的」為共同標準，以「一系說」之觀點理解宋明儒學的發展，在一系中再分成「三階段說」，而有「一系三階段說」。〔註54〕可見，不同學者對先秦儒家之不同理解，亦會影

〔註49〕牟宗三：《心體與性體》第一冊，台北：正中書局，1996年，頁552。

〔註50〕牟宗三：《心體與性體》第一冊，台北：正中書局，1996年，頁35。

〔註51〕牟宗三：《心體與性體》第一冊，台北：正中書局，1996年，頁552。

〔註52〕《孟子》序有言曰：「述仲尼之意」及「獨孟軻氏之傳得其宗。」（宋・朱熹：《四書章句集注・孟子集注》，北京：中華書局，1983年，頁197～198。）

〔註53〕牟宗三：《心體與性體》第一冊，台北：正中書局，1996年，頁48。

〔註54〕勞思光：《新編中國哲學史》（三上），台北：三民書局，2012年，頁44～46。

響其對宋明儒學之發展的理解。故此，對孔孟之天的本義作一釐清，才有助對宋明儒作清楚的詮釋，而本文會只集中討論孔孟之天的意思，而不及對宋明儒之討論。

　　牟先生在其眾多討論儒家的著作中，皆有不少引用康德批判哲學的觀點以對儒學作闡釋。此外，盧雪崑先生就引入康德哲學之思維方式以考察儒家哲學所言之「天」，亦作過不少研究工作並發表著作，而本文的討論亦多出自這方面的啟發。故此，本文亦會嘗試借用康德之學說，以對《詩經》、《尚書》、《論語》及《孟子》之「天」作解說。本文對康德譯文的引用，主要是參考李秋零先生主編的《康德著作全集》第三卷至第六卷（北京：北京中國人民大學出版，2005 年至 2010 年），當中涵蓋的康德著作主要有《純粹理性批判》（第 1 版及第 2 版）、《道德形而上學的奠基》、《實踐理性批判》、《判斷力批判》、《純然理性界限內的宗教》及《道德形而上學》等。此外，相關譯文亦會參考盧雪崑先生有關康德研究的著作。〔註 55〕關於康德著作引文來源的縮略語，可參看本文之附錄。

## 第三節　各章節安排的順序說明

　　本文的第一部份主要是對《詩經》及《尚書》中「天」的觀念作哲學說明。第一章略述學術界有關二書成書年代的研究，指出《詩經》成書於孔子之前已為學術界的主流意見，但學術界對於《尚書》的真確性則有不同的看法。由於本文並不是以典籍的考據訓詁為研究目的，而疑古的學者們所依據的主要是如甲骨文等的出土文物，對於這些出土文物能否代表當時整個時代的思想文化，不能說完全沒有疑問，故本文並不採取疑古的觀點，而認為《詩經》及今文《尚書》中實具相當的真確性。有關周初的「天命」觀念，本文歸納為三義：1.天命靡常；2.天命以德及敬德保命；3.天命不已及祈天永命。對於當代學者多以人格神的意思以理解周初之「天」，本文提出了疑問，指出《詩》《書》中所反映的周初文化傳統，並沒有出現過神權專制的社會文化及國家制度。本文進而引入康德的批判哲學所言的「德福一致」，說明周初的

---

〔註 55〕有關盧雪崑先生透過康德哲學以考察儒家哲學的「天」之主要著作包括：《康德的自由學說》（台北：里仁書局，2009 年）、《物自身與智思物：康德的形而上學》（台北：里仁書局，2010 年）及《孔子哲學傳統——理性文明與基礎哲學》（台北：里仁書局，2014 年）。

「天」及「天命」可理解為「德福一致」可能的條件，是我們的理性以「德福一致」思考世界，並要求「德福一致」可於世界實現，所必然要有的設定。第一部份的最後一節主要討論了今文《尚書》中對法則性及在法則性中的和諧的意思，這與孔孟以至宋明儒所言的「仁」、「天理」等所包涵的道德的法則性是相呼應的。

　　第二部份主要就《論語》之「仁」及「天」作討論。當代學者對孔子之天有不同的理解，當中包括神性義的天（如李杜和傅佩榮二先生）、虛化義的天（如徐復觀和勞思光二先生），以及形上實體義的天（如唐君毅和牟宗三二先生）。本文擬指出，上述三義的天可能皆未能反映孔子所言的「天」之全幅意思。本文嘗試引入康德的學說，認為孔子的「仁」包含有豐富的意思，當中包括自由意志，並據此所自立的道德法則，以及道德法則所規定的一個終極目的——圓善。由於「仁」包含有圓善的意思，故孔子所言的仁者不只念孜在孜於踐仁，亦關心踐仁所開展出來的道德世界，而這亦是世界造化的終極目的。我們所以可能如此理解世界，是因為人所訂立的道德法則所規定的作為終極目的之絕對及普遍的圓善，人才有理據把天下所有人以至萬物在道德目的論之下連結起來，以建立作為創造目的的道德世界。故此，孔子之「仁」實涵有「道德的形而上學」的意思，而「天」就是道德世界的超越的根據。孔子在《論語》中處處表現有對「天」的敬畏之情，是由於孔子深明人並不會總是致力於踐仁，而道德世界之能否實現亦有很多人力不及的因素，故透過共同對「天」的崇敬，可促進每一個人皆致力實踐己身的德行，並保持對實現道德世界的希望。「道德的形而上學」關乎作為創造目的的道德世界的超越根據，而對「天」的崇敬關乎道德世界的實現，後者我們可稱為「道德的宗教」。

　　本文的第三部份討論了孟子繼承孔子之「仁」，而言心與性，並進一步言「盡心知性知天」以及「萬物皆備於我」，以表現孔子所開出的「道德的形而上學」之義理規模，而我們可由此指出人之「本心」（或孔子之「仁」）便是創造或世界的本體。此外，第五章亦討論了孟子是以道德性作為人之為人的分定之性，這亦同時是天地萬物之性。本部份亦就學術界有關孔孟學說的兩個主要理解作討論，包括孔孟傳統並未有包括形而上學，以及孔孟傳統已包括有形上實體義之天的意思，本文擬指出這兩種理解似乎未能完全符合孔孟哲學的含義，而本文所提出的主、客先驗綜和的「道德的形而上學」或「道德的

目的論」則可能更為符合孔孟之原意。第六章就孟子「存心養性事天」作討論，指出由此可知孟子亦包含有「道德的宗教」。

# 第一部份
# 華夏文化中「天」的觀念之哲學說明

# 第一章　近代學者對《詩》、《書》之「天」的理解

## 第一節　略說二書之成書年代

　　《詩經》和《尚書》是西周初期極為重要的儒家思想典籍，兩部經典皆反映了當時與儒家學說相關的原始哲學觀念，這些哲學觀念與後來由孔子繼承及發展而成的儒學中之重要中心思想有着密切的關係。

　　在正式討論《詩經》和《尚書》的內容之前，本文會先就兩部經典的成書年代稍作說明。普遍而言，專家學者們對《詩經》的成書年代沒有太大的爭議。《詩經》是由採詩之官採集民間詩歌及公卿列士所獻之士大夫之作，日積月累，並經由大師加以整理，編輯成冊，最後再經孔子重新整理刊定而成。〔註1〕故此，《詩經》各篇成書於孔子之前，已為學術界公認之事實。

　　關於《尚書》的成書年代，古文《尚書》二十五篇，自清閻若璩《古文尚書疏證》及惠棟《古文尚書考》兩書後，已為學術界公認是東晉人所撰之偽書。〔註2〕至於今文《尚書》的成書年代，歷來不同專家學者都有不同的見解，莫衷一是。

　　部份學者如傅佩榮先生、屈萬里先生及陳夢家先生等，對於今文《尚書》

---

〔註1〕黃振民：《詩經研究》，台北：正中書局，1982年，頁9～17。
　　　　屈萬里：《詩經詮釋》，台北：聯經出版事業公司，1983年，頁7～10。
〔註2〕屈萬里：《尚書釋義》，台北：華崗出版部，1972年，頁13。

的成書年代抱持以下的意見：〔註3〕1.今文《尚書》二十八篇在秦朝建立之前已經成篇，而在二十八篇今文《尚書》中，只有十二篇可以代表西周初期的思想，當中包括〈大誥〉、〈康誥〉、〈酒誥〉、〈梓材〉、〈召誥〉、〈洛誥〉、〈多士〉、〈無逸〉、〈君奭〉、〈多方〉、〈立政〉及〈顧命〉。2.西周結束以前，〈周書〉中的〈金縢〉、〈費誓〉、〈呂刑〉、〈文侯之命〉及〈秦誓〉，〈商書〉中的〈高宗肜日〉、〈西伯戡黎〉及〈微子〉，皆已出現。3.〈堯典〉、〈皋陶謨〉、〈湯誓〉及〈洪範〉皆成篇於孔子之後的戰國初期，並在孟子之前。

另一方面，有關二十八篇今文《尚書》，徐復觀先生認為可分為三類，包括：

（一）開始並無原始文獻，而只有許多口頭傳說；這些傳說，到了文化發展到更高的階段時，即由史官加以整理、編纂，把口傳的材料，寫成文字的材料。〈堯典〉、〈皋陶謨〉、〈禹貢〉，當屬於這一類。

（二）將原典重加整理過的材料。此種材料，原有真實文獻存在；但經過若干年後，尤其是經過了改朝換代後，有人重新加以整理，以便於流傳閱讀。在整理時，不免把原文加以今譯，因而雜有整理時的名稱、口吻、氣氛；但於原有的底字，並未加以改變。今文《尚書》的〈甘誓〉、〈湯誓〉、〈高宗肜日〉、〈西伯戡黎〉、〈微子〉、〈洪範〉等皆是。（三）是傳承下來的原始資料。〈商書〉中的〈盤庚〉及〈周書〉，大體是屬於這類。〔註4〕

徐先生的意見是「不認為戰國時代，有一個偽造文書集團，偽造出一批夏商文獻，而又散佈到其他文獻中去。」〔註5〕他認為數十年來，疑古學派的真則全真，假則全假的對歷史材料之批判態度，使得整理國故的工作變得毫無意義，是值得今後應該特別注意的地方。〔註6〕

---

〔註3〕傅佩榮：《儒道天論發微》，台北：台灣學生書局，1985年，頁26。
　　　　屈萬里：《尚書釋義》，台北：華崗出版部，1972年，頁1～4，頁18，頁40及頁59～60。
　　　　陳夢家：《尚書通論》，北京：中華書局，2005，頁108。
　　　　郭沫若先生則認為今文《尚書》只有十一篇（除〈顧命〉一篇）為可信。（郭沫若：〈先秦天道觀之進展〉，《青銅時代》，北京：科學出版社，1957年，頁1。）
〔註4〕徐復觀：《中國人性論史：先秦篇》，台北：台灣商務印書館，1999年，頁589～590。
〔註5〕徐復觀：《中國人性論史：先秦篇》，台北：台灣商務印書館，1999年，頁591。
〔註6〕徐復觀：《中國人性論史：先秦篇》，台北：台灣商務印書館，1999年，頁555。

　　本文並不是以典籍考據為研究目的，故本文無意就上述對今文《尚書》成書年代的兩類意見作討論。本文所重視的，是今文《尚書》中尤其是屬於早期的篇章，當中是否已包含有反映儒家思想的觀念？如有，則那些觀念的哲學含意為何？及其與日後《論語》及《孟子》的中心思想的關係為何？故本文傾向以徐先生的觀點理解今文《尚書》，即就算部份篇章如〈堯典〉、〈皋陶謨〉等為後人述古之作，但於原有的底字，並未加以改變，其主要中心思想亦是與儒學的核心觀念為相通的。孔子以「大哉，巍巍乎！唯天唯大」（《論語・泰伯》）盛讚堯，亦以「巍巍乎」（《論語・泰伯》）讚頌舜、禹，我們很有理由相信孔子對三王之讚頌，是由於三王之盛德，如堯之「允恭克讓，光被四表，格于上下」、「克明俊德」，舜之「克諧以孝，烝烝乂，不格姦」，〔註7〕禹之「慎厥身修，思永」。〔註8〕如以〈堯典〉、〈皋陶謨〉是出於孔子後之戰國而為不可信，則難解孔子如此推崇三王而盛讚之。陳來先生亦持類似之觀點，認為對孔子來說，《尚書》中的〈夏書〉、〈商書〉及〈周書〉都是傳統，都是孔子藉以走向新的發展的寶貴資源，在這個意義上，它們都是無疑地構成了儒家思想的來源。〔註9〕故此，本文將大體而言視今文《尚書》，實有相當的真確性，亦反映着儒家的中心思想。當然，本文亦會重視過往學術界公認的訓詁考據成果，接受古文《尚書》為東晉人所撰之偽書，非為先秦之文獻，而本文將不及述之。

## 第二節　周初的「天」及「天命」

### 一、「天」的觀念之來源

　　郭沫若先生於〈先秦天道觀之進展〉一文中指出，殷代卜辭中稱至上神為帝，或上帝，卻決不稱之為天。天字本來是有的，但當為大字同意語，天者即顛也。郭先生認為以至上神稱天為後起的，並以此為標準，凡是殷代舊有

---

〔註7〕漢・孔安國傳，唐・孔穎達正義：〈堯典〉，《十三經注疏・尚書正義》，國立編譯館主編，台北：新文豐出版社，2001年，頁44，46～47。

〔註8〕漢・孔安國傳，唐・孔穎達正義：〈皋陶謨〉，《十三經注疏・尚書正義》，國立編譯館主編，台北：新文豐出版社，2001年，頁158。

〔註9〕陳來：《古代宗教與倫理：儒家思想的根源》，台北：允晨文化實業股份有限公司，2005年，頁210。

的典籍如果有對至上神稱天的地方,都是不能相信的。〔註10〕陳夢家先生對此亦表贊同。〔註11〕顧理雅(H. G. Creel)表示在甲骨文裏,不曾出現天神之觀念,甚至天字亦缺如,即商人不曾以天指稱上帝。顧氏亦主張以天為至上神之信念是出現於商周之際。〔註12〕

不過,以上的看法亦受到一定的質疑。傅佩榮先生指由於甲骨文的材料有限、形式特殊(即僅是占卜文字)與索解困難,故認為對天字起源的討論仍無法超出假設的範圍。〔註13〕陳來先生亦同意此說,並本着「說有易而說無難」的立場,認為甲骨文卜辭即使未發現天字或未發現以天為上帝的用法,並不能終極地證明商人沒有天的觀念或以天為至上神的觀念。〔註14〕李杜先生認為《尚書‧盤庚》為「殷代文獻是被現代人所接受的。因此,我們對它有關天的記述沒有理由懷疑」。〔註15〕徐復觀先生亦表示不能以現時所能看到的甲骨材料,概括殷代全部材料,所以「不能因現有甲骨文中無本義之天字,遂否定〈商書〉之真實性;而〈商書〉中固屢用天字及天命一詞。」〔註16〕由以上可見,不同學者對「天」或「天命」之概念起始於什麼年代,仍有不同的見解,而本文之研究目的並不是以考據為依歸,故此,我們會直接回到《詩經》、今文《尚書》的文獻中去理解當中有關「天」的意思。

## 二、周初的「天命」

對於周初的天命觀,本文嘗試參考唐君毅先生之理解,把它分作三義,〔註17〕即 1.天命靡常;2.天命以德及敬德保命;3.天命不已及祈天永命。

---

〔註10〕郭沫若:〈先秦天道觀之進展〉,《青銅時代》,北京:科學出版社,1957年,頁4〜5。

〔註11〕陳夢家:《殷虛卜辭綜述》,北京:科學出版社,1956年,頁581。

〔註12〕傅佩榮:《儒道天論發微》,台北:台灣學生書局,1985年,頁10〜11。

〔註13〕傅佩榮:《儒道天論發微》,台北:台灣學生書局,1985年,頁13。

〔註14〕陳來:《古代宗教與倫理:儒家思想的根源》,台北:允晨文化實業股份有限公司,2005年,頁171。

〔註15〕李杜:《中西哲學思想中的天道與上帝》,台北:藍燈文化事業股份有限公司,2000年,頁12。

〔註16〕徐復觀:《中國人性論史:先秦篇》,台北:台灣商務印書館,1999年,頁18〜19。

〔註17〕唐君毅:《中國哲學原論:導論篇》,台北:台灣學生書局,2004年,頁524〜528。

### （一）天命靡常

於《詩》《書》之文獻中，我們可以發現天命之觀念在殷周之際開始有較多的出現。由於殷商曾是眾諸侯之共主，最後卻由屬小邦之周取代其政權。故當時有天命靡常之思想，有關的引文如下：

> 天命靡常。（《詩經‧大雅‧文王》）〔註18〕
>
> 惟命不于常。（《尚書‧康誥》）〔註19〕
>
> 天命不易，天難諶，……天不可信。（《尚書‧君奭》）〔註20〕
>
> 皇天上帝，改厥元子茲大國殷之命。（《尚書‧召誥》）〔註21〕
>
> 天難忱斯，不易維王。（《詩經‧大雅‧大明》）〔註22〕
>
> 天生烝民，其命匪諶。（《詩經‧大雅‧蕩》）〔註23〕

以上的引文，皆表示天命的變易無常及天命之不可信。商朝之主相信自己受到天之降命而為諸侯的共主，但最後亦被小邦之周取代，此讓當時人了解到天命不為一家一姓所固有，而有變易無常之感。不過，周初之天命靡常，亦不是完全變幻莫測的變動，它是與為政者的德行相關連的。

### （二）天命以德及敬德保命

政權之得失在於天命，而天命之得失，則在於王者之德行。為王者由於失德無道，最終失去政權，而周文王「克明德慎罰」，故能得到天命以建立周朝。試看以下引文：

> 有夏多罪，天命殛之。……夏氏有罪，予畏上帝，不敢不正。……
> 夏德若茲，今朕必往。……致天之罰。（《尚書‧湯誓》）〔註24〕

---

〔註18〕漢‧毛公傳，唐‧孔穎達正義：〈大雅‧文王〉，《十三經注疏‧毛詩正義》，國立編譯館主編，台北：新文豐出版社，2001年，頁1475。

〔註19〕漢‧孔安國傳，唐‧孔穎達正義：〈康誥〉，《十三經注疏‧尚書正義》，國立編譯館主編，台北：新文豐出版社，2001年，頁550。

〔註20〕漢‧孔安國傳，唐‧孔穎達正義：〈君奭〉，《十三經注疏‧尚書正義》，國立編譯館主編，台北：新文豐出版社，2001年，頁650〜652。

〔註21〕漢‧孔安國傳，唐‧孔穎達正義：〈召誥〉，《十三經注疏‧尚書正義》，國立編譯館主編，台北：新文豐出版社，2001年，頁581。

〔註22〕漢‧毛公傳，唐‧孔穎達正義：〈大雅‧大明〉，《十三經注疏‧毛詩正義》，國立編譯館主編，台北：新文豐出版社，2001年，頁1481。

〔註23〕漢‧毛公傳，唐‧孔穎達正義：〈大雅‧蕩〉，《十三經注疏‧毛詩正義》，國立編譯館主編，台北：新文豐出版社，2001年，頁1759。

〔註24〕漢‧孔安國傳，唐‧孔穎達正義：〈湯誓〉，《十三經注疏‧尚書正義》，國立

先王有服，恪謹天命，……罔知天之斷命，……天其永我命于茲新
邑。（《尚書·盤庚》）〔註25〕

天既訖我殷命，……惟王淫戲，用自絕，故天棄我。（《尚書·西伯
戡黎》）〔註26〕

惟乃丕顯考文王，克明德慎罰，不敢侮鰥寡，庸庸、祗祗、威威、顯
民。……天乃大命文王，殪戎殷，誕受厥命。（《尚書·康誥》）〔註27〕

惟我周王，靈承于旅，克堪用德，惟典神天。天惟式教我用休，簡
畏殷命，尹爾多方。（《尚書·多方》）〔註28〕

弗克庸帝，大淫泆，有辭。惟時天罔念聞，厥惟廢元命，致降罰。……
在今後嗣王，誕罔顯于天，矧曰其有聽念于先王勤家？誕淫厥泆，
罔顧于天顯民祗。惟時上帝不保，降若茲大喪。惟天不畀不明厥德。
凡四方小大邦喪，罔非有辭于罰。（《尚書·多士》）〔註29〕

庶群自酒，腥聞在上，故天降喪于殷，罔愛于殷，惟逸。天非虐，
惟民自速辜。（《尚書·酒誥》）〔註30〕

有夏服天命，惟有歷年；……不其延，惟不敬厥德，乃早墜厥命。……
有殷受天命，惟有歷年；……不其延，惟不敬厥德，乃早墜厥命。
（《尚書·召誥》）〔註31〕

有夏誕厥逸，不肯感言于民，乃大淫昏，不克終日勸于帝之迪，……

---

編譯館主編，台北：新文豐出版社，2001年，頁287。

〔註25〕漢·孔安國傳，唐·孔穎達正義：〈盤庚〉，《十三經注疏·尚書正義》，國立
編譯館主編，台北：新文豐出版社，2001年，頁338。

〔註26〕漢·孔安國傳，唐·孔穎達正義：〈西伯戡黎〉，《十三經注疏·尚書正義》，
國立編譯館主編，台北：新文豐出版社，2001年，頁386。

〔註27〕漢·孔安國傳，唐·孔穎達正義：〈康誥〉，《十三經注疏·尚書正義》，國立
編譯館主編，台北：新文豐出版社，2001年，頁532。

〔註28〕漢·孔安國傳，唐·孔穎達正義：〈多方〉，《十三經注疏·尚書正義》，國立
編譯館主編，台北：新文豐出版社，2001年，頁680。

〔註29〕漢·孔安國傳，唐·孔穎達正義：〈多士〉，《十三經注疏·尚書正義》，國立
編譯館主編，台北：新文豐出版社，2001年，頁626。

〔註30〕漢·孔安國傳，唐·孔穎達正義：〈酒誥〉，《十三經注疏·尚書正義》，國立
編譯館主編，台北：新文豐出版社，2001年，頁560。

〔註31〕漢·孔安國傳，唐·孔穎達正義：〈召誥〉，《十三經注疏·尚書正義》，國立
編譯館主編，台北：新文豐出版社，2001年，頁591。

天惟時求民主，乃大降顯休命于成湯，刑殄有夏。(《尚書·多方》)
〔註32〕

爾乃惟逸惟頗，大遠王命，則惟爾多方探天之威，我則致天之罰，
離逖爾土。(《尚書·多方》)〔註33〕

從以上引文所見，夏桀及商紂只沈溺於過渡的享樂(「惟王淫戲」、「大
淫泆」、「庶群自酒」)，不顧民間的疾苦(「罔顧于天顯民祗」、「不肯慼言于
民」)，他們便不再保有天命，以招致「天之罰」、獲「天之棄」及「早墜厥
命」。但另一方面，商湯及周文王都能恭敬謹慎地遵從天命(「恪謹天命」)，
以照着道德行事(「克明德」、「克堪用德」)，便能獲天之大命，分別消滅夏
朝及商朝。可見，天命是基於德行，有德行者始能受天命。「天命以德」這
一思想，亦包含有「敬德保命」之意，即君王如要繼續保有天命，須持續謹
慎本身的德行，才可得到天命的延續。故上述引文，除了表達了「天命以德」
的思想，同時亦有「敬德保命」之意，即亦有警戒為王者須時刻謹慎本身之
德行，否則便會失去天命。以下引文便有「敬德保命」之意思：

惟王受命，無疆惟休，亦無疆惟恤。嗚呼！曷其奈何弗敬！(《尚書·
召誥》)〔註34〕

嗚呼！天亦哀于四方民，其眷命用懋，王其疾敬德。(《尚書·召誥》)
〔註35〕

皇天既付中國民，越厥疆土于先王，肆王惟德用，和懌先後迷民，
用懌先王受命。(《尚書·梓材》)〔註36〕

## (三) 天命不已及祈天永命

上文所言之敬德保命，是要提醒為王者如想持續保有天命，便必須不懈

---

〔註32〕漢·孔安國傳，唐·孔穎達正義：〈多方〉，《十三經注疏·尚書正義》，國立
編譯館主編，台北：新文豐出版社，頁675。
〔註33〕漢·孔安國傳，唐·孔穎達正義：〈多方〉，《十三經注疏·尚書正義》，國立
編譯館主編，台北：新文豐出版社，頁688。
〔註34〕漢·孔安國傳，唐·孔穎達正義：〈召誥〉，《十三經注疏·尚書正義》，國立
編譯館主編，台北：新文豐出版社，頁581。
〔註35〕漢·孔安國傳，唐·孔穎達正義：〈召誥〉，《十三經注疏·尚書正義》，國立
編譯館主編，台北：新文豐出版社，頁585。
〔註36〕漢·孔安國傳，唐·孔穎達正義：〈梓材〉，《十三經注疏·尚書正義》，國立
編譯館主編，台北：新文豐出版社，頁573。

地敬德修德。當人之愈能敬德修德，則愈得到天之降命，而在不斷地敬德修德中，人便愈發得到天命而不斷。故進而可言天命不已及祈天永命之意。試看以下引文：

> 今天其命哲，命吉凶，命歷年。……肆惟王其疾敬德。王其德之用，祈天永命。（《尚書・召誥》）〔註37〕

> 今汝永念，則有固命，……我受命無疆惟休，亦大惟艱。（《尚書・君奭》）〔註38〕

周初之天命觀包含了上文所言之天命靡常、天命以德及祈天永命三義，其重點是為政者要透過謹慎地敬德才可獲受天命以得到政權，而得到政權後亦要不懈地敬德以持續保有天命。從另一方面說，天命不會恆常地歸於一家一姓，如為政者失德無道，亦會失去天命及政權。

上文就文獻的徵引以理解天命與政權和德行的關係，並未有對天命的本身的意義作出討論。不少學者皆認為周初之天命有人格神的意義。人格神之天是指作為天地萬物的主宰，而且具有意志的至上神的意思。另外，當這些學者以周初之天命表達為人格神的意思時，亦有以此天命為一外在於人而客觀實存者的意思。有關這些學者的理解，茲申述如下：

## 第三節　李杜、傅佩榮二先生以基督教的上帝觀解釋《詩》、《書》的「天」

李杜先生表示天帝作為一至高神之觀念始於西周初年。「在周代封建統一王朝建立之前，天帝可能為周人與殷人各別的氏族神。但相應於周統一王朝的建立，周人已不再視天帝為有所偏袒的神靈，而是以之為在眾神中的最高神，普愛地上萬民，降命於有德的人為天子以治理萬民。此一至高神，天地萬物的主宰者的觀念的出現，在中國古人的思想中不但形成了一統攝萬有的觀念，亦出現了天下一家的思想。在周人的觀念中，天下就是整個宇宙。天帝是整個宇宙的主宰者。」〔註39〕可見李先生直以「最高神」、「天地萬物的

---

〔註37〕漢・孔安國傳，唐・孔穎達正義：〈召誥〉，《十三經注疏・尚書正義》，國立編譯館主編，台北：新文豐出版社，頁592～593。

〔註38〕漢・孔安國傳，唐・孔穎達正義：〈君奭〉，《十三經注疏・尚書正義》，國立編譯館主編，台北：新文豐出版社，頁657及662。

〔註39〕李杜：《中西哲學思想中的天道與上帝》，台北：藍燈文化事業股份有限公司，

主宰者」視周初的天帝。

　　對於天帝與人的關係，李先生據「天生烝民」（《詩·大雅·烝民》及《詩·大雅·大明》）說明「人是由天所生的」，〔註40〕並指天帝與人是有感格、交感的，如「帝度其心」（《詩·大雅·皇矣》）、「帝謂文王」（《詩·大雅·皇矣》）、「上帝臨汝」（《詩·大雅·大明》）等。〔註41〕李先生亦表示天帝是會降下喪亂，以懲罰失德的君王，如「天降喪於殷」（《尚書·君奭》）等。〔註42〕故此，基於上述天帝與人的關係，李先生指出《詩》《書》的天帝是「人類的創生者，是一位有德性、仁愛、與人交感、有權能而公義的神靈」，並且亦是「一位有智慧，關懷人而給與人獎勵與懲罰，超越一切形象，其意志不斷在表達，重秩序性與法則性，及有威嚴，明慧與具博大性質的神靈。」〔註43〕

　　李先生亦就《詩》《書》的天帝與基督教的上帝作一比較，指出基督教新舊約中的上帝有「完全的特性」，是「自有永有」、「全知全能」、「威嚴」、「仁愛」、「恩惠」、「正直」、「公義」的神靈。〔註44〕李先生表示雖然《詩》《書》中的天帝的特性與基督教的上帝的特性不同，這主要是「歸到中國周人與猶太人對天帝或上帝不同的了解上去說。此一不同為生活在不同的歷史文化中而來的不同表現」，並指「不應對此不加分辨，而說中國《詩》、《書》的天帝的特性不完全便不是真神，或中國周代的宗教信仰是一低級的宗教信仰。」〔註45〕可見李杜先生直以基督教中的上帝視周初之天或天帝，只是由於不同的歷史文化而有不同的表現。

　　傅佩榮先生指出由於《詩經》及《尚書》中的天與帝二字可互換使用，

---

　　　2000 年，頁 5。
〔註40〕李杜：《中西哲學思想中的天道與上帝》，台北：藍燈文化事業股份有限公司，2000 年，頁 21。
〔註41〕李杜：《中西哲學思想中的天道與上帝》，台北：藍燈文化事業股份有限公司，2000 年，頁 24～25。
〔註42〕李杜：《中西哲學思想中的天道與上帝》，台北：藍燈文化事業股份有限公司，2000 年，頁 26。
〔註43〕李杜：《中西哲學思想中的天道與上帝》，台北：藍燈文化事業股份有限公司，2000 年，頁 27。
〔註44〕李杜：《中西哲學思想中的天道與上帝》，台北：藍燈文化事業股份有限公司，2000 年，頁 27。
〔註45〕李杜：《中西哲學思想中的天道與上帝》，台北：藍燈文化事業股份有限公司，2000 年，頁 30。

因此具有相同的含意，並提出「天與帝都代表同一位至高主宰」。〔註46〕但是，傅先生表示周人以「天」來稱呼至上神，則饒有深意，代表「神權到德治的轉移」。〔註47〕另外，傅先生分析了《詩經》及《尚書》中的天之概念，把天的性格及功能分為五種意義，包括「統治者」（Dominator）、「啟示者」（Revealer）、「審判者」（Judge）、「造生者」（Creator）及「載行者」（Sustainer），這五種性格表現了天作為「同一實體的不同樣態」。〔註48〕

傅先生引用「天命玄鳥，降而生商」（《詩經‧商頌‧玄鳥》）、「昊天有成命，二后受之」（《詩‧周頌‧清廟之什》）及「有命自天，命此文王」（《詩經‧大雅‧文王之什》），認為天是統治者，並會「表現祂的意志」，而商周之建立，「皆由於天之命令而成」。〔註49〕另一方面，根據「皇矣上帝，臨下有赫。監觀四方，求民之莫」（《詩經‧大雅‧文王之什》）、「天監在下，有命既集」（《詩經‧大雅‧文王之什》）、「維此王季，帝度其心」（《詩經‧大雅‧文王之什》）及「在昔上帝割申勸寧王之德，其集大命于厥躬」（《尚書‧君奭》）等，傅先生指出「天是主動的統治者」，並且是「明智與清醒的」，以度量王季的心，故「天本身也應該是『有心的』，才能一再觀察文王之德」，以委派有德行的人「代行天命」。〔註50〕可見天之統治者角色，是委派有德行的君王代其統治國家。

由於天是全能的主宰，故天的意旨顯示於人間便有啟示之天的意義。傅先生根據「寧王遺我大寶龜，紹天明」（《尚書‧大誥》）、「我有大事休，朕卜吉用」（《尚書‧大誥》）及「天命不僭，卜陳惟若茲」（《尚書‧大誥》）等，指出周人「占卜的目的是想測知『吉凶』」，這是由於「周朝政體建立於神權（或天權，因以天為神。為便於了解，仍用神權 Theocracy）的基礎上；這是少有疑問的事。因此，國家的重要措施，像尋找新的國址、有事於四方等，都可以由占卜決定。」〔註51〕不過傅先生認為周人除了用占卜的方法，亦有其他方法去掌握天的意旨，例如天可「命哲」（《尚書‧召誥》），即賦與君王以智慧，以掌握及衡量天之意旨。〔註52〕另一方面，「人類的道德意識既然推源於天，

〔註46〕傅佩榮：《儒道天論發微》，台北：台灣學生書局，1985 年，頁 27。
〔註47〕傅佩榮：《儒道天論發微》，台北：台灣學生書局，1985 年，頁 61。
〔註48〕傅佩榮：《儒道天論發微》，台北：台灣學生書局，1985 年，頁 60。
〔註49〕傅佩榮：《儒道天論發微》，台北：台灣學生書局，1985 年，頁 41。
〔註50〕傅佩榮：《儒道天論發微》，台北：台灣學生書局，1985 年，頁 29。
〔註51〕傅佩榮：《儒道天論發微》，台北：台灣學生書局，1985 年，頁 28～29。
〔註52〕傅佩榮：《儒道天論發微》，台北：台灣學生書局，1985 年，頁 30。

那麼他們的共同心志自然可以反映天意」，如「人無於水監，當於民監」(《尚書・酒誥》)。〔註53〕所以，天意亦可在人民的共同意願中反映出來。

「審判者」表示天以其絕對的正義以對君王的品德作檢視。「君王受天所命，統治百姓，因此他的首要條件是『順帝之則』。帝或天之則，如前所述，是仁慈與正義。對人而言，就是最高的道德修養」，例如「帝謂文王，……不識不知，順帝之則」(《詩經・大雅・文王之什》)及「維此文王，小心翼翼，昭事上帝，聿懷多福，厥德不回」(《詩經・大雅・文王之什》)等。〔註54〕為了察知君王的品德，天並不下降到人間；相反，君王的品德會上升到天，即「冒聞於上帝」(《尚書・君奭》)。〔註55〕

「造生者」表示天是萬有的來源，尤其是人類生命的開始，如「天生烝民，有物有則，民之秉彝，好是懿德」(《詩經・大雅・蕩之什》)及「天生烝民，其命匪諶，靡不有初，鮮克有終」(《詩經・大雅・蕩之什》)等。傅先生指這種天人關係用「生」而不用「造」，表示天不是「自虛無中創造萬物」的造物者，但是，人之存在之源來自天，「重點總放在道德品質，而不放在自然生命之上。天做為道德根據要遠比做為形體來源重要；天做為仁慈的生命大本遠比做為終極的實體基礎重要。因此，在陳述天生萬民之後，總要立即指出人的本性原有儀則，只是人類很難一直維持他的善良本性罷了。」〔註56〕

最後，「載行者」之天則是指透過委任君王「代天行道」，一方面能夠規勸人民，引他們追隨道德本性的指示，另一方則要領導百姓踏上正途，獲得幸福，如「古之人猶胥訓告，胥保惠，胥教誨，民無或胥譸張為幻」(《尚書・無逸》)。「君權天定的信念確實反映了神權政治的影響。但是這種神權政治的重心卻在立下道德典範，而非僅限於行使政治威權。就其理想而言，君王應該具備最高的道德修養。政治應該是一套道德教育制度。」〔註57〕

以上是傅先生對商周之天的理解，當中天作為世界的主宰是具有意志的，而天作為一客觀的實存亦會有統治、啟示、審判、造生及載行不同的角色及作用。

〔註53〕傅佩榮：《儒道天論發微》，台北：台灣學生書局，1985年，頁32～33。
〔註54〕傅佩榮：《儒道天論發微》，台北：台灣學生書局，1985年，頁35。
〔註55〕傅佩榮：《儒道天論發微》，台北：台灣學生書局，1985年，頁45。
〔註56〕傅佩榮：《儒道天論發微》，台北：台灣學生書局，1985年，頁31。
〔註57〕傅佩榮：《儒道天論發微》，台北：台灣學生書局，1985年，頁32。

## 第四節　諸學者論《詩》、《書》中「天」的人格神義與道德義

### 一、唐君毅先生對《詩》、《書》的「天」之詮釋

　　對於中國哲學中的天及命，唐君毅先生認為「中國哲學以天人合一或天人不二之旨為宗。其言心、言性、言情、言欲、言意、言志，皆所以言人，而恒歸源於天。……中國哲學之言命，則所以言天人之際與天人相與之事，以見天人關係者。……然以命之為物，既由天人之際、天人相與之事而見，故外不只在天，內不只在人，而在二者感應施受之交。」〔註58〕唐先生指中國哲學中之言天，是言作為人之心、性、情、欲、意之根源，而其言命，則為天、人之關係。此理解似指天、人為二，天是外在於人之客觀存在。唐先生又言，中國先秦諸家之說已多言天命，諸家之說雖各不相同，但皆「同遠源於《詩》《書》中之宗教性之天命思想」。〔註59〕

　　對於人類宗教思想之發展，唐先生認為「恒由對庶物羣神之崇敬，以進至對天或帝之崇敬。……人在相信有神之時，乃人尚未嘗自覺其精神或心靈為其所私有之時。故其視人以外之物，咸有吾人今所謂心靈精神之運行於其中。此即人之『自然的不私其心靈精神為人所獨有』之仁心不自覺之流露。人在信一天或一上帝之神，能統率羣神，而主宰天地萬物時，則此客觀宇宙即開始宛成為一大心靈精神之所彌綸充塞之一整體。」〔註60〕唐先生表示人在相信有神時，是因為還未自覺其精神或心靈為其所私有，而彷彿有一大心靈精神彌綸充塞於客觀宇宙，而主宰天地萬物，故唐先生理解的在人類原始宗教思想中所信仰的神、上帝，是一外在、客觀的大心靈以主宰天地萬物。唐先生繼而指隨着地上之部落、族群有一領袖或王，恆與天、神或上帝之「一」，互相映照，故「人對天或上帝之『一』之崇敬，恒與政治上之『一』之樹立，俱生而並長。」〔註61〕對於這天上之「一」，與地上之「一」的關係，唐先生有如下之說：「人於後世所謂由人或帝王所造之典章儀則，同視為天之所敕命。而凡人自身努力之結果、人自身所遭遇、及依人之道德心情而生之

---

〔註58〕唐君毅：《中國哲學原論：導論篇》，台北：台灣學生書局，2004年，頁520。
〔註59〕唐君毅：《中國哲學原論：導論篇》，台北：台灣學生書局，2004年，頁521。
〔註60〕唐君毅：《中國哲學原論：導論篇》，台北：台灣學生書局，2004年，頁522～523。
〔註61〕唐君毅：《中國哲學原論：導論篇》，台北：台灣學生書局，2004年，頁523。

對自己之所命，皆視為天之所命於人者。而人初所不自覺之嚮慕之善德，皆
視為天或帝之德，而由天之命以見者。」〔註62〕

　　唐先生認為中國宗教思想中之天命觀之具體形成在西周，並把此天命觀
分三義以作說明。第一義是天命靡常之觀念，即天未嘗預定孰永居王位，而
可時降新命，以命人為王。第二義是天之降命，後於人之修德，而其命於人
也，乃兼涵命人更努力於修德，以自定其未來之義。第三義是《詩》《書》中
之言天降命與人受命，同重其繼續不已之義。〔註63〕

　　故此，由以上可見，唐先生對周初之天命的理解，是一依據人之修德而
對人之王位作降命或撤命之主宰者，故亦有視天命為一外在客觀存在的傾向。

## 二、牟宗三先生對《詩》、《書》的「天」之詮釋

　　牟先生表示中國人自始便有憂患意識，其所憂患者是憂患德之不修，亦
因此形成「敬德」和「明德」的道德觀念。〔註64〕另一方面，牟先生認為中
國古代已有的天、天命之觀念，其意義雖與西方作為宇宙的最高主宰的上帝
相似，但在中國，天的降命則由人的道德所決定，他亦表示「在中國思想中，
天命、天道乃通過憂患意識所生的『敬』而步步下貫，貫注到人的身上，便作
為人的主體。……本質地說，實是在天道、天命的層層下貫而為自己的真正
主體中肯定自己。」〔註65〕「天命與天道既下降而為人之本體，則人的『真
實的主體性』（Real subjectivity）立即形成。」〔註66〕「如果有『天命』的感
覺，首先要有超越感（Sense of Transcendence），承認一超越之『存在』，然後
可說。」〔註67〕牟先生亦有言指「中國古代的『天』仍有人格神的意味」，並
引用《尚書・召誥》之語「今天其命哲，命吉凶，命歷年」，指這是分明說出
「天」可以降命，亦可以撤命，但另一方面，當天命「轉為光明的主體時，人
不必事事想及天志，只要當下肯定天所命給自己的光明主體便可。這時，反
觀天道、天命本身，它的人格神意味亦已隨上述轉化轉為『創生不已之真幾』，

〔註62〕唐君毅：《中國哲學原論：導論篇》，台北：台灣學生書局，2004年，頁523。
〔註63〕唐君毅：《中國哲學原論：導論篇》，台北：台灣學生書局，2004年，頁524
　　　　～527。
〔註64〕牟宗三：《中國哲學的特質》，台北：台灣學生書局，1994年，頁22。
〔註65〕牟宗三：《中國哲學的特質》，台北：台灣學生書局，1994年，頁22～23。
〔註66〕牟宗三：《中國哲學的特質》，台北：台灣學生書局，1994年，頁25。
〔註67〕牟宗三：《中國哲學的特質》，台北：台灣學生書局，1994年，頁24。

這是從宇宙論而立論。」〔註68〕

從以上引文，可見牟先生認為中國古代的天仍有人格神之意味，而會有降命及撤命，如命哲、命吉凶及命歷年等。在這降命及撤命背後，牟先生指出是有一「超越之『存在』，然後可說。」不過，透過人之「敬德」和「明德」之道德意識，此「超越之『存在』」之天命便「步步下貫，貫注到人的身上，作為人的主體」。此主體亦是人之「真實的主體性」。透過這一「當下肯定天所命給自己的光明主體」，天命的人格神意味便轉化為「創生不已之真幾」。可見，牟宗三先生對於商周的天命，是肯定其為一外在客觀的「超越的存在」，此天命透過人之敬德及明德而「下貫」為人之主體。

上文主要是摘引自牟先生的《中國哲學的特質》一書，而牟先生在書中的「再版自序」中指該小冊只是簡述，應以《心體與性體》之〈綜論部〉為準。〔註69〕在該〈綜論部〉中，牟先生表示「《詩》《書》中的帝、天、天命雖常有人格神的意味，然亦不如希伯來民族之強烈與凸出。《詩》《書》中之重德行已將重點或關捩點移至人身上來。」〔註70〕牟先生又說：「上世言帝、言天，及至言天道、言天命，猶是發之于原始的宗教之情以言之，而且是關聯着王者之受命以言之，故隱約地有人格神之意，至少亦是冥冥中有一真宰之意。」〔註71〕從兩段引文，可見牟先生之意是周初之天是有人格神之意涵，若非如此，亦至少有一真宰之意。

牟先生進而指出「〈召誥〉是《詩》《書》中就三代王者受命而言德之總規。此道德之總規是作用地關聯着明命、哲命、成命、大命而言，總之是關聯着其受命與永命而言，故曰：『王其德之用，祈天永命』。……此道之本統（即道德總規）是由主觀方面之『敬德』與客觀方面之帝、天、天命、天道而規定者。其表現雖是作用地關聯着天之大命而表現，然畢竟亦是其有德與有道處。」〔註72〕「關于天命、天道、敬德、祈天永命之文獻，……而後者（即關于天命、天道、敬德、祈天永命之文獻）則是通過孔子後孟子、《中庸》、《易傳》言性命天道之先在背景。由此背景言性是自理或德而言性，是超越之性，是

〔註68〕牟宗三：《中國哲學的特質》，台北：台灣學生書局，1994 年，頁 31。

〔註69〕牟宗三：〈再版自序〉，《中國哲學的特質》，台北：台灣學生書局，1994 年，頁 1。

〔註70〕牟宗三：《心體與性體》第一冊，台北：正中書局，1996 年，頁 21。

〔註71〕牟宗三：《心體與性體》第一冊，台北：正中書局，1996 年，頁 302。

〔註72〕牟宗三：《心體與性體》第一冊，台北：正中書局，1996 年，頁 215～216。

理想主義的義理當然之性，是儒家人性論之積極面，亦是儒家所特有之人性論，亦是正宗儒家之所以為正宗之本質的特徵。」〔註73〕

由以上〈綜論部〉之引文，可見牟先生理解的《詩》《書》之天仍有人格神之意味。而他所言之道德總規是由「主觀方面之『敬德』與客觀方面之帝、天、天命、天道而規定者」，而「其有德與有道處」是「關聯着天之大命而表現」，故其所論之「自理或德言之超越之性」亦是由「天命、天道、敬德、祈天永命」而言。故此，牟先生雖未有在〈綜論部〉再言天命透過人之敬德及明德而「下貫」為人之主體，但「自理或德言之超越之性」來自外在、客觀之「天命、天道、祈天永命」，可謂呼之欲出。

## 三、徐復觀先生對《詩》、《書》的「天」之詮釋

徐復觀先生在其《中國人性論史》的〈先秦篇〉中指出，「周的文化，最初只是殷帝國文化的一支；滅殷以後，在文化制度上的成就，乃是繼承殷文化之流而向前發展的結果」，〔註74〕並表示殷人的宗教，還是原始性的宗教，他們的行為「似乎是通過卜辭而完全決定於外在的神──祖宗神、自然神、及上帝」，而周人的貢獻，「便是在傳統的宗教生活中，注入了自覺的精神；把文化在器物方面的成就，提昇而為觀念方面的展開，以啟發中國道德地人民精神的建立。」〔註75〕

根據徐復觀先生，這道德的人民精神主要表現在「憂患」意識。憂患意識是指「吉凶成敗與當事者行為的密切關係，及當事者在行為上所應負的責任。憂患正是由這種責任感來的要以己力突破困難而尚未突破時的心理狀態。所以憂患意識，乃人類精神開始直接對事物發生責任感的表現，也即是精神上開始有了人地自覺的表現。」周人在憂患意識下重視自己本身行為的謹慎與努力，並透過「敬」、「敬德」、「明德」等觀念，照察及指導自己本身的行為。〔註76〕

徐先生表示「周人雖然還保留着殷人許多雜亂的自然神，而加以祭祀；

〔註73〕牟宗三：《心體與性體》第一冊，台北：正中書局，1996年，頁216。
〔註74〕徐復觀：《中國人性論史：先秦篇》，台北：台灣商務印書館，1999年，頁17。
〔註75〕徐復觀：《中國人性論史：先秦篇》，台北：台灣商務印書館，1999年，頁15～16。
〔註76〕徐復觀：《中國人性論史：先秦篇》，台北：台灣商務印書館，1999年，頁20～23。

但他們對政權的根源及行為的最後依據,卻只訴之於最高神的天命。並且因為由憂患意識而來的『敬』的觀念之光,投射給人格神的天命以合理的活動範圍,使其對於人僅居於監察的地位。而監察的準據,乃是人們行為的合理與不合理。」〔註77〕從以上可見,徐先生仍以人格神理解周人之天命,但是其所指的人格神並不是隨意根據祂的意志而介入人間,祂只是政權的根源及行為的最後依據,並只在合理的範圍內以對人起監察的作用,而監察的準則則為人們合理或不合理的行為,即人的道德行為。

## 四、陳來先生對《詩》、《書》的「天」之詮釋

對於商周之天的觀念,陳來先生有以下之理解:「今文《尚書》商書中的『天』與『上帝』都只是一種作為自然與人世的主宰的神格觀念,這種純粹的主宰神格觀念,未曾涉及德、民、人等,應屬早期。」〔註78〕商人之天與周人的天,其不同在於「商人對『帝』或『天』的信仰中並無倫理的內容在其中,總體上還不能達到倫理宗教的水平。而周人的理解中,『天』與『天命』已經有了確定的道德內涵,這種道德內涵是以「敬德」和「保民」為主要特徵的。」〔註79〕陳先生提出商人之天與周人之天是有不同的,前者是,「自然與人世的主宰的神格」,而後者則已具道德的性格,並以「敬德」和「保民」為其主要特徵的。

周人把倫理性格賦予「天」而成為「天意」或「天命」的確定內涵,它既有超越的神性的意涵,又總是「同時代表一種無所不在的自然存在和覆蓋萬物的宇宙秩序」,但隨著神性義的淡化,天的意義就有可能向自然和秩序方面偏移,「由於這樣一種觀念的出現,對於人類的社會性生活而言,人不再需要盲目地向天頂禮膜拜或祭祀諂媚以求好運。既然天是有倫理理性的可知的存在,人所要作的,就是集中在自己的道德行為上,人必須自己為自己負責,自己負責自己行為的後果,也即自己負責自己的命運。」〔註80〕

---

〔註77〕徐復觀:《中國人性論史:先秦篇》,台北:台灣商務印書館,1999 年,頁 24。
〔註78〕陳來:《古代宗教與倫理:儒家思想的根源》,台北:允晨文化實業股份有限公司,2005 年,頁 175。
〔註79〕陳來:《古代宗教與倫理:儒家思想的根源》,台北:允晨文化實業股份有限公司,2005 年,頁 177。
〔註80〕陳來:《古代宗教與倫理:儒家思想的根源》,台北:允晨文化實業股份有限公司,2005 年,頁 208。

　　陳來先生認為後來在儒家思想中所發展的那些內容，西周思想中已經為此提供了若干重要母題，造就了若干基礎，提供了若干有規範力的導向。陳先生表示「如果說西周的政治文化可以概括為『崇德貴民』（崇德即敬崇德行，貴民即重視人民的願望），西周的宗教文化可以在類型上歸結為天民合一的天命觀，那麼，後來在中國文化歷程中體現出來的道德人文主義的精神氣質可以說在此基礎上正在逐步形成。」〔註81〕

---

〔註81〕陳來：《古代宗教與倫理：儒家思想的根源》，台北：允晨文化實業股份有限公司，2005 年，頁 207。

# 第二章　試引入康德哲學以對《詩》、《書》之「天」作進一步說明

## 第一節　問題的提出

　　對於周初之天命，不同學者皆有不同的理解，但大體而言，以上不同引文的學者皆視周初之天、天命、天帝為人格神，雖然對於這人格神之表現，不同學者有不同的看法，但他們的共同之處是皆視天命為一外在客觀的實存。對此，筆者欲引入康德對上帝之說明，以對《詩》、《書》之「天」作進一步的討論。

　　在未引入康德作討論之前，筆者想先稍為說明為何要對周初之天為一外在客觀的人格神之實存這一看法作進一步之討論。周初之民如真有一個具意志而為人間主宰之神性天之思想，則為何於《詩》《書》中，鮮有人之直接向此具意志之天之祈求，容間或有之，亦多是一種呼天之情感之表達，而祈求多不是重點所在。《詩》《書》中對天命之回應，最重要的是表現在「敬德」。因為如周民真有一個具意志之神性義之天，則在遇到困境時，最直接的反應便應該是向此天之呼求，祈求天之為他們解決困苦，賜下吉祥，這是對神性義之天最直接之表現。另外，如周初之天是具意志之神性天，周民亦應表現出對天之絕對服從，即人應會表現出對自我意志之否定，而純然服從作為人間主宰之神性天的意志，並且亦應會有濃厚宗教意識之活動以膜拜神靈，而人世間一切的政治、社會活動亦應只服從神靈的意志。但我們觀乎《詩》《書》

之中，並沒有發現人對神性天之意志的絕對服從。相反，在重視「敬德」的思想中，人需要表現其意志的堅定，念茲在茲於己身之敬德與修德。

另一方面，孔子對周代之文化是極為嚮往，故有「郁郁乎文哉，吾從周」（《論語·八佾》）之嘆。如果周之天命是一外在客觀之人格神，則為何孔子一方面有「吾從周」之嘆，而在《論語》中卻沒有絲毫人格神之意味，然間或孔子有表現出對天的崇敬，也是一「道德的宗教」（將於後文詳述之）之表現，而並不代表孔子真相信一外在實體化的神靈。

有關人格神的觀念，亦即是西方舊有形而上學中的上帝之觀念，康德指這是理性的玄想（幻想），是我們「從思維能夠被給予我的一般對象的條件的總體性出發，推論到一般事物的可能性之一切條件的絕對綜合統一。也就是說，從我根據其純然的超越概念併不認識的事物出發，推論到我通過一個超越概念更不認識的一切存在者的存在者（Wesen aller Wesen: ens entium）。」（A340/B398）〔註1〕康德揭示出上帝之理念作為「最實在的存在者（ens realissimum）的這個理想雖然是一個純然的表象，卻首先被實在化（realisiert），也就是說被當做客體，然後被實體化（hypostasiert），最後通過理性向着統一性之完成的自然進步，如我們馬上要引證的那樣，甚至被人格化（personifiziert）。」（A583/B611）

依康德之意，外在客觀的人格神只是純然超越的概念，我們對之並沒有認識，故只是一個思維的對象，如把這思維的對象實在化、實體化以至人格化，而視其為一客觀實存的人格神，便是理性的幻想物。正如上文所言，在《詩》《書》的文獻紀錄中，並沒有如西方基督教對上帝的記載般，有關於天、天帝創造天地或顯露神蹟的描述，亦沒有事事匍匐於宗教儀式中而只仰望神靈的憐憫及賜福的記載。盧雪崑先生指出，在周初及其之前的夏商文化中，沒有出現過神權專制的國家制度。〔註2〕此外，對於天、天命的理解，周初之

---

〔註1〕本文對康德譯文的引用，主要是參考李秋零先生主編的《康德著作全集》第三卷至第六卷（北京：北京中國人民大學出版社，2005年至2010年）。A/B為《純粹理性批判》，A是第一版，B是第二版，隨後之阿拉伯數字為德文原著之頁數。下同。有關康德著作的縮略語是參考盧雪崑先生關於康德研究的著作，詳見本文之附錄。

〔註2〕盧雪崑：《孔子哲學傳統──理性文明與基礎哲學》，台北：里仁書局，2014年，頁144。依康德之意，以神權政治為基礎的國家制度是「一種自詡直接從上帝獲得指示的祭司或者領袖的貴族政體」，（Rel 6：125）所有的誡命「當做強制性的法則讓人承擔，因為它們只涉及外在行動。」（Rel 6：126）盧雪崑

民只涉及對天、天命的言說，並沒有對天、天命之屬性作具體的描述，不似西方基督教對上帝有全知、全能、全善及愛世人等的具體描繪。故此，在華夏民族的傳統中，並沒有如西方基督教的把思維對象實在化、實體化以至人格化之上帝。既然實體化的人格神之理解並不能充分說明周初之天命，我們可如何理解之？

## 第二節 作為「德福配稱」之可能條件的天命義

依康德所論，因着意志具有自由的特性而產生道德法則，並由此為我們先驗地規定着一個終極目的，這就是圓善，即「德性和幸福被設想為必然地結合在一起」。(KpV 5：113)〔註3〕在《實踐理性批判》之「純粹理性在規定圓善概念時的辯證論」那一章中，康德一開首就指出：「德性（作為配享幸福的條件）……是至上的（oberste）善，……但是，它因此就還不是作為有理性的有限存在者的欲求能力之對象的完整的和圓滿的（vollendete）善；因為要作為這樣的善，就還要求有幸福。」(KpV 5：110)與德性相配稱的幸福亦是構成一個可能世界的圓善的不可缺少的成素，但是，「由於人類機能（Menschenvermögen）並不足以造成幸福與配享幸福的一致，因而必須假定一個全能的道德存在者作為世界的統治者。」(Rel 6：8)

康德提出的圓善，便是「完整的和圓滿的善」。在圓善的概念中，包含有兩個元素，即「幸福」與「道德」（配享幸福），兩者是被思（設想）為必然地相結合，而如此地被思為必然地相結合必須是可能的，否則圓善便是不可能。故此，幸福與配享幸福的一致（即德福一致）必須是可能的。由於人類機能並不足以達致德福一致，故必須假定「全能的道德存在者作為世界的統治者」，這是必然的假設。對於這個必然的假設，康德並不意指上帝（即上文之全能的道德的世界統治者）根據每個人的道德行為而分配幸福，康德指出「知道上帝為他的永福在做或已做了什麼，並不是根本的，因而也不是對每個人都

---

先生並指商朝所謂的「王權神授」，只是王者「借上帝至上權威確立王權不可動搖的絕對權力」，其本質是「心理意義」的，「未必就是人類歷史上出現過的那些由嚴密的教權制（度）支撐的實體性的神權制度」。（盧雪崑：《孔子哲學傳統——理性文明與基礎哲學》，台北：里仁書局，2014年，頁144～145。）

〔註3〕有關康德著作的縮略語，請參看本文之附錄。隨後之阿拉伯數字分別為德文版《康德著作全集》之卷數及頁數。下同。

必要的；但是知道為了配得上這種援助，每個人自己必須做些什麼，卻是根本的，因而對每個人都必要的。」（Rel 6：52）盧雪崑先生說：「康德提出上帝設準作為『德福一致』可能之條件，其關注點並不在於在每個人中幸福如何具體分配的問題，恰切地理解，我們可以說，康德設定上帝作為『配得幸福』的公正無私的裁判者。也可以說，上帝在『德福一致』之促進中表象為『公正原則』。」〔註4〕故此，上帝亦可表象為達致「公正原則」的必然的假設。康德指出「（假定有一個人）他按照這一理念（圓善）發現自己有為了自己的人格而喪失幸福的危險，因為他很可能會不能符合以理性為條件的幸福的要求。……他會感到這一判斷是完全公允的，如同由一位局外人作出的，但同時又會感到理性強迫他承認這一判斷是他自己判斷。」（Rel 6：6）康德亦說：「一個人行為真誠還是虛偽、公道還是強橫，就結果而言絕不是一回事，哪怕他直到其生命終結也至少看起來沒有因其德性而獲得幸福，或者沒有因其罪行受到懲罰。這就好像是人們在自身裏面聽到一種聲音說，事情必定不是這樣的；……除了一個按照道德法則來統治世界的至上原因之外，他們畢竟絕不能想像出把自然與他們的內在道德法則結合起來的可能性的另一種原則。」（Rel 6：458）

　　《詩經》及《尚書》中多言天對政權之受命或撤命，又言「命哲、命吉凶、命歷年」，這些皆可歸納到「命福」之問題。政權之得失、智慧（哲）之具備與否，遭遇之吉凶，國運之長短，皆是人之本身之存在與生活遭遇上之相順或相逆之問題，是禍、福之問題。幸福由於涉及外的在自然條件，非人力所能完全控制，故沒有必然性而充滿偶然性。不過，中國在周初已沒有把這命福之問題，歸結到由一個外在客觀的實存之天或天命所主宰，而把命福的問題緊緊地與敬德、明德及修德相結合，而有「德福配稱」之意。「德福配稱」是把幸福置於道德之下而從屬於道德，即一個道德的人才值得配享幸福。此「德福配稱」並不是一經驗的對象，而是人的具普遍性的理想，其普遍性是由道德法則的普遍性所規定，故「德福配稱」亦是一具普遍性的理想。依康德所論，「德福配稱」是由道德法則所「先驗地規定」，而道德法則是由理性在意欲機能所立的法則。中國古代周初之民，雖然其言敬德及明德，可能只意識到德為美好的德行，並未及於由理性立法所言的道德法則，但這並不

---

〔註 4〕盧雪崑：《物自身與智思物：康德的形而上學》，台北：里仁書局，2010 年，頁 257。

阻礙他們對「德福配稱」的意識及追求,「因為它早在人類理性能力最初萌芽的時候就已經存在於這種能力裏面。」(KU 6:458)

　　圓善是人之普遍的理想,亦是人之普遍的意欲對象。為了此理想的實現,人要致力於「德福配稱」的第一個元素,即道德之實踐,故周初之人已很重視「敬德」及「明德慎罰」。對於「德福配稱」的第二個素,即配稱的幸福,則非人力所及而可達致,這便是「人類機能並不足以造成幸福與配享幸福的一致」之意,因此「必須假定一個全能的道德者來作為世界的統治者」,此「世界的統治者」,在《詩》《書》而言,便是天或天命。康德強調,這「世界的統治者」只是在實現「德福配稱」中的一個必然的假定,並不表示「在每個人中幸福如何具體分配的問題」,即此「世界的統治者」只是必然的設定,是思想的東西,對感觸界中的一切東西並無因果作用。正如在《詩》《書》中,並沒有任何天干預自然因果或自然秩序的描述,即沒有神蹟的論述,其所論及因王者失德而失去天命,亦只是如康德所言,是一「理想的原因之連繫」或「終成因的因果連繫」,而不是「作用因的因果連繫」或「實在因的因果連繫」,(KU 5:372)〔註5〕即天只是理性的概念,是必然的假設,故對經驗世界沒有任何作用因或實在因的因果作用。王者由於其敬德、修德而獲天之受命得到政權,或因失德而失去政權,二者皆是理想的原因之連繫,故《詩》《書》有「天命靡常」之言,言其靡常是因「德福一致」是理想,在經驗上並無必然性。但正由於這一普遍的理想,故《詩》《書》中亦有言「祈天永命」,即此理想永遠高高地懸於人之上,促使人把所有的努力皆放置於追求及實現此理想之過程中。

　　天命或上帝被表象為「作為『配得幸福』的公正無私的裁判者」,並不意味真的有一外在實存的裁判者。如康德所表示,我們的理性假設一最高者的上帝,「是就這一述語僅僅表示我們不知道的最高原因與世界的關係而言的,為的是在它裡面在最高程度上符合理性地決定一切。這樣一來,就使我們不致使用理性的屬性去思考上帝,而是用它去思考世界,為了就世界而言按照一個原則最大可能地使用理性,這樣做是必要的」。(Proleg 4:359)康德指出設定上帝並不是要對上帝作思考,即設定上帝並不會使我們知道上帝的特性及實存,我們只是思考這不可知的上帝與世界的關係,即思考如何使世界可最大可能地符合理性的要求。故此,參考康德之說明,可知周初所言的天命,

〔註5〕有關目的因的因果連繫,可參閱本文第二部份第四章第五節相關的討論。

並不意指肯定天、天命的實存,只是透過天命這一必然的假設,以思考理性所要求的「德福配稱」可最大可能地實現於世界之中。世界並不是天造地設地便是依「德福配稱」而存在,是理性以「德福配稱」去思考這世界並要求「德福配稱」可於世間實現,我們才必然地要有「天命」的假設。

周初之民已開始意識到並正視作為理性要求的「德福配稱」的問題,由此,我們可以說,周初之天或天命並不是人格神或一外在客觀的實存,而是作為人之理想的「德福配稱」之實現的可能條件,是一必然的假設。

## 第三節　對法則性的重視及在法則性下的和諧

除了「天命」的思想,《尚書》中亦有因着道德以達致和諧的思想。康德指出道德法則是「只按照你同時能夠意願它成為一個普遍法則的那個格準去行動」,(Gr 4:421)故道德亦有法則性之意思。本節將論及在法則性下的諧和。本節的討論主要集中於《尚書》中的〈虞夏書〉。

〈堯典〉有言:

> 乃命羲、和,欽若昊天;歷象日月星辰,敬授人時。(《尚書‧堯典》)
> 〔註6〕

引文中日月星晨的天象是自然所表現的規律性,羲、和二氏對昊天的欽敬,亦即是對自然所表現的規律性的欽敬。這由自然所表現的規律性,我們可稱為天序。

這天序之天不應解作神性義之天,即這裡的天不是一外在的具意志的主宰之天。天序並不是由客觀外在具意志之主宰「頒佈」而來的自然規律。因為如古人認為日月星晨之天序是由神性義之天所決定,則其欽敬的對象應是這外在的具意志的主宰。「欽若昊天」之「若」,是順從之意,而從「敬授人時」可見,順從的對象是日月星晨之天序,而不是順從一個外在的具意志的主宰。古人對昊天的欽敬和順從,是由於日月星晨所表現的天序。

康德在有關上帝的討論中,上帝是一個沒有任何經驗的對象,是一個理性概念,只是「僅僅懸而未決地被設想,為的是在與它們(作為啟發性的虛擬(als heuristische Fiktionen))的關係中建立知性在經驗領域裏的系統應用的

---

〔註6〕漢‧孔安國傳,唐‧孔穎達正義:〈堯典〉,《十三經注疏‧尚書正義》,國立編譯館主編,台北:新文豐出版社,2001年,頁48。

軌約原則（regulative Prinzipien）。」（A771/B799）這就軌約原則的使用而言之上帝，只是「把感觸界中諸條件的綜體以及在這綜體而言能夠發生什麼有利於理性的東西作為對象。」（A565/B593）因而，它也就是一個「純然的思想上的東西」。（A566/B594）「這個理性存在者（ens rationis ratiocinatae［推論出來的理性存者］）雖然是一個純然的理念，因而並不絕對地、就自身而言被假定為某種現實的東西。」（A681/B709）如此依據軌約使用所思考的上帝，「不能說客體是什麼，而是說應該如何着手進行經驗性的回溯，以便達到客體的完整概念。」（A510/B538）

　　故此，據康德之意，上帝作為軌約原則之下的概念，只是懸而未決地被設想，是純然思想上的東西。所以，天序之天，只是由於經驗中所表現的規律性、法則性，我們為了經驗的完整性，而假設背後有一根據，並表象這根據為大。這大只是就軌約原則而言的思想物，而軌約原則只是一指導原則，並不是真的肯定外在有一客觀實存之天。故此，我們可以說，天序之天只是由於經驗的法則性而懸而未決地假設背後有一根據而言之天。

　　古人重視自然的法則性之同時，亦重視人之行為的法則性，即重視人之德行。在〈堯典〉中，對堯之美德有如下之稱述：

　　　欽明文思安安，允恭克讓，光被四表，格于上下。（《尚書·堯典》）
〔註7〕

　　　克明俊德。（《尚書·堯典》）〔註8〕

　　以上引文言堯之大德之彰顯，如敬謹、明達、文雅、溫和、謙讓，其德之所至惠及四方上下。除了堯之大德外，〈堯典〉及〈皋陶謨〉中亦多處有重視德行之言。

　　　克諧以孝，烝烝乂，不格姦。（《尚書·堯典》）〔註9〕

　　　慎徽五典，五典克從；納于百揆，百揆時敘；賓于四門，四門穆穆；

　　　納于大麓，烈風雷雨弗迷。（《尚書·堯典》）〔註10〕

---

〔註7〕漢·孔安國傳，唐·孔穎達正義：〈堯典〉，《十三經注疏·尚書正義》，國立編譯館主編，台北：新文豐出版社，2001年，頁44。

〔註8〕漢·孔安國傳，唐·孔穎達正義：〈堯典〉，《十三經注疏·尚書正義》，國立編譯館主編，台北：新文豐出版社，2001年，頁46。

〔註9〕漢·孔安國傳，唐·孔穎達正義：〈堯典〉，《十三經注疏·尚書正義》，國立編譯館主編，台北：新文豐出版社，2001年，頁73。

〔註10〕漢·孔安國傳，唐·孔穎達正義：〈舜典〉，《十三經注疏·尚書正義》，國立

上列引文言舜能夠以至孝與家人保持和諧，使他們有進而善自治，而不至於邪惡。此外，舜亦能夠謹慎美好地篤行五常之教，使人民亦順從五教；他從事百官之事，百事皆有條不紊；他於國都四門迎接賓客，四門的賓客皆恭敬有禮；他任守山林之吏，風雨各以其節，沒有迷錯愆伏。

後段引文的前三項，皆在表明舜之敬德以司各職，而各職皆得其治，其中尤以第一項最重要。由於舜之恭敬地篤行五常之教，百姓亦因其德之感化而順從五教。這是古人一個十分重要之觀念，即道德之感化可及於他人，包括家人以至百姓，如上文舜之「克諧以孝，烝烝乂，不格姦」，堯之「光被四表，格于上下」。至於引文的第四項，舜受任為守山林之吏，使風雨皆有其節而不迷亂。此不是言舜有超自然之能力而可呼風喚雨，這只是象徵性的表達，以言舜之德合於天地也。《尚書正義》亦言「此文與上三事亦同時也。上為變人，此為動天，故最後言之，以為功成之驗。」〔註11〕

　　允迪厥德，謨明弼諧。……慎厥身修，思永。（《尚書·皋陶謨》）
〔註12〕

這段引文是皋陶告戒帝舜及帝禹為君之道，即為人君者，當信實踐行美德，謀廣其耳之聰、目之明，以助其政事變得和諧，並應思考長久之道。由「允迪」至「身修」，意思皆與上列其他引文大致相同，即為君之道惟在敬謹地踐德，並透過篤實地踐德以感化四方。此引文所帶出新的內容是「思永」的意思。為君之要雖在道德，但人君在孜孜不倦、努力踐德的同時，亦要思考長久之道，並以此為君以德之道為長久之道。所以踐德不是純粹的踐德，是同時包含有對長久之道的要求及期望。

我們可以發現，在上述的〈堯典〉及〈皋陶謨〉的引文中有多處表示「和諧」的觀念。如上文之引文所示，「克諧以孝」、「謨明弼諧」、「五典克從」、「百揆時序」、「四門穆穆」及「烈風雷雨弗迷」，皆表示和諧之意。舜之家人「父頑，母嚚，象傲」，〔註13〕但舜皆「克諧以孝」，以使其家人「烝烝乂，

編譯館主編，台北：新文豐出版社，2001年，頁83。此節在今文《尚書》中為〈堯典〉，而在偽古文《尚書》中則為〈舜典〉。

〔註11〕漢·孔安國傳，唐·孔穎達正義：〈舜典〉，《十三經注疏·尚書正義》，國立編譯館主編，台北：新文豐出版社，2001年，頁87。

〔註12〕漢·孔安國傳，唐·孔穎達正義：〈皋陶謨〉，《十三經注疏·尚書正義》，國立編譯館主編，台北：新文豐出版社，2001年，頁158。

〔註13〕漢·孔安國傳，唐·孔穎達正義：〈堯典〉，《十三經注疏·尚書正義》，國立

不格姦」，即表示舜能盡考道以感化其家人，使家人合於為家之道而不陷於邪惡。合於為家之道便有諧和之象。而堯為了試驗舜之德，授舜以從事各職，舜亦能使「五典克從，百揆時敘，四門穆穆，烈風雷雨弗迷」，可見舜之盛德使各事皆得其成，且亦是在和諧之中得其所成。

〈堯典〉另有言：

> 克明俊德，以親九族；九族既睦，平章百姓；百姓昭明，協和萬邦。
>
> 黎民於變時雍。（《尚書‧堯典》）〔註14〕

此段言堯能夠彰顯大德，以使家族九代親睦融洽，又使百官得以平和顯明，並使諸國調協和順，眾民亦變得和善，而風俗亦變得和睦。這段引文中的「親」、「睦」、「平」、「協和」及「雍」，皆有「和諧」之意，可見堯之德使得九族、百姓、萬邦及黎民各得其所，各安其安，而顯出一片太和之象。不過，這裏的「和諧」不是大同世界中的劃一的相同，而是九族、百姓、萬邦及黎民各有其不同之道，如親九族有親九族之道，平章百姓有平章百姓之道，協和萬邦有協和萬邦之道，使黎民和睦亦有使黎民和睦之道，但這皆全部由堯之克明俊德以使其得有其應有之道而成其諧和。有其應有之道即有其法則性，此有其法則性並不是指有相同的法則，而是指有其規律性、普遍性，淵然有定向。故堯之克明俊德，使九族、百姓、萬邦及黎民皆在法則性下成其和諧。

〈皋陶謨〉有言：

> 寬而栗，柔而立，愿而恭，亂而敬，擾而毅，直而溫，簡而廉，剛
>
> 而塞，彊而義，彰厥有常，吉哉！（《尚書‧皋陶謨》）〔註15〕

這是皋陶告訴舜及禹的九種美德，並勉勵舜及禹要努力彰顯這九種美德，持續地踐行之以使之如常法般恆常不變。九種美德包括：寬大而能敬謹，和柔而能立事，謹厚而能貌恭，有治才而能謹敬，和順而能果毅，正直而能溫和，簡寬而有廉隅，剛正而能實塞（實塞即不流於空疏），剛強而合乎道義。〔註16〕這九種美德可視為道德法則，而有其法則性。不過，這九德並不是一

---

編譯館主編，台北：新文豐出版社，2001年，頁73。

〔註14〕漢‧孔安國傳，唐‧孔穎達正義：〈堯典〉，《十三經注疏‧尚書正義》，國立編譯館主編，台北：新文豐出版社，2001年，頁46。

〔註15〕漢‧孔安國傳，唐‧孔穎達正義：〈皋陶謨〉，《十三經注疏‧尚書正義》，國立編譯館主編，台北：新文豐出版社，2001年，頁161。

〔註16〕屈萬里：《尚書釋義》，台北：華崗出版部，1972年，頁19～21。

些規範或戒律，即這九德並沒有指示出具體的行為是什麼。《尚書正義》有言：「上下以相對，各令以相對兼而有之，乃為一德。此二者雖是本性，亦可以長短自矯。寬弘者失於緩慢，故性寬弘而矜莊嚴栗，乃成一德。九者皆然也。」〔註17〕引文中所言的二者指二種性質，九德中每一德皆在不偏於一隅中才能成其一德。如寬弘不失於緩慢而矜莊嚴栗，柔和不失於優柔而能立事，謹愿不失於遲鈍失儀而能貌恭，具才能不失於自負而能謹敬，和順不失於盲從而能果毅，正直不失於嚴苛而能溫和，簡寬不失於粗率而能品行端方，剛正不失於空疏而能內充於實，剛強不失於衝動而合乎道義。若只偏向一端，則流於淫過而失德，故必需兼兩端而不偏隅一方才成一德。

上文言九德是在兩端兼而有之而不偏於一隅才成其為一德，而不是以具體的行為規範或戒條而言九德。不過，我們不能以九德中沒有明言具體行為是什麼便說九德沒有內容，沒有準則，甚至認為九德是空說而沒有作用。九德雖未明言具體行為規範，但實實在在已指示了一個行為的方向，這個方向是靠賴九德的法則性而確定下來，其法則性就是在於不偏向一隅而有其方向性，而這個方向性對行為便能起着指導的作用。牟宗三先生對此九德亦有言：「（九德）皆以相反者之融化為德之成與真，偏於一端皆非真德，此只有對于道德踐履有真實感者方能知之。」〔註18〕若是以具體的行為規範或戒條言九德，則是「偏於一端」而「非真德」。

〈洪範〉言九疇，第五疇為皇極。《尚書正義》曰：「皇，大也；極，中也。施政教，治下民，當使大得其中。」又言「凡行不迂僻則謂之中」〔註19〕。故皇極即「大中」或大中之道。故「中」即有類於上文所言九德之不偏於一隅而為一德。皇極言為君之道，在於立其有中之道，而無有邪僻，這立於「中」而無有邪僻即表示法則的意思。故「極」亦可有法則之義。〔註20〕〈洪範〉中有關皇極有以下所言：

　　皇建其有極，……惟時厥庶民于汝極，錫汝保極。……無偏無陂，

---

〔註17〕漢・孔安國傳，唐・孔穎達正義：〈皋陶謨〉，《十三經注疏・尚書正義》，國立編譯館主編，台北：新文豐出版社，2001年，頁164～165。

〔註18〕牟宗三：《心體與性體》第一冊，台北：正中書局，1996年，頁214。

〔註19〕漢・孔安國傳，唐・孔穎達正義：〈洪範〉，《十三經注疏・尚書正義》，國立編譯館主編，台北：新文豐出版社，2001年，頁458。

〔註20〕屈萬里先生亦有以「極」為法則之意。參見屈萬里：《尚書釋義》，台北：華崗出版部，1972年，頁63。

> 遵王之義；無有作好，遵王之道，無有作惡，遵王之路；無偏無黨，
> 王道蕩蕩；無黨無偏，王道平平；無反無側，王道正直。會其有極，
> 歸其有極。(《尚書‧洪範》)〔註21〕

皇極既言為王之道是行其有中之道，亦即是為王的法則，但卻沒有指出這為王的法則的具體內容是什麼，只是說無偏無陂、無有作好、無有作惡、無反無側等，實與上文九德所言若合符節。皇極雖沒有說出具體行為的內容，但已指示了為王之道，即為王所應遵循之路，這已是一個法則性的意思。法則性的意思是指為王的不能亂來，不能隨便據私心之好惡而行事。為王有為王的法則。這法則沒有具體的內容，但由無偏無陂、無反無側中反映其普遍性，即普遍的法則性。由於沒有具體內容而只有一普遍法則性，眾民亦可因在上之王行此中道而受感化，眾民亦因此遵從這些法則，而使眾民以至天下皆「歸其有極」。這歸其有極的歸所，與上文「彰厥有常，吉哉」之吉，實可通於上文所言之長久之道，亦即在重視道德的同時，古人亦重視對長久之道的期望及要求，即是天地萬物在法則性下的和諧。

> 天工人其代之。天敘有典，勅我五典五惇哉；天秩有禮，自我五禮
> 有庸哉；同寅協恭，和衷哉；天命有德，五服五章哉；天討有罪，
> 五刑五用哉；……天聰明，自我民聰明；天明畏，自我民明威。(《尚
> 書‧皋陶謨》)〔註22〕

《尚書正義》有言：「典禮德刑皆從天出，天次敘人倫，使有常性，……天又次敘爵命，使有禮法，……天又命用有九德，使之居官，……天又討治有罪，使之絕惡，……典禮德刑，無非天意」。〔註23〕《正義》之言，有把天視為外在客觀的有意志之主宰之傾向，即把五典、五禮、五服及五刑之常則，皆視為出於外在客觀的天意，而為人君者，則須謹慎地順從之。〔註24〕從本章前文的討論，實不見《詩》《書》之天或天命有外在的具意志之主宰的意思。

〔註21〕漢‧孔安國傳，唐‧孔穎達正義：〈洪範〉，《十三經注疏‧尚書正義》，國立編譯館主編，台北：新文豐出版社，2001年，頁456。
〔註22〕漢‧孔安國傳，唐‧孔穎達正義：〈皋陶謨〉，《十三經注疏‧尚書正義》，國立編譯館主編，台北：新文豐出版社，2001年，頁161～162。
〔註23〕漢‧孔安國傳，唐‧孔穎達正義：〈皋陶謨〉，《十三經注疏‧尚書正義》，國立編譯館主編，台北：新文豐出版社，2001年，頁167。
〔註24〕屈萬里先生亦有把此段引文之天，作類似的理解。參見屈萬里：《尚書釋義》，台北：華崗出版部，1972年，頁20～21。

牟宗三先生對上述引文有如下之言：「程明道喜就此而言『天理』。……天敘雖不離五典，天秩雖不離五禮，天命雖不離五服五章，天討雖不離五刑五用，天聰明雖不離我民聰明，天明畏雖不離我民明畏，此亦可說『即事達義』，然若無道德之真實感與超越，亦不能真切乎此義。……宋、明儒所言之道德性之實理、天理、性理、及至性命天道，亦不過就此擴大而肯證之。」〔註25〕

天敘、天秩、天命、天討、天聰明及天明畏皆有「天理」為其背後的根據。天理即道德法則，其本身並沒有具體內容，正如上文所言的九德及皇極之沒有內容一樣，只是指示一個法則性及事物發展的方向。在經驗中表現出來的五典、五禮、五服五章、五刑五用、民聰明及民明畏，是因為有天理為其超越的根據，始可稱其為天敘、天秩、天命、天討、天聰明及天明畏，這裏所言的「天」，是定然如此、必然如此之意，其所謂定然如此不是天造地設便是如此，而是定然要實現為如此，並不是由於它們是由外在客觀實存之天意所決定而言的天敘、天秩等。天理表示一法則性的意思，故亦可說是在法則性下之事物的存在，以言天敘、天秩等。

至於上述引文之首句「天工人其代之」中的「天工」，與〈堯典〉中「惟時亮天功」的「天功」，是相同的意思。屈萬里先生對「天工」及「天功」皆理解為符合天意的事功。〔註26〕正如上文所言，這裏的「天」不應理解為外在客觀具意志的主宰之意思。天工應表示為要實現天敘、天秩、天命、天討等事物的「工作」或使命。天不是外在的實存，故天不會命令人，更不會自己本身去實現天敘、天秩、天命、天討等，但人有道德的分定或使命，透過道德實踐，而把天理推拓到事事物物中，使事事物物皆合於天理，而成其為天敘、天秩、天命、天討等。故天工是要人透過道德實踐以去完成的。

〔註25〕牟宗三：《心體與性體》第一冊，台北：正中書局，1996年，頁232。
〔註26〕屈萬里：《尚書釋義》，台北：華崗出版部，1972年，頁17及21。

# 第二部份
## 《論語》言「天」之哲學含義

# 第三章　近代學者對孔子之「天」的
　　　　理解

## 第一節　李杜、傅佩榮二先生之神性義的「天」

　　李杜先生表示孔子繼承了周初的傳統，保持了天的神性本質，並引用不少孔子之言以證之，包括「獲罪於天，無所禱也」(《論語・八佾》)、「天厭之」(《論語・雍也》)、「天生德於予」(《論語・述而》)、「唯天為大，唯堯則之」(《論語・泰伯》)、「天之將喪斯文也，……天之未喪斯文也」(《論語・子罕》)、「欺天乎」(《論語・子罕》)、「天喪予」(《論語・先進》)、「知我者其天乎」(《論語・憲問》)等。李先生由這些孔子有關天的言論，指孔子「與大多數的春秋時人一樣都沒有否認天的神性本質」。此外，對於朱子以「理」詮釋孔子之「天」的意思，李杜先生批評朱子是「發揮了他自己及宋代理學家對天的觀念，與孔子說天的原意並不符合」。〔註1〕

　　另一方面，李先生亦論及孔子的天也繼承及發展了《詩》《書》中的自然義之天，並以「天何言哉」(《論語・陽貨》)以證之，及指「孔子以天說自然則除了表示了遍覆與浩大的意義外，更表示了自然的秩序性與規律性。因所說的『四時行』『百物生』即為對時間的秩序性與萬物的規律性的描述。」〔註2〕

---

〔註1〕李杜：《中西哲學思想中的天道與上帝》，台北：藍燈文化事業股份有限公司，2000年，頁59～61。
〔註2〕李杜：《中西哲學思想中的天道與上帝》，台北：藍燈文化事業股份有限公司，2000年，頁64～65。

　　馮友蘭先生跟李杜先生一樣以孔子之天「乃一有意志的上帝，乃一『主宰之天也』」。〔註3〕但是，對於「天何言哉」之理解，馮友蘭先生並不同意以自然義之天理解「天何言哉」之天，並言「此但謂天『無為而治』耳」，進而曰：「且以天不言為一命題，即含有天能言而不言之意」。〔註4〕李杜先生不同意馮先生之理解，指「『不言』並不是表示能言而不言，而是表示除『四時行』『百物生』之外，天不能向人有任何言說的表示」，並認為此解較合孔子的原意。〔註5〕

　　李杜先生把天道理解為天與道二字的結合，並把道理解為行為的方式，故對於孔子的天道觀，李先生提出四種不同的理解。第一種是從孔子敬天畏天的觀點指孔子有以天道為天帝意志的表現。第二種是指孔子對道的了解是通過人事而說的，即孔子以人生社會所遵守的律則為天道。第三種說法是指仁為天所賦與的。孔子言「天生德於予」，並以仁為人所固有，及言「我欲仁，斯仁至矣」（《論語・述而》），李先生因此指「由人之仁德而推說天之仁德，以天道同一於仁道，以建立一道德形而上的天道觀。」第四種理解是孔子的天除有神性的涵義之外，亦有以天為自然義的天，故「天道為指自然萬物所依循的一定的律則。孔子所說『四時行焉，百物生焉』，『逝者如斯乎，不舍晝夜』即是對此天道的描述。」〔註6〕

　　李先生繼而對上述四種天道的說法，作了以下相互的比較。第一種以天道為天帝意志表現的一定方式，除了西方傳教士「由此一觀點述說孔子的宗教觀，以為基督教上帝觀的引證外，歷代很少有人要由此去為孔子建立一宗教的天道觀。」第二種以天道為人道的觀點，是後代中國人最喜歡講的觀念，但多是泛講，未及深入去分辨二者之異同。第三種「由仁德以上推天德以說一道德的天道觀」，則為孟子所繼承。「經孟子性善論思想的闡揚，及後來宋明儒所繼承與發展之後，由心性以上達於天成為後世闡述孔子天道觀的主流。」至於第四種以自然義天說天道，則多為後世所忽略。〔註7〕

---

〔註3〕馮友蘭：《中國哲學史》，香港：太平洋圖書公司，1956年，頁82。
〔註4〕馮友蘭：《中國哲學史》，香港：太平洋圖書公司，1956年，頁83。
〔註5〕李杜：《中西哲學思想中的天道與上帝》，台北：藍燈文化事業股份有限公司，2000年，頁64。
〔註6〕李杜：《中西哲學思想中的天道與上帝》，台北：藍燈文化事業股份有限公司，2000年，頁70～71。
〔註7〕李杜：《中西哲學思想中的天道與上帝》，台北：藍燈文化事業股份有限公司，2000年，頁71。

　　總以上李先生所論述孔子之天之說，可見李先生認為孔子之天已包含有神性義之天的意思，但此意義之天則不為後世所重視以「為孔子發展一宗教的天道觀」。

　　對於孔子之「天」，傅佩榮先生認為孔子接受了周代對「天」的信仰，「相信天是至高而關心人間的主宰」。〔註8〕但是，傅先生指孔子並沒有明言「天」的詳細性質，而對於主張孔子相信的「是一位有神論的上帝」，以及主張孔子之天是「非人格的」，傅先生認為兩派的見解都「值得進一步討論」。〔註9〕對孔子之天，傅先生分作以下四點看法以作進一步的闡釋。

　　第一點是以「天」為自然界。傅先生指孔子言「四時行」（《論語‧貨陽》）暗示天是「載行者」（Sustainer），而孔子言「百物生」（《論語‧貨陽》）則暗示了天是「造生者」（Creator），故「『以天為自然界』，是指以天為萬物之造生與載行的根本原理或原始動力」。不過，傅先生又指「天的運作絕不限於自然世界，它與人類世界也有某種關係」，並據孔子之言「唯天為大，唯堯則之」（《論語‧泰伯》），指「君王若能效法天之道，則將充分滿全他的職責」，這「反映了傳統以天為至高主宰的信仰」。〔註10〕

　　第二種是以天為關懷人世的主宰。傅先生表示孔子之天「對於任命君王與維繫文化這兩方面都是負責的主宰」，並透過「天將以夫子為木鐸」（《論語‧八佾》）、「獲罪於天，無所禱也」（《論語‧八佾》）及「吾誰欺，欺天乎」（《論語‧子罕》）等，表示「天」會「派遣『木鐸』喚醒世人追隨正道」，亦是「人類祈禱訴求的唯一對象」，而人的行為亦「不能逃過天的明鑒」。不過，傅先生強調孔子實對天的情狀並未多言，孔子的關懷「在於天如何引領人類世界步上理想狀態」，以重建「人之道」。〔註11〕

　　第三種是以天為孔子使命的本源。對於孔子言「五十而知天命」（《論語‧為政》）中的天命，傅先生認為「天命是相應於孔子所自覺的使命而言的」。另一方面，關於孔子言「天生德于予」（《論語‧述而》）及「文不在茲乎」（《論語‧子罕》），傅先生把「德」理解為「異於其他所有人的一種獨特性質」，及認為孔子是「相信自己是天所揀選委派的那一位，負有使命要把『文』傳於

---

〔註8〕傅佩榮：《儒道天論發微》，台北：台灣學生書局，1985年，頁107。
〔註9〕傅佩榮：《儒道天論發微》，台北：台灣學生書局，1985年，頁107。
〔註10〕傅佩榮：《儒道天論發微》，台北：台灣學生書局，1985年，頁109。
〔註11〕傅佩榮：《儒道天論發微》，台北：台灣學生書局，1985年，頁110。

後世」。〔註12〕孔子一方面面對命運限制的張力，但另一方面亦感到使命的絕對性及重要性，兩者形成了難以避免的對峙張力。孔子一面保持對天的信仰，一面處理這張力，我們才可理解孔子為何畢生努力不懈及「知其不可為而為之」（《論語‧憲問》）。〔註13〕

第四點是以天為命運。傅先生引用「噫！天喪予」（《論語‧先進》）、「亡之，命矣夫！斯人也而有斯疾也」（《論語‧雍也》）及「道之將行也與？命也。道之將廢也與？命也」（《論語‧憲問》），認為孔子之弟子死亡、患病及道之不行皆是命運的問題。〔註14〕

從以上就傅佩榮先生對孔子之天的討論，可見傅先生仍抱持認為孔子的天相似他所理解的商周之天那樣，是一外在實存的人格神之意義之天，以對世間有有造生、載行及主宰等之影響。

## 第二節　徐復觀、勞思光二先生之虛化義的「天」

對於孔子所言的「命」及「天命」，徐復觀先生表示須先分別清楚二者的差異。「《論語》上凡單言一個『命』字的，皆指命運之命而言。」〔註15〕故此生死、富貴、貧賤、利害等都是命的問題，而「知命」的意思，就是知道這些事情屬於命，屬於「不可求」的。另一方面，如《論語》中提到與天相連的「天命」、「天道」，則與上述的情形完全相反，孔子皆以敬畏、承當的精神以面對之。「這是說明孔子對於春秋時代道德法則化了的『天』，雖然不曾再賦與以明確地人格神的性質；但對孔子而言，這種道德法則，並非僅是外在的抽象而漠然地存在；而係有血有肉的實體的存在。」〔註16〕由此可見，徐先生認為道德法則是實存的，而孔子之「天」已不再賦與人格神之意，而是被「道德法則化了的天」。

徐先生表示孔子所指的天命或天，「用最簡捷的語言表達出來，實際是指道德的超經驗地性格而言；因為是超經驗的，所以才有其普遍性、永恆性。

〔註12〕傅佩榮：《儒道天論發微》，台北：台灣學生書局，1985年，頁111。
〔註13〕傅佩榮：《儒道天論發微》，台北：台灣學生書局，1985年，頁112。
〔註14〕傅佩榮：《儒道天論發微》，台北：台灣學生書局，1985年，頁112～113。
〔註15〕徐復觀：《中國人性論史：先秦篇》，台北：台灣商務印書館，1999年，頁83。
〔註16〕徐復觀：《中國人性論史：先秦篇》，台北：台灣商務印書館，1999年，頁84～85。

因為是超經驗的,所以在當時只能用傳統的天、天命、天道來加以徵表。道德的普遍性、永恆性,正是孔子所說的天、天命、天道的真實內容。」〔註17〕徐先生指孔子的天只有道德的超經驗的性格,其真正的意涵只是道德的普遍性及永恆性。

徐先生指在論語中所言之「知」,皆有嚴肅的意義而不是汎說,這是孔子之「知之為知之,不知為不知」的一貫精神,即孔子對於他認為無法確實知道的東西,便置之於不議不論之列。故此,孔子所言「五十而知天命」之知,是有其真實內容之知,是「證知」的知,是他「不斷地『下學而上達』,從經驗的積累中,從實踐的上達中,證知了道德的超經驗性。這種道德的超經驗性,在孔子便由傳統的觀念而稱之天、天道、天命。」〔註18〕「孔子因為到了五十歲才有了這一『知』,天乃進入到他的生命根元裏,由此而使他常常感到他與天的親和感、具體感,及對天的責任感、使命感,以形成他生命中的堅強自信。」〔註19〕故此,孔子才會於五十歲以後說「天生德於予」、「天之未喪斯文也,桓魋其如予何」等之言,而「畏天命」、「知我者其天乎」等亦當在五十知天命以後所說的。〔註20〕

徐先生認為「知天命」即是「證知」了天命,亦即是證知了道德的超經驗性格,這道德的超經驗性格便是人之性。「因此,天命對孔子是有血有肉的存在,實際是『性』的有血有肉的存在。……孔子是從自己具體生命中所開闢出的內在地人格世界,……他之畏天命,實即對自己內在地人格世界中無限地道德要求、責任,而來的敬畏。性與天道的融合,是一個內在地人格世界的完成,即是人的完成。」〔註21〕徐先生表示孔子五十歲之後,由於經驗的累積而「證知」了「天」,即「證知」了道德的超經驗的性格,從而努力完成道德的要求及責任,以達致「內在地人格世界的完成」。由以上可見,徐先生對孔子之天、天命的理解,「偏重在人內在的道德性來說天、天命」。〔註22〕

---

〔註17〕徐復觀:《中國人性論史:先秦篇》,台北:台灣商務印書館,1999年,頁86。

〔註18〕徐復觀:《中國人性論史:先秦篇》,台北:台灣商務印書館,1999年,頁86。

〔註19〕徐復觀:《中國人性論史:先秦篇》,台北:台灣商務印書館,1999年,頁87。

〔註20〕徐復觀:《中國人性論史:先秦篇》,台北:台灣商務印書館,1999年,頁87~88。

〔註21〕徐復觀:《中國人性論史:先秦篇》,台北:台灣商務印書館,1999年,頁89~90。

〔註22〕楊祖漢:《當代儒學思辨錄》,台北:鵝湖出版社,1998年,頁224。

　　勞思光先生指出孔子的學說主要是由「禮」進至「仁、義」。〔註23〕但不似孔子之前的知識分子，孔子並沒有把「天道」作為「秩序義」的「禮」的本源，「即假定某種『本有之秩序』，作為文化中『創造之秩序』之基楚」，孔子對此「原始信仰」，作出了「根本變革」，不但攝「禮」歸於「仁」與「義」，而「禮」的基礎亦不在於「天」，而「在於人之自覺心或價值意識」，這不但「透顯人對人自身的肯定」，亦「離開原始信仰的糾纏」。〔註24〕明顯地，勞先生以「自覺心」或「價值意識」作為「禮」以至「仁、義」的基礎，而不似孔子之前的傳統以「天」為「禮」的根源。

　　勞思光先生表示孔子劃定「義」及「命」兩個範圍，「義」是屬於「自覺主宰」之領域，此領域只有「是非」之問題，而「命」是屬於「客觀限制」之領域，這領域則只有「成敗」的問題。〔註25〕對於孔子之「命」的理解，勞先生跟徐復觀先生是相似的，但對於天命的理解則有不同，勞先生仍以「命」理解「天命」。對於孔子之「知天命」（《論語·為政》）及「知命」（《論語·堯曰》），勞先生認為是知客觀限制的領域，但另一方面，盡管現實的限制，同時孔子亦有「義」之一面以作為人己身的主宰，故以「義命分立」之說歸於孔子之學說。由此可知，勞先生以孔子之「天命」或「命」為現實客觀的限制。此外，而孔子之言天，亦只「有時自不能免俗」，而「偶用習俗之語」。〔註26〕

　　對於先秦儒學之代表文獻，勞先生指「嚴格而言，唯《論語》、《孟子》及《荀子》三書」。〔註27〕勞先生並不同意《中庸》一書屬於先秦儒之文獻，並提出「就文體，用語，思想三方面觀之，《中庸》之內容雖頗雜亂，其大致成書時代，必在由秦至漢初一段時期」，〔註28〕以及認為《中庸》思想，乃「漢儒型之理論中最成熟，最完整者」，〔註29〕而漢儒型之理論則「以『天』與『人』為基本觀念，又以『天』為價值根源之混合學說」，〔註30〕以為「宇宙論中心哲學」。〔註31〕勞思光先生強烈認為先秦儒家之天並沒有形上意義，孔孟所言

〔註23〕勞思光：《新編中國哲學史》（一），台北：三民書局，2012年，頁108。
〔註24〕勞思光：《新編中國哲學史》（一），台北：三民書局，2012年，頁109～110。
〔註25〕勞思光：《新編中國哲學史》（一），台北：三民書局，2012年，頁132～133。
〔註26〕勞思光：《新編中國哲學史》（一），台北：三民書局，2012年，頁141。
〔註27〕勞思光：《新編中國哲學史》（三上），台北：三民書局，2012年，頁61。
〔註28〕勞思光：《新編中國哲學史》（二），台北：三民書局，2012年，頁61。
〔註29〕勞思光：《新編中國哲學史》（二），台北：三民書局，2012年，頁72。
〔註30〕勞思光：《新編中國哲學史》（二），台北：三民書局，2012年，頁71。
〔註31〕勞思光：《新編中國哲學史》（三上），台北：三民書局，2012年，頁61。

只是心性之學或道德實踐之說，故他力證《中庸》乃為晚出之書，以使其理論得其統一性。〔註32〕

從以上的討論，我們可見徐復觀及勞思光二先生分別以「道德的普遍性、永恆性」和「不能免俗而偶用習俗之語」來理解孔子所言之天，而認為這是沒有獨立的實義，故為虛化義之天。

## 第三節 唐君毅、牟宗三二先生之客觀實體義的「天」

對於孔子所言的天命，唐君毅先生提出「無義無命、即義見命」之說。「由孔子之天命為人在其生命成學歷程中所遭遇，而對人有一命令呼召義，人亦必當有其知之、畏知、俟之，以為回應者，故吾人于此孔子所謂天命，……當直接連于吾人之對此天命之遭遇，感其對吾人有一動態的命令呼召義，而更對此命令有回應，而直接知其回應之為義所當然之回應說。而吾人亦當同時由吾人之自識其義所當然之處，求識得此所遭遇之天命。」〔註33〕此說之旨，一方面是義之所當然者之所在即天命之命令呼召之所在，另一方面，是人對此天命之知之畏之俟之，即為人對天命之直接回應。二者同時兼而重之，而成其天人相呼召與回應之說。此義所當然之回應之道，一方面為我之所以自命于我，但另一方面，亦同時可視為由出于天之透過我遇合之事之命于我，故亦可視為天之所以命我。「由此而可說我之有命，乃我與我之此自命相遭遇，亦我與天之所以命我相遭遇。我之實踐此義所當然之自命，為我對此自我之回應，同時即亦為我對天命之回應也。」〔註34〕

唐先生就以上無義無命之說，進一步論及天之普遍客觀的意義與真實之

---

〔註32〕一九九三年冬在湖北荊門市郭店村一號戰國楚墓中，發現了一批竹簡，顧史考指當中的《成之聞之》、《尊德義》、《性自命出》、《六德》及《五行》、《緇衣》等，與《中庸》、《緇衣》相傳為子思所著之書，皆有密不可分的關係。（顧史考：《郭店楚簡先秦書宏微觀》，上海：上海古籍出版社，2012年，頁98。）此外，由於郭店竹簡的出土，鄭宗義先生亦認為「傳統思孟學派的說法絕非無據；子思是否《中庸》的作者及《中庸》的成書年代等實有重新考查的必要。」（鄭宗義：〈心性與天道——論勞思光先生對儒學的詮釋〉，劉國英、張燦輝合編，《無涯理境——勞思光先生的學問與思想》，香港：中文大學出版社，2003年，頁73～74。）

〔註33〕唐君毅：《中國哲學原論：原道篇一》，台北：台灣學生書局，2004年，頁118。

〔註34〕唐君毅：《中國哲學原論：原道篇一》，台北：台灣學生書局，2004年，頁120～121。

義之所當然。「凡當奉承之天命，即雖可初只顯一超越於我，而屬於天之普遍客觀之意義，亦必兼具一內在於我，而屬於我之特殊主觀之意義者。自另一方面言，人之嘗以之自命，而知其為義所當然者，雖初可只顯一內在於我，而屬於我之特殊主觀之意義者，亦同時即我所存在之境遇中之人物之所以命我，即天之所以命我，而亦必有一普遍客觀的屬於天之意義者。否則吾人所謂義所當然者，亦可非真實之義之所當然，而可實只出自我之『主觀之私欲，而以為義所當然當有，加以理由化者』。」〔註35〕唐先生於上列引文中似有以天為一「普遍客觀之天」的意義。

另外，唐先生亦認為孔子之教人以仁之涵義，亦明有事天而感通於天之一義。唐先生指孔子之未言天為人格神，但這不礙孔子之言仁思想中有由知天命、畏天命，而事天，或與天相感通之義。「孔子之是否明言天之為人格神，與天之是否人格神，皆不礙人之有事天之禮，及人之仁之感通於天之事。因孔子雖未明言天之為人格神，亦未嘗否認詩書所傳之天為人格神之說；而孔子言『知我者其天乎』，亦可涵視天為一有知之人格神之意。即孔子之天非一人格神，亦仍可為人所敬畏之一真實之精神的生命的無限的存在。以人物有其生命與精神，則生人物之天，不得為一無生命非精神之存在。天所生之人物無窮，則天不能為有限之存在。」〔註36〕

可見，唐先生從人自命之義之所以然，及對這義之所當然之回應中見孔子之天命之意，他雖未直以這天為人格神，但仍視這天為「普遍客觀之天」及「真實之精神的生命的無限的存在」。

牟宗三先生在其《中國哲學的特質》中，指出孔子思想是由「仁、智、聖」遙遙地與「性與天道」相契合，這契合可稱為超越的遙契。「孔子認為從下學可以上達，那就是說，只須努力踐仁，人便可遙契天道，即是使自己的生命與天的生命相契接，所以孔子作出『知我者其天乎』的感嘆。『知我其天』表示如果人能由踐仁而喻解天道的時候，天反過來亦喻解人，此時天人的生命互相感通，而致產生相當程度的互相了解。」〔註37〕

牟先生繼而表示知天的知，必會引生敬畏的意識，而敬畏是宗教意識。牟先生指出「人只能遙遙地與它（天）相接，又怎能沒有敬畏呢？故此敬畏

---

〔註35〕唐君毅：《中國哲學原論：原道篇一》，台北：台灣學生書局，2004 年，頁 124。
〔註36〕唐君毅：《中國哲學原論：原道篇一》，台北：台灣學生書局，2004 年，頁 133。
〔註37〕牟宗三：《中國哲學的特質》，台北：台灣學生書局，1994 年，頁 46～47。

的意識是從遙契而來的。從知天而至畏天命，表示仁者的生命與超越者的關係。」〔註38〕但牟先生表示不要只把孔子的天命、天道了解為「形而上的實體」（Metaphysical Reality），「因為孔子的生命與超越者的遙契關係實比較近乎宗教意識。孔子在他與天遙契的精神境界中，不但沒有把天拉下來，而且把天推遠一點。在其生命中可與天遙契，但是天仍然保持它的超越性，高高在上而為人所敬畏。因此，孔子所說的天比較含有宗教上『人格神』的意味。而因宗教意識屬於超越意識，我們可以稱這種遙契為『超越的』（Transcendent）遙契。……從理上說，它是形上實體。從情上說，它是人格神。而孔子的超越遙契，則似乎偏重後者。」〔註39〕

可見，牟先生認為孔子是由踐仁而遙契一超越者之天，而天雖有形而上實體的意思，但孔子卻把天推遠一點，重視其為一敬畏的對象，而較富宗教的意味。

在《心體與性體》的〈綜論部〉中，牟宗三先生指出孔子所說的『天』、『天命』、或『天道』，是承《詩》《書》中的帝、天、天命而來。不過，孔子「撇開客觀面的帝、天、天命，而不言（但不是否定），而自主觀面開啟道德價值之源、德性生命之門以言『仁』。孔子是由踐仁以知天，在踐仁中或『肫肫其仁』中知之，默識之，契接之，或崇敬之。……重『主體性』並非否定或輕忽帝、天之客觀性（或客體性），而勿寧是更加重更真切于人之對于超越而客觀的天、天命、天道之契接與崇敬。」〔註40〕

牟先生表示《詩》《書》中的天雖有人格神的意味，但其重德、敬德已將重點移至人身上來，「是故《詩》《書》中之帝、天、天命只肯認有一最高之主宰，只凸出一超越之意識，並不甚向人格神之方向凸出。」〔註41〕孔子承其以前之氣氛，「其心目中之天、天命、或天道亦只集中而為一超越意識」，「對于天地萬物甚具有一種『超越的親和性』（引曳性 Transcendental affinity），冥冥穆穆運之以前進，是這樣意味的一個『天』。並不向『人格神』方向走。」〔註42〕此超越意識即是對一「形而上實體」的意識，牟先生指「孔子雖未說天是一『形而上的實體』（Metaphysical reality），然『天何言哉？四時行焉，

---

〔註38〕牟宗三：《中國哲學的特質》，台北：台灣學生書局，1994年，頁48。
〔註39〕牟宗三：《中國哲學的特質》，台北：台灣學生書局，1994年，頁48～49。
〔註40〕牟宗三：《心體與性體》第一冊，台北：正中書局，1996年，頁21。
〔註41〕牟宗三：《心體與性體》第一冊，台北：正中書局，1996年，頁21。
〔註42〕牟宗三：《心體與性體》第一冊，台北：正中書局，1996年，頁21～22。

百物生焉。天何言哉』！實亦未嘗不涵蘊此意味。『維天之命，於穆不已』，難說孔子未讀此詩句，亦難說其不契此詩句。」〔註43〕牟先生亦舉中庸之視天為「為物不貳、生物不測」之創生實體，而指「此種以『形而上的實體』視天雖就孔子推進一步，然亦未始非孔子之意所函與所許。」〔註44〕由以上可見，牟先生理解的孔子之天，並沒有向人格神的方向發展，而實意涵一「形而上實體」或「創生實體」，而孔子透過主觀面的踐仁，其重點則在於與這客觀面的實體之契接與崇敬。

---

〔註43〕牟宗三：《心體與性體》第一冊，台北：正中書局，1996年，頁22。
〔註44〕牟宗三：《心體與性體》第一冊，台北：正中書局，1996年，頁22。

# 第四章　試通過康德的道德哲學闡發孔子言「天」之哲學涵義

## 第一節　透過意志自由立道德法則論孔子之仁

「仁」之意義在孔子之學中是至為重要的，孔子之學亦可說是「仁」之學。不過，孔子雖不倦地教誨學生踐仁，但從未有為仁下定義。例如：「巧言令色，鮮矣仁」（《論語・學而》）、「仁者先難而後獲，可謂仁矣」（《論語・雍也》）、「仁者其言也訒」（《論語・顏淵》）、「愛人」（《論語・顏淵》）、「剛毅、木訥，近仁」（《論語・子路》）、「出門如見大賓，使民如承大祭。己所不欲，勿施於人。在邦無怨，在家無怨」（《論語・顏淵》）、「居處恭，執事敬，與人忠。雖之夷狄，不可棄也」（《論語・子路》）。凡此種種，皆是孔子就不同弟子之發問，或就不同的情境而當機指點何者為仁，何者為不仁。孔子以當機指點的方式，是因為仁不是一個經驗的對象，背後是有一超越的根據。以此超越的東西作為背後的根據而表現出來的言行，便是仁者的德行。所以我們不能簡單地把某些言行歸類為仁，而把其他的言行歸類為不仁。因為仁與不仁不是以作為經驗現象的言行而作判定的，是以作為經驗現象的言行背後有一超越的本心作為言行背後的根據，才可稱為仁。

對此，牟宗三先生有言：「原來仁是要超脫字義訓詁之方式來了悟。孔子根本不取此方式，他是從生活實例上『能近取譬』來指點仁之實義，來開啟人之不安、不忍、憤悱、不容已之真實生命。仁甚至亦不是一固定之德目，甚

至亦不能為任何德目所限定。孔子本人根本未視仁為一固定德目。……然而孔子卻正是從這些德與不德,『仁者』如何如何,『不仁者』如何如何,來指點仁。仁不為任何一德目所限定,然而任何一德目亦皆足以指點仁。仁是超越一切德目之上而綜攝一切德目,是一切德性表現底根源,是道德創造之總根源,故仁是全德。」〔註1〕牟先生之言甚是,仁是全德,即仁是任何一德目背後的超越根據,故言綜攝一切德目。

我們亦可透過康德的批判哲學中,對「道德法則」及「意志自由」之解說,以對孔子之仁作進一步的說明。

## 一、由道德法則的「普遍性」及「法則性」論仁

康德在《實踐理性批判》中提出以下兩個定理。定理一:「一切把意欲機能的客體(材質)作為意志決定根據的前提條件的實踐原則,一概是經驗的,並且不能給出實踐法則」,(KpV 5:21)及定理二:「一切材質的實踐的原則皆為同一類,並且從屬於自愛或個人幸福的普遍原則」。(KpV 5:22)

康德表明了一切以材質的客體作為意志決定根據的實踐原則,皆是經驗的,並不是實踐法則,而且皆從屬於自愛或個人幸福的原則。康德進而指出:「一個有理性者要麼根本不能把他的主觀實踐的原則,亦即格準同時思量為普遍的法則,要麼他就必須同意,這些格準的純然形式,即它們適合於普遍立法的所依據的形式,獨自就使它們成為實踐的法則。」(KpV 5:27)康德的意思是只有依據「適合普遍立法」的純然形式,而不是根據材質,才可稱為實踐法則。據此,康德提出了定理三:「如果一個有理性者應當思量他的格準作為實踐的普遍的法則,那麼,他只能把這些格準思量為這樣一種原則,它們不是依照材質而是只依照形式包含着意志的決定根據。」(KpV 5:27)至此,康德經由對於實踐理性機能之批判考察,得出了一條純粹實踐理性的基本法則:「要這樣行動,使得你的意志之格準在任何時候都能夠作為普遍的立法的原則。」(KpV 5:30)另外,康德在《道德形而上學的基礎》一書中,透過分析「道德」這個概念,指出道德法則必須是一個定然律令,而道德法則作為道德律令,就是「只按照你同時能夠意願它成為一個普遍法則的那個格準去行動」(Gr 4:421)。可見,批判地得出純粹實踐理性的法則(無條件的實踐法則)就是分析地建立的道德法則。

---

〔註1〕牟宗三:《心體與性體》第二冊,台北:正中書局,1996年,頁222。

依上文所論，道德法則是不依材質但卻以普遍立法的純然形式為意志的決定根據而建立的實踐法則，我們可把孔子之仁者理解為踐仁的人，即實踐道德法則的人。對於「道德法則不依材質」之說明，試看以下孔子之言：

引文一

　　子曰：「不仁者不可以久處約，不可以長處樂。仁者安仁，知者利仁。」（《論語·里仁》）

引文二

　　子曰：「君子去仁，惡乎成名？君子無終食之間違仁，造次必於是，顛沛必於是。」（《論語·里仁》）

引文三

　　孔曰：「志士仁人，無求生以害仁，有殺身以成仁。」（《論語·衛靈公》）

仁者不會由於外在的客觀條件的影響，而違背了仁。仁者在「久處約」或「長處樂」的情況中仍能安於仁，而不像不仁者般不能「久處約」或「長處樂」。

「君子去仁，惡乎成名？」君子以仁為君子之實，故君子為仁者。《四書章句集注》（本文簡稱《集注》）曰：「終食者，一飯之頃。造次，急遽苟且之時。顛沛，傾覆流離之際。」〔註2〕仁者無論在一飯之頃、急遽苟且之時或傾覆流離之際，皆不會違背仁，而必於仁之是。

引文三以「生」及「仁」對揚，指出有「成仁」甚於「求生」。天下萬物皆有延續其現實生命的本能，故皆愛生避死，而人亦不能免之。但是，人之為人，除有愛生避死的本能外，亦有高於此本能，而有道德價值的要求，此便是「成仁」的追求。

上文指出，仁者不會以「久處約」、「長處樂」、「造次」、「顛沛」及「求生」作為意志的決定根據，即不會根據「材質的實踐原則」。仁者在道德實踐中不能以材質為實踐原則，則必須以普遍立法的純然形式為意志的決定根據而為實踐法則。對此，試看以下孔子之言。

引文四

　　子曰：「夫仁者，己欲立而立人，己欲達而達人。能近取譬，可謂仁之方也已。」（《論語·雍也》）

---

〔註2〕宋·朱熹：《四書章句集注·論語集注》，北京：中華書局，1983年，頁70。

引文五

　　子曰：「己所不欲，勿施於人。」(《論語・衛靈公》)

　　對於引文四，《集注》有言曰：「譬，喻也。方，術也。近取諸身，以己所欲譬之他人，知其所欲亦猶是也。然後推其所欲以及於人，則恕之事而仁之術也。於此勉焉，則有以勝其人欲之私，而全其天理之公矣。」〔註3〕

　　引文四及五皆可以「能近取譬」總括其意思，而朱子對「能近取譬」的注亦十分能曲盡其意，指出：「近取諸身，以己所欲譬之他人，知其所欲亦猶是也，然後推其所欲以及於人。」這與康德所論道德法則是「只按照你同時能夠意願它成為一個普遍法則的那個格準去行動」，可謂若合符節。己欲立而立人，己欲達而達人，是積極地言推己之所欲及於他人。己所不欲，勿施於人，則是消極地表示不要把己之不欲施之於人。總體而言，能近取譬就是以己所欲譬之他人，即是意願己之格準成為一普遍法則。如能於此勉焉，則能全其天理之公矣。天理之公就是道德法則的普遍性。故此，孔子之仁就具有道德法則之意，而道德法則便是天理。

　　康德所提出的道德法則之普遍立法的純然形式，就是道德法則的普遍性。道德法則的普遍性就是意志以普遍立法的純然形式為決定根據所顯的普遍性。道德法則除普遍性外，亦涵有法則性之意。關於道德法則的法則性，孔子有如下之言：

引文六

　　子絕四：毋意，毋必，毋固，毋我。(《論語・子罕》)

　　有關引文六，《集注》有言：「絕、無之盡也。毋，史記作『無』是也。意、私意也。必，期必也。固，執滯也。我，私己也。四者相為終始，起於意，遂於必，留於固，而成於我也。……至於我又生意，則物欲牽引、循環不窮矣。……楊氏曰：『非知足以知聖人，詳視而默識之，不足以記此。』」〔註4〕《論語集解義疏》曰：「以道為度，故不任意也；用之則行，舍之則藏，故無必專也；無可無不可，故無固行也；述古而不自作，處羣萃而不自異，唯道是從，故不有其身也。」〔註5〕《論語意原》亦曰：「子之所絕者，非意必固我

---

〔註3〕宋・朱熹：《四書章句集注・論語集注》，北京：中華書局，1983年，頁92。

〔註4〕宋・朱熹：《四書章句集注・論語集注》，北京：中華書局，1983年，頁109～110。

〔註5〕漢・何晏集解，皇侃義疏：《論語集解義疏》，收於《無求備齋論語集成》第27～31冊，台北：藝文印書館，1966年。

也，絕其毋也。禁止之心絕，則化矣。」〔註6〕

「子絕四」之句非孔子之言，亦沒有標示是那一個弟子所言，可知為及門高弟熟觀默識之所表述，並屬門下之通見，故遂爾錄存，卻無由著其名。〔註7〕《集注》指意必固我是一相繼牽引的個程，即由於妄加執持私意之所欲而遂於必、留為固，而成己身之私。必固的對象原初亦可能包含一善之意，但如只執滯此善之為善而死守此必固，則便是私意。聖人所表現出來的一言一行，純然是天理之流行不已，隨機而發，沒有半點己私之意而執滯於此或彼，故言孔子絕此四者。

絕者截斷也。孔子絕此四者，只是從消極面言聖人截斷己身之私意、私欲之影響而不執滯於此或彼。此己身之私是孟子所言之小體，亦是個人特殊的性好。截斷己私之影響即不以己之私為主宰，故絕此四者之私，則必有與此「私」相對而言之具普遍性意義之「公」，即從消極面而言之絕此四者之「私」，必有積極面而言之「公」以為主宰。故《論語集解義疏》言「以道為度」、「唯道是從，故不有其身」。此「身」為己私之身。「道」即是普遍之「公」。而《論語意原》表示「絕其毋也」，並言「禁止之心絕，則化矣」。《論語意原》之解雖與其餘二家之言有異，其言絕其禁止之心，可理解為對心不起禁止之意，即讓心之如其為自己而主宰其自己。這心之如其為自己，由於截斷了一切己私，故是一普遍之「公」之心以為其本身之主宰。如此，才能言在去盡「禁止之心」後，有一隨機而發之「化」境。這普遍之「道」或心之如其為自己而主宰其自己，我們可把它們理解為仁。孔子之絕四者之私，是由於人內在有一普遍之公之「仁」為根據，才反顯出四者之私。

引文七

逸民：伯夷、叔齊、虞仲、夷逸、朱張、柳下惠、少連。子曰：「不降其志，不辱其身，伯夷、叔齊與！」謂：「柳下惠、少連，降志辱身矣；言中倫，行中慮，其斯而已矣。」謂：「虞仲、夷逸，隱居放言；身中清，廢中權。我則異於是，無可無不可。」（《論語‧微子》）

對於引文七，其重點是孔子所言的「無可無不可」。《集注》指「逸」為遺

---

〔註6〕宋‧鄭汝諧：《論語意原》，收於《無求備齋論語集成》第152～153冊，台北：藝文印書館，1966年。
〔註7〕周群振：《論語章句分類義釋》下冊，台北：鵝湖出版社，2003年，頁655。

逸，而「民」即無位之稱。〔註8〕《論語集解義疏》曰：「逸民者，節行超逸者也。苞氏曰：『此七人皆逸民之賢者也。』」〔註9〕故逸民即具德行而不見於世之賢者。七位逸民皆有其超逸的節行或作為，但其表現的方式卻不盡相同。《集注》引謝氏曰：「七人隱遯不汙（污）則同，其立心造行則異。」〔註10〕雖志同而造行不同，孔子仍對逸民之行止加以推崇及讚許，但孔子則進一步指他跟逸民不同，並言他自己「無可無不可」。《集注》引尹氏曰：「七人各守其一節，而孔子則無可無不可，此所以常適其可，而異於逸民之徒也。」〔註11〕逸民之行止雖皆為賢德，並有其可崇讚之處，但亦卻是各守一節以為必固，未若孔子之「可以仕則仕，可以止則止，可以久則久，可以速則速」（《孟子·公孫丑上》），進退有度，隨機而發。故孔子言己為「無可無不可」。但是，我們不能就此便說孔子是隨波逐流，行止之間沒有準則。實則孔子一言一行皆有天理為其根據，天理雖沒有具體的內容，但卻指示了一個行為的方向，這便是天理的法則性。

引文八

　　子曰：「君子之於天下也，無適也，無莫也，義之與比。」（《論語·里仁》）

《集注》有言曰：「適，專主也。春秋傳曰『吾誰適從』是也。莫，不肎（肯）也。比，從也。謝氏曰：『適，可也。莫，不可也。無可無不可，苟無道以主之，不幾於猖狂自恣乎？此佛老之學，所以自謂心無所住而能應變，而卒得罪於聖人也。聖人之學不然，於無可無不可之間，有義存焉。然則君子之心，果有所倚乎？』」〔註12〕

《集注》所引謝氏之言甚好。適，可也；莫，不可也。故無適無莫即是無可無不可。無可無不可卻不是隨波逐流，猖狂自恣，而是有「道」於其中作主宰，這便是孔子在此引文所提到的「義」。《釋名》曰：「義，宜也，制裁事物使各宜也。」〔註13〕這是義字之通解。但在這裏把「義」解作「宜」則過於

〔註8〕宋·朱熹：《四書章句集注·論語集注》，北京：中華書局，1983年，頁185。
〔註9〕漢·何晏集解，皇侃義疏，《論語集解義疏》，收於《無求備齋論語集成》第27～31冊，台北：藝文印書館，1966年。
〔註10〕宋·朱熹：《四書章句集注·論語集注》，北京：中華書局，1983年，頁186。
〔註11〕宋·朱熹：《四書章句集注·論語集注》，北京：中華書局，1983年，頁186。
〔註12〕宋·朱熹：《四書章句集注·論語集注》，北京：中華書局，1983年，頁71。
〔註13〕漢·劉熙：《釋名》，台北：國民出版社，1959年，頁49。

寬鬆。宜者，合宜、適宜、適合者也。但是，我們應把「義」字之意收緊為應然的行為或道德行為，即循天理而行的行為。無可無不可表示道德行為沒有必然的具體內容，但這不意指沒有道德行為，或道德行為是相對的，沒有準則的。「無可無不可」雖沒有具體內容，但「義之與比」則表示道德行為是有一定方向的。這是由於仁作為意志自由（下文會就仁是意志自由作討論），以為道德行為背後的根據並給道德行為決定一個方向，這便是道德的法則性。道德要有法則性、方向性的意思，我們才能言有「道」於其中以作主宰。這道德的法則性跟上章引《尚書・皋陶謨》所言的九德，以及《尚書・皇極》中的「無偏無陂」、「無有作好，無有作惡」、「無偏無黨，無黨無偏」一樣，雖沒有言行為的具體內容，但實已指示了行為的方向性及法則性。

引文九

　　子曰：「君子貞而不諒。」（《論語・衛靈公》）

對於引文九，《集注》有言：「貞，正而固也。諒，則不擇是非而必於信。」〔註14〕《十一經問對》曰：「諒者，信而不通之謂也。君子所以不亮（諒）者，非惡乎信也，惡乎執也。」〔註15〕引文九所言之「貞」，跟上文的「義之與比」一樣，是指有意志自由之仁作為超越根據，以對道德行為作規範。意志自由是超感觸的，我們對之沒有絲毫理論認識。但意志自由所起的作用卻是淵然有定向，透過道德法則對人的行為決定着一個方向。所以，「貞」之意是以意志自由或仁作為決定根據，以決定我們的行為。相反，「諒」即是執着於某一善行，而缺乏事事以合於意志自由所建立的道德法則的泛應曲當。死守一善行已是私意，而善行亦不復為善矣。所以《十一經問對》言君子不諒，非惡乎信，惡乎執也，其言甚是。朱子言「諒」是不擇是非而必於信，其意是不理善惡而只在信。朱子之解似不及何異孫。一般人也不至於不理善惡而信於惡，但卻常容易流於死抱一善而執持之，故才有孔子之言君子貞而不諒。

引文十

　　子曰：「吾有知乎哉？無知也。有鄙夫問於我，空空如也，我叩其兩端而竭焉。」（《論語・子罕》）

《焦氏筆乘》就上列引文十，有言曰：「孔子言己空空無所知，唯叩問者

---

〔註14〕宋・朱熹：《四書章句集注・論語集注》，北京：中華書局，1983 年，頁 168。

〔註15〕元・何異孫：《十一經問對》，收於《通志堂經解：總經解：40》，台北：大通書局，1969 年，頁 23305。

是非之兩端而盡言之，舍此不能有加也。蓋孔子自得其本心，見聞知識，泯絕無寄，故謂之空空。」〔註16〕孔子所言無知，並不是指無知於「見聞之知」。孔子傳弟子以六藝，又嘗言「吾少也賤，故多能鄙事。」（《論語‧子罕》）故應不至認為自己對「見聞之知」是無知的。不過，孔子不以見聞之知為「知」，即不以「為學日益」之所學為「知」，此見聞之知是純粹橫列的、量化的及以認識外物為主的「知」。孔子言「無知」不是指見聞之知的「知」，而是指道德之知的「知」。道德之知是無適無莫，無可無不可，即沒有定然如此或定然不可如此的行為。故此，「無知」即是「無可無不可」，故孔子言「空空如也」。正如上文所言，道德法則的根據不能來自經驗，即道德之知不能來自見聞之知，亦即《焦氏筆乘》所言「見聞知識，泯然無寄」。故孔子所言的「無知」，一方面不是指見聞之知，另一方面亦表示此「無知」之「知」的道德之知，不是來自見聞之知。此道德之知一方面既是無可無不可，以及不以見聞之知為其根據，但另一方面道德又不是什麼也沒有，即道德之知不是空說而實指示着一個行為的方向，這是由於道德之知的背後有一超感觸的意志自由為其根據。意志自由是仁，亦是本心，故《焦氏筆乘》言「孔子自得其本心」。自得其本心，即得之於本心而成其為道德之知，亦即以本心為道德之主宰。以本心為主宰則不會有所偏頗，如《尚書‧皐陶謨》所言的九德，皆是在一相對反之善相兩端中而不偏於一隅而成其一德。不偏於一隅而指示一行為的方向，必有賴常存虛靈的本心以為主宰始可能。「叩其兩端而竭焉」即是不偏於一端而以本心為據而成其道德之知。此叩其兩端而竭焉及不偏於一隅而成一德，便表示了道德的法則性及方向性。

## 二、由「意志自由」論仁

上一段言仁可表象為道德法則的普遍性及法則性。道德法則只是普遍立法的純然形式，本身並沒有具體內容，其根據並不來自經驗，故道德法則背後須有一個經驗以外的根據，這便是意志自由。在康德批判的考察中，意志自由是屬於超感觸界，人不能對其有任何理論的認識，即沒有任何經驗的認識。不過我們可以透過道德法則而肯定意志自由的實存。「原因在於，我們既不能直接地意識到自由，因為它的最初概念是消極的，也不能從經驗推論到

〔註16〕明‧焦竑輯：《焦氏筆乘》，收於《歷代筆記小說集成：52：明代筆記小說：21》，石家莊市：河北教育出版社，1995年，頁239。

自由，因為經驗給予我們供認識的只是顯相的法則，從而只是自然的機械作用，這恰恰是自由的對立面。因此，正是我們（一旦我們為自己擬定意志的格準就）直接意識到的道德法則，才最先呈現給我們。」（KpV 5：29）康德說：「自由和無條件的法則（道德法則）是互相涵蘊的。」（KpV 5：29）故此，康德表示：「自由當然是道德法則的存在根據（ratio essendi），但是道德法則卻是自由的認識根據（ratio cognosendi）。……如果沒有自由，在我們裏面也就根本找不到道德法則」，（KpV 5：4）並指出「道德法則本身是作為自由這種純粹理性的因果性的推證原則而被提出來的」。（KpV 5：48）康德指出，雖然意志自由與道德法則是互相涵蘊的，但是由於我們「不能直接地意識到自由」，我們不能由自由推證到道德法則，不過，經由道德法則作為理性的事實，我們能夠由道德法則推證到意志自由的實存，故言「道德法則是自由的認識根據」。

對於道德法則，康德提出了「理性事實」，以說明人自立道德法則是一事實。康德所論「理性事實」是依據人類意志活動的一種事實而提出的。盧雪崑先生則分別以四個論點以說明康德所言的理性事實：〔註 17〕首先，人能夠自立道德法則，即人之純粹實踐理性（即意志自由）能夠自立道德法則。「它（道德法則）從因果性的決定中排除一切感性的條件，也就是說，在這樣一條原理（道德法則）中，理性不再援引某種別的東西來做因果性方面的決定根據，而是通過那個原理已經本身包含着這個決定根據，因而它作為純粹理性自身就是實踐的。」（KpV 5：105）「在對純粹的、被去除了一切利益的道德法則的無限尊崇中，有某種如此特別的東西，就像實踐理性把它表現給我們來遵循那樣，而實踐理性的聲音甚至使最膽大包天的惡徒也感到戰慄」。（KpV 5：79~80）這就是說，每一個人都可意識到自身有不是來自經驗而純粹由自我立法而來的道德法則，並意識到必須遵循這道德法則，甚至連最膽大包天的惡徒，也都會清楚意識到純粹實踐理性所自立的道德法則而感到戰慄。第二，人事實上能夠遵守道德法則而有道德行為。也就是說，人能擺脫性好及一切經驗條件而僅以道德法則作為其選取行為格準的根據，即：人的抉意是自由的。第三，人事實上有尊敬道德法則的能力，即人有道德情感。尊敬道德法則就是「一種僅僅關涉實踐的東西的情感，而且這種情感僅僅按照法則的形式，而不是由於法則的某個客體而與法則的表象相聯繫的，因而

---

〔註 17〕盧雪崑：《物自身與智思物：康德的形而上學》，台北：里仁書局，2010 年，頁 233。

既不能算做快樂，也不能被算做痛苦，儘管如此卻產生對遵循法則的一種興趣，我們把這興趣稱為道德興趣；就像對法則有這樣一種興趣的能力（或者對道德法則本身的敬重）真正說來也是道德情感一樣。」（KpV 5：80）第四，當人做出違反道德法則的行為時，不論對此行為找到什麼藉口，總不免於自責。「人們把他們視為天生的惡棍，而且在思維方式上完全視為無可救藥的，但仍然為了他們的所作所為同樣審判他們，同樣指責他們的違法行為是罪過，甚至他們自己也認為這些指責是完全有根據的。」（KpV 5：99）

意志自由與道德法則是互相涵蘊的，但由於我們不能對意志自由有任何理論的認識，而只能透過道德法則作為理性事實，而推證到意志自由的實存。上文所論的理性事實就是透過人之意志活動之事實以肯定人自立道德法則這一事實，從而證實了意志自由的實存。

在上述有關理性事實的四點說明中，其中第二點所指的抉意自由就是抉意自律（Autonomie der Willkür），即人擺脫性好及一切經驗條件，僅以道德法則為決定根據而為行動的格準。這抉意自律肯定了道德法則在經驗中的有效性。康德揭明：抉意之自律是「理性與意志相關的聲音」，「甚至對於最平庸的人也如此可以聽得清楚」，他又稱這為「上天的聲音」（himmlische Stimme）。（KpV 5：35）康德指出，依照抉意自律之原則該做何事，「必定不是很難，最普通、最未經訓練的知性哪怕沒有處世經驗也會知道如何處理。」（KpV 5：36）他又指明，一個人「如何能遵守這條法則（道德法則）的做法，在這裏是毋須教導的；因為他在這方面想做的事情，他也能夠去做。」（KpV 5：37）

在孔子談及仁的說話中，亦有提到踐仁的自律自主，就此，孔子有如下之言：

引文十一

　　子曰：「為仁由己，而由人乎哉？」（《論語·顏淵》）

引文十二

　　子曰：「有能一日用其力於仁矣乎？我未見力不足者。」（《論語·里仁》）

引文十三

　　子曰：「力不足者，中道而廢，今女畫。」（《論語·雍也》）

引文十四

　　子曰：「仁遠乎哉？我欲仁，斯仁至矣。」（《論語·述而》）

　　所有這些引文，皆在言踐仁不需要任何外在於個人的力量，故孔子有「而由人乎哉」之反問。孔子之意是踐仁之決定根據便是人自己，故有「我欲仁，斯仁至矣」之言。自己便是踐仁的根據，這便是康德所言人有自由意志。意志自由是踐仁背後的超越根據，故我們亦可視仁為自由意志。

## 第二節　從道德法則所決定的客體（圓善）論孔子之仁

　　上文指出了道德法則包含有普遍性及法則性的意思，我們亦可發現道德法則也有目的性之意。道德法則的目的性是由於道德法則先驗地決定着一個終極目的，即是圓善。依康德所論，實踐理性所自立的道德法則，先驗地規定着實踐理性本身所要求的客體，此即是圓善。「它（道德法則）為我們先驗地規定一個終極目的，並使對它的追求成為我們的義務，這終極目的就是在世界中最高的經自由而可能的善。」（KU 5：450）「因着意志之自由產生圓善（höchste Gut），這是先驗地（道德地）必然的。」（KpV 5：113）「在對我們而言是實踐的，亦即通過我們的意志來使之實現的圓善中，德行與幸福被思為必然地相結合。」（KpV 5：113）「完全精確地與道德（作為人格的價值及其對幸福的配享）成正比來分配的幸福也構成一個可能世界的圓善。」（KpV 5：110）圓善「是一個道德地決定的意志的必然的最高目的，是實踐理性的一個真正客體。」（KpV 5：115）康德亦說：「至上的善（作為圓善的第一個條件）構成道德，與此相反，幸福雖然構成圓善的二個要素，但畢竟是這樣構成的，即幸福只不過是前者的有道德條件的、但畢竟是必然的後果。惟有在這種隸屬關係中，圓善才是純粹理性的全部客體。」（KpV 5：119）

　　在康德的學說中，純粹意志即是純粹實踐理性，而圓善是實踐理性的「必然的最高目的，及真正客體」。由於圓善是道德法則先驗地規定着的，所以，仁亦可理解為道德地決定的意志的最高的客體——圓善。康德所指的圓善是「德行與幸福被思為必然地相結合」，當中包含有兩個元素，即「幸福」與「道德」（配享幸福），「幸福只有與理性存在者的道德性精確相稱、理性存在者由此配享幸福時，才構成一個世界的圓善。」（A814/B842）故此，幸福與配享幸福的一致（即「德福一致」或「德福配稱」）必須是可能的，否則圓善便不可能。

　　康德提出的「德福一致」是指配稱於或從屬於德行的幸福。在孔子的言

說中，我們亦可發現有關於「德福一致」或「德福配稱」之言。

引文十五

子曰：「富與貴是人之所欲也，不以其道得之，不處也；貧與賤是人
之所惡也，不以其道得之，不去也。君子去仁，惡乎成名？」（《論
語·里仁》）

對於引文十五，《集注》曰：「惡，去聲。不以其道得之，謂不當得而得
之。然於富貴則不處，於貧賤則不去，君子之審富貴而安貧賤也如此。」〔註
18〕富貴及貧賤皆是幸福之事，常人皆易流於得富貴便欲處之，得貧賤便欲去
之。但在孔子而言，如不以其道，即不合於道德，縱使得富貴亦不處，得貧賤
亦不去。孔子所最重視的是己身之言行是否有道，並視幸福之事皆是從屬於
道德，並不會以追求幸福為最高的行事原則。故孔子言「君子去仁，惡乎成
名」，君子如違背踐仁之實，亦不配有君子之名。可見孔子視幸福之事，是要
隸屬於道德的，這便有德福一致之意。

引文十六

伯牛有疾，子問之，自牖執其手，曰：「亡之，命矣夫！斯人也而有
斯疾也，斯人也而有斯疾也！」（《論語·雍也》）

伯牛乃名列孔子弟子「德行」（《論語·先進》）之科，蓋為夫子素所期許
之高弟。伯牛患重病，孔子亦親住探之。歷來各家就伯牛所患何疾提出不同
的說法，有指伯牛之疾為癩，亦有指為《內經》所言因風熱而致的疫癘，眾議
紛紜，莫衷一是。〔註19〕周群振先生據《詩》、《易》及《左傳》而提出伯牛
所患的是今人所謂「精神錯亂」之癲狂症。〔註20〕對於各家之說，筆者不擬
在本文作討論，因伯牛所患何疾不是我們討論的重點。我們可肯定的，是伯
牛身患重疾。孔子親往探望伯牛，見伯牛患如此重病，而有「亡之，命矣夫」
之嘆。「亡之」，並不一定是指死亡之「亡」，因而言伯牛患有絕症而救治無方。
《義門讀書記》對此有言曰：「『亡之』者，言無可以致此疾之道。」〔註21〕
伯牛在孔門是以德行著稱，即其踐仁之力定有一定造詣，當不會因疏於德行，
放縱己慾而忽略身體，因而自招患病之途。故孔子之意是伯牛如斯有德當不

〔註18〕宋·朱熹：《四書章句集注·論語集注》，北京：中華書局，1983年，頁70。
〔註19〕周群振：《論語章句分類義釋》下冊，台北：鵝湖出版社，2003年，頁640。
〔註20〕周群振：《論語章句分類義釋》下冊，台北：鵝湖出版社，2003年，頁640。
〔註21〕清·何焯：《義門讀書記》，北京：中華書局，1987年，頁44。

會因自招而患此病。但是，伯牛確患了此疾，孔子才有「命矣夫」及「斯人也而有斯疾也」之嘆。此對伯牛患疾之嘆實反映出孔子對「德福配稱」之願望，即有德之人應配享有幸福。在此願望及理想的對照下，孔子才會對伯牛之患重疾而有「命矣夫」及「斯人也而有斯疾也」之嘆。這「德福配稱」之理想，其作為一理想，並不意指在經驗世界中必定會存在或出現。正是由於此理想之在經驗世界中沒有必然性而只有偶然性，孔子才有「命矣夫」之感嘆。此「命」表示經驗的偶然性。不過，不論這經驗的偶然性如何，我們仍有「德」一面要不停止地去實踐之。因「德福配稱」的先決條件是我們充分的實踐道德，我們才可期望配稱於德的幸福。後者是須依靠經驗的條件，故充滿偶然性，但不論幸福如何，仍不能絲毫動搖我們實踐道德的分定。我們只能在努力踐德的同時，期望「德福配稱」的理想，就算得不到幸福，我們仍要努力向此理想而趨。

引文十七

顏淵、季路侍。子曰：「盍各言爾志？」子路曰：「願車馬、衣輕裘，與朋友共，敝之而無憾。」顏淵曰：「願無伐善，無施勞。」子路曰：「願聞子之志。」子曰：「老者安之，朋友信之，少者懷之。」（《論語‧公冶長》）

對於引文十七，《集注》引程子之言曰：「夫子安仁，顏淵不違仁，子路求仁。」〔註22〕子路之志表達一種不私己有，助貧濟乏之義德。其所言之「願」字，顯其心所樂而猶為未逮，以期致力赴之之志。〔註23〕其志雖高遠，然仍有跡於「求仁」。顏淵之志重在內斂省察於無伐善，無施勞。《集注》曰：「伐，誇也。善，謂有能。施，亦張大之意。勞，謂有功。」〔註24〕顏淵之志可謂大矣，無伐善、無施勞已是私意盡去，與天理流行之境界相差無幾，但仍未免出於有意，故是「不違仁」。夫子之言「老者安之，朋友信之，少者懷之」，《集注》引程子曰：「至於夫子，則如天地之化工，付與萬物而己不勞焉，此聖人之所為也。……先觀二子之言，後觀聖人之言，分明天地氣象。」〔註25〕孔子之志被形容為天地之化工，以及是天地氣象。「老者安之，朋友信之，少

〔註22〕宋‧朱熹：《四書章句集注‧論語集注》，北京：中華書局，1983年，頁82。
〔註23〕周群振：《論語章句分類義釋》下冊，台北：鵝湖出版社，2003年，頁596。
〔註24〕宋‧朱熹：《四書章句集注‧論語集注》，北京：中華書局，1983年，頁82。
〔註25〕宋‧朱熹：《四書章句集注‧論語集注》，北京：中華書局，1983年，頁83。

者懷之」皆是關涉於經驗中的幸福，但這幸福的先決條件是道德。孔子之意是如果各人皆能努力依其本心而行，即努力踐仁，才可以期望「老者安之，朋友信之，少者懷之」。每一人皆對老者、朋友及少者盡其本心而行，才會有安之、信之及懷之的希望。故此，「老者安之，朋友信之，少者懷之」是圓善，是把幸福從屬於道德之下。如孔子只單純地要求幸福，即單純地要求「老者安之，朋友信之，少者懷之」，而不是把這幸福從屬於道德，則何由孔子一生只是學不厭、教不倦於踐仁，而不是致力於世間的建功立業。「老者安之，朋友信之，少者懷之」是天地之化功，是天地氣象，則可見圓善亦是天地之間的終極目的。人努力於實現圓善，亦同時是實現天下萬物的終極目的。有關以圓善為創造的終極目的，在下文將再作進一步討論。

引文十八

> 子貢曰：「如有博施於民而能濟眾，何如？可謂仁乎？」子曰：「何事於仁，必也聖乎！堯舜其猶病諸！夫仁者，己欲立而立人，己欲達而達人。能近取譬，可謂仁之方也矣。」（《論語‧雍也》）

在上列引文十八中，子貢直接問孔子「博施濟眾」是否就是仁？細看孔子之回答，詳其語氣，意帶驚疑，是既不得無感於子貢所問之不類，又不能不認其命題之當然也。〔註26〕「博施濟眾」是屬於幸福的問題，幸福當然是人共同及普遍所追求的對象。故孔子不能不承認子貢所言有一定的當然性。但是，若徒以追求幸福為最高原則而言這便是仁，則當然有違仁的本義，故孔子亦不得無感於問題之不類。孔子回應曰：「何事於仁，必也聖乎！」孔子之意是「博施濟眾」何止於是仁，如果能做到則便是聖人了。孔子一方面肯定「博施濟眾」不止於是仁，是肯定仁者亦應追求「博施濟眾」，即表示「博施濟眾」與仁相互之間不是有相互排斥的關係。另一方面，孔子進一步肯定「博施濟眾」是仁者的最高理想，如真能做到「博施濟眾」，便是聖人了。此理想是最高的理想，即便是堯舜亦未能完全能夠做得到，故「堯舜其猶病諸」。孟子曰：「大而化之之謂聖。」（《孟子‧盡心下》）聖就是大而化之。「大」者指大人、君子或仁者，即是能依據本心而行的人。「化之」就是道德之施諸外而使經驗世界通而化之之意，通而化之可理解為在道德下的幸福的實現，即「德福配稱」的實現。能充分地踐仁而達致「博施濟眾」是聖人之事，是圓善，亦是仁者的理想。若徒以單純追求「博施濟眾」之事功，而忘卻了以踐仁

---

〔註26〕周群振：《論語章句分類義釋》上冊，台北：鵝湖出版社，2003年，頁45。

作為「博施濟眾」的根據，即不以幸福從屬於道德之下，則為陷落而成為功利主義。功利主義是以利益計算及追求最大利益為最高的原則。依康德所論，以計算利益為行為的決定根據，便是以材質條件以決定行為，則這便不是道德，而只能是從屬於自愛或個人幸福的原則。功利主義是以利益計算為手段以追求幸福，這種幸福總是相對的，故孔子有言曰：「放於利而行，多怨。」（《論語·里仁》）此多了利益，則彼便相應地少了利益，這便生怨。但是，從屬於道德之下的幸福，即「德福配稱」，則以道德為首出，道德是普遍的，由於所有依從實踐理性或本心所立的道德法則皆具普遍立法的形式，故從屬於道德的幸福便亦是普遍的，是具絕對及普遍的價值及意義的。故此，追求「博施濟眾」不能徒以追求「博施濟眾」的事功為首要考慮，而要以仁之方入手，即能近取譬，從己身之近開始致力於行仁，亦由之推出去而立人及達人。如此孜孜不倦地踐仁，才是追求「德福配稱」的確當途徑。

對於不能以圓善作為意志的決定根據，康德說：「它作為純粹實踐理性，同樣為實踐上有條件者（基於偏好和自然需求的東西）尋求無條件者，而且不是作為意志的決定根據，而是即便這個決定根據（在道德法則之中）已經被給予，也以圓善的名義尋找的純粹實踐理性對象的無條件綜體。」（KpV 5：108）「圓善是一個純粹實踐理性，亦即一個純粹意志的整全的對象，但它卻仍然不能因此被當作純粹意志的決定根據，而唯有道德法則才必須被看作是使圓善及其實現或促進成為自己的客體的根據。」（KpV 5：109）

康德在引文已清楚說明圓善並不能作為純粹意志的決定根據，即我們不能以道德法則所先驗地規定的客體（圓善），反過來作為道德法則的根據。子貢嘗試以「博施濟眾」為仁，便是以仁作為道德法則所規定的客體或目的，反過來作為踐仁的決定根據。康德言「唯有道德法則必須被看作是使圓善及其實現或促進成為客體的根據」，故此，只有透過「能近取譬」之踐仁之方，才是實現從屬於道德的「博施濟眾」之根據。

引文十九

> 子路問君子，子曰：「修己以敬。」曰：「如斯而已乎？」曰：「修己以安人。」曰：「如斯而已乎？」曰：「修己以安百姓。修己以安百姓，堯舜其猶病諸！」（《論語·憲問》）

在上列引文十九中，孔子以「修己以敬」以答子路之問君子。對於這裏的「敬」字，《朱子語類》第四十四卷有言曰：「敬者，非但是外面恭敬而已，

須是要裏面無一毫不直處，方是所謂『敬以直內』者是也。」又云：「敬字，不可只把做一箇敬字說過，須於日用體認是如何。此心卓然公正，無有私意，便是敬。」〔註27〕可見，「敬」不是表面恭謹意，即「修己以敬」不是只是恭敬地約束己身之行為。修身須有內在的本心以為身之主宰，此本心須無一毫不直處地起作用以為身之主，沒有半點私心而卓然公正，才是「修己以敬」之確意。敬就是敬這既內且直之本心，而使之如其為自己而發用以主宰吾身，故言「敬以直內」。

夫子以「修己以敬」答子路之問，實已盡了為君子之道，而無絲毫遺留。「安人」及「安百姓」是幸福的問題，而孔子皆把之歸屬到「修己」之下，即把幸福的問題從屬到道德之下，故孔子之答背後是以「德福配稱」作為根據的。「安人」及「安百姓」的先決條件是「修己」，「安人」及「安百姓」的具體方法及此方法的具體果效是否真能達致「安人」及「安百姓」皆是屬於第二序的問題，此第二序的問題是要在從屬於道德之下去考慮，即要在「修己以敬」的前題下去從事於「安人」及「安百姓」的事功，才是正確的途徑。「修己」並不分析地包函着「安人」及「安百姓」，但是「修己」是主導着「安人」及「安百姓」的方向。「修己」是否能必然地導致「安人」及「安百姓」，這並沒有經驗的必然性，因「德福配稱」只是理想，我們能夠做的只是「修己以敬」之盡其在我的工夫。故孔子之第一個答案已盡蘊其意。但子路學力未及而加以追問，並以其功利主義的心態，期望夫子的回答能告訴他濟世之方法。孔子明白子路之追問背後的期望，故在第二及第三答中，在「修己」之後分別加上「安人」及「安百姓」，作為「修己」之「果效」，但仍以「修己」為主導。由於「修己以安百姓」是「德福配稱」，是理想，要完全充分地實現之連堯舜亦有所不如，故孔子言「堯舜其猶病諸」，以讓子路理解當中的深義，即不要輕視「修己」的重要性以及明白達致「修己以安百姓」的艱難。

由以上的討論可見，孔子所提出的「仁」，其內容是非常豐富的，仁不單包含有道德法則中的普遍性及法則性之意，亦是人自立道德法則背後的超越根據（意志自由），以至涉及踐仁的理想，即道德法則所先驗地決定的真正客體（圓善）。

---

〔註27〕宋・朱熹：《朱子語類》（三），北京：中華書局，1986 年，頁 1144～1146。

# 第三節 孔子之「志於道」

引文二十

> 子貢曰：「夫子之文章，可得而聞也；夫子之言性與天道，不可得而
> 聞也。」（《論語・公冶長》）

如據此而謂孔子不理解性與天道，故沒有對其學生言及之，而有子貢「不可得而聞」之嘆，則明顯有值得商榷之處。孔子嘗言「五十以學易」（《論語・述而》），《周易》所談及的主要便是有關天道之言，故指孔子對天道沒有研究和理解，這是說不過去的。

《集注》有言曰：「文章，德之見乎外者，威儀文辭皆是也。」〔註28〕故夫子之文章者，蓋指孔子表現出來的言行及文辭，是其弟子所可見可聞而理解者，亦是在經驗之中所可見可聞的。性與天道則是孔子所表現的威儀文辭背後之「超越之根據」。《集注》曰：「至於性與天道，則夫子罕言之，而學者有不得聞者。蓋聖門教不躐等。」〔註29〕《論語正義》有言：「性與天道，其理精微。中人以下，不可語上，故不可得聞。」〔註30〕「其理精微」之意便是指性與天道不是在經驗中可認識的對象，即不是聞見之知所能盡。縱或偶有言之，亦不是弟子們所容易理解，故孔子罕言性與天道。《說文解字》指聞即「知聞也」。〔註31〕周群振先生亦指「聞之一字，古義每包聽、見、知、得諸用為言」。〔註32〕故聞字不只有聽之意，實亦有聽（聞）而有所理解（知、得）之意思。所以，「不可得而聞」不是指子貢沒有聽過孔子之言性與天道，而是指子貢對孔子所言之性與天道未能「聞而有所得」。孔子曾對子貢曰：「予一以貫之。」（《論語・衛靈公》）但子貢未有像曾子般應之速而答曰：「唯。」（《論語・里仁》）這「一以貫之」之「一」，便是形而上之道。可見如子貢資質之高，對「其理精微」的性與天道尤未能聞而有所得，其他二三子則更不待言，故孔子罕言之。

孔子之於性與天道雖罕言之，並不表示孔子對其不重視，相反，孔子實對之懷有敬畏之情及崇高之尊重。不過，孔子並不是把它作為在經驗中可認

〔註28〕宋・朱熹：《四書章句集注・論語集注》，北京：中華書局，1983年，頁79。
〔註29〕宋・朱熹：《四書章句集注・論語集注》，北京：中華書局，1983年，頁79。
〔註30〕清・劉寶楠：《論語正義》，北京：中華書局，1963年，頁100。
〔註31〕漢・許慎著，臧克和、王平校訂：《說文解字新訂》，北京：中華書局，2002年，頁791。
〔註32〕周群振：《論語章句分類義釋》上冊，台北：鵝湖出版社，2003年，頁8。

識的對象以表述之,而是在踐仁或道德實踐中以肯定及實現之。對此,牟宗三先生有如下之言:

> 性與天道是客觀的自存潛存,一個聖哲的生命常是不在這裡費其智測的,這也不是智測所能盡者。因此孔子……從智測而歸于德行,即歸于踐仁行道,道德的健行。……性與天道是自存潛存,是客觀的,實體性的,第一序的存有,……。他的心思是向踐仁表現其德行,不是向「存有」而表現其智測。他沒有以智測入于「存有」之幽,乃是以德行而開出了價值之明,開出了真實生命之光。……在德性生命之朗潤(仁)與朗照(智)中,生死晝夜通而為一,內外物我一體咸寧。它澈盡超越的存有與內在的存有之全蘊,而使它不再是自存與潛存,它們一起彰顯而挺立,朗現而貞定。這一切都不是智測與穿鑿,故不言性與天道,而性與天道盡在其中矣。〔註33〕

對於上面牟先生的引文,我們可把其中的意思歸納為兩點。第一點是牟先生把性與天道理解為「客觀的自存潛存」及「實體性的、第一序的存有」。第二點指出了孔子沒有對性與天道「費其智測」,「這也不是智測所能盡」,而是「歸於德行,歸於踐仁」。聖者在其「德性生命之朗潤與朗照中」,以澈盡「存有」之全蘊,使之「彰顯而挺立,朗現而貞定」。簡言之,聖人是透過踐仁以把握「存有」,即性與天道。

我們首先對第二點作討論。牟先生指出孔子透過踐仁以達至性與天道,這是相當深刻而富哲學意味的。我們亦可以孔子之言「下學而上達」(《論語‧憲問》),以證聖人之重視踐仁,來上達於天之意。超越的性與天道當然不能由智測以盡其底蘊,但透過踐仁,即道德實踐,卻能肯定及實現性與天道。

我們可透過康德的批判哲學,對「下學而上達」作出說明。依康德的批判考論,「自由的理念是超感觸者的惟一概念,通過自由在自然中可能的結果而(憑借在這個概念中所思維的因果性)在自然中證明了自己的客觀實在性,並由此而使另外兩個概念(指另外兩個超感觸者之理念,即上帝和不朽)與自然相聯結,所有這三個概念彼此相聯結為一個宗教成為可能;因此,我們在自身中擁有一條原則(道德原則),它有能力把我們裏面的超感者的理念,但由此也把我們之外的超感者的理念,決定成一種認識,哪怕只是在實踐意圖中可能的認識。」(KU 5:474)康德指出:「惟有這一個理念(自由)的對

---

〔註33〕牟宗三:《心體與性體》第一冊,台北:正中書局,1996年,頁219~220。

象是事實物（Tatsachen），並且必須被歸入 scibilia〔可知之事〕。」（KU 5：468）另一方面，「這一被命令的結果（圓善），連同其可能性的那些我們惟一能思維的條件，也就是說，上帝存在及心靈不朽，都是信仰之事（res fidei），而且是所有對象中惟一能夠被如此稱謂的對象」，（KU 5：469）並且是「對我們來說在實踐的關係中有客觀的實在性的理念」。（KU 5：469）

依康德所論，意志自由的實存是由於我們自立道德原則這一事實，即「在我們自身中擁有一條道德原則」，而得到肯定，即自由是「事實物」。由於自由的實存，另外三個超感觸者，即圓善、上帝存在及心靈不朽，我們才可在實踐的意圖中決定這三個超感觸者的一種認識。因着自由之為「事實物」，圓善、上帝存在及心靈不朽都是「信仰之事」，而「在實踐的關係中有客觀的實在性」。信仰之事是作為人之理想而信仰之，這作為人之理想對人之實踐意圖是有促進的作用，故有實踐的客觀實在性。（請參看本章第六節）分別言之，圓善是道德法則所規定的客體，而上帝存在及心靈不朽則是圓善之「可能性的那些我們唯一能思維的條件」。孔子之言性與天道，與康德所論的圓善、上帝及不朽，皆是超感觸的、超越的，屬於同一層次的對象。故此，牟先生指孔子透過踐仁以把握性與天道，與康德所言由自由的實存而肯定圓善、上帝與不朽有實踐的客觀實在性，兩者皆是由道德實踐進一步以對超感觸的東西作出說明，其進路是相同的。這實踐的進路亦是唯一的進路以對超感觸的東西作出有效的說明及認識。

讓我們回頭再討論由上述牟先生引文中所歸納的第一點，即性與天道是「客觀的自存潛存」及「實體性的、第一序的存有」。牟先生一方面認為性與天道是不能由智測所能理解，但另一方面，卻表示性與天道是客觀的、實體性的及第一序的存在。雖然其所言的性與天道是客觀的、實體性的及第一序的存在，仍是緊扣着踐仁而言，但從康德所論，只有意志自由是「事實物」，圓善、上帝及不朽皆是「信仰事物」。作為信仰事物，我們只能在實踐中肯定其客觀實在性，但卻不能跨越實踐之實在性的界限而對其實存作出肯定，以至有任何理論的認識。

對此，康德表示上帝之理念因着其作為圓善可能之條件而被賦予實在性，但這實在性「永遠只是在與道德法則的履踐的關係中（不是為了任何思辨的目的）被賦予的」。（KpV 5：138）為實現圓善之故而設定上帝也決不是要求「超出經驗之外去假定一個的新客體」。（KpV 5：135）康德一直堅持：「完全

從純然的概念出發來認識這個東西（上帝）的實存，這是絕對不可能的。」
（KpV 5：139）

康德在其《判斷力批判》中亦表示：「它（圓善）就是純粹理性的純然信
仰的東西，與它一起的還有上帝和不朽，它們是我們按照我們的（人類的）
理性的性狀惟有在其下才能思維我們的自由的合法則應用的那種效果之可能
性的條件。但是，在信仰的東西中的視之為真是純粹實踐方面的視之為真，
也就是說，是一種道德的確信，它不為理論上的純粹理性的認識證明任何東
西，而只為實踐上的、針對其義務的遵循的純粹理性的認識作證明。」（KU
5：470）對於作為圓善的兩個條件的信仰的東西（上帝和不朽），就它們的「存
在和性狀來說，作為理論的認識模式，就既不成為真知（Wissen）也不成為意
見，而只是在實踐的，並且為了我們理性的道德使用而要求如此的聯繫中的
純然的接受（Annahme）。」（KU 5：470）

牟先生對孔子之言性與天道的理解，雖已能夠指出其由踐仁以上達於天
之意，但對性與天道卻仍理解為「客觀的、實體性的及第一序的存有」，則似
乎超出了如康德所言的實踐之實在性的界限，即超出了「我們理性的道德使
用而要求如此的聯繫中的純然的接受」之外，而對性與天道之「存在和性狀」
提出了理論的認識。康德一直強調，「完全從純然的概念來認識一個東西的實
存是絕對不可能的」。雖然由實踐的意圖我們可以對超感觸者肯定其客觀實在
性，但無論此客觀實在性推得多麼遠，我們也永不可對這些超感觸者的「存
在和性狀」有任何理論的認識，而只能是一種道德的確信和信仰。意志自由
是事實物，因為它透過道德實踐所產生的結果存在於經驗之中，故意志自由
根據其結果在經驗之中的客觀有效性而為事實之物。但是，圓善、上帝存在
及心靈不朽對經驗世界是沒有因果性的，故只能是道德的確信和信仰。

引文二十一

　　子曰：「朝聞道，夕死可矣。」（《論語・里仁》）

孔子雖罕言性與天道，亦不費其智測以盡之，但孔子對追求「道」的志
趣十分濃厚，亦對之有高度的敬畏及尊重之情。引文二十一便表達了孔子對
追求道之殷切。

對於「道」之本義，《說文解字》云：「道，所行道也，從辵從首。」〔註34〕

---

〔註34〕漢・許慎著，臧克和、王平校訂：《說文解字新訂》，北京：中華書局，2002
　　　　年，頁111。

又《爾雅》云：「一達謂之道。」〔註35〕而《正中形音義綜合大字典》亦有曰：「辵謂長行，首謂面之所向，行之所達；長行於面之所向與行之所達之塗，此塗即道；故其本義作『所行道也』解，即由此達彼所行徑之路，稱之曰道。」〔註36〕此解甚善。道即有一行程、過程之意思，而此行程亦是一有方向之行程。「朝聞道」之「道」，是統天地萬物包括人而言的一個有方向的行程，故即是天道。

道是一個有方向行程，亦表示是一有規律性、法則性的行程，故道亦有「理」之意。《集注》有言：「道者，事物當然之理。苟得聞之，則生順死安，無復遺恨矣。……程子曰：『言人不可不知道，苟得聞道，雖死可也』。又曰：『皆實理也，人知而信者為難。死生亦大矣，非誠有所得，豈以夕死為可乎？』」〔註37〕死生乃人生之大事，但與真正能夠聞道相比，孔子尤指夕死可矣，可見道在孔子心中是多麼重要，甚至比死生之事更重要。孔子雖罕言天道，但其心中並不是不重視之，其重視之程度尤重於生死。

不過，孔子始終沒有聞道而夕死。正如上文言，天道不是透過「聞」而能夠有所得，而是透過人的道德實踐以肯定及實現之。孔子一生都是孜孜不倦地教人踐仁，其對自己的評價也是「學而不厭，誨人不倦。」（《論語·述而》）「朝聞道，夕死可矣」，只表示孔子對道的重視，但並不意指孔子努力地去追求如何聞道。孔子清楚了解到，道是要由人來弘揚的，故言「人能弘道，非道弘人。」（《論語·衛靈公》）

引文二十二

　　子曰：「甚矣吾衰也！久矣吾不復夢見周公。」（《論語·述而》）

《集注》有言：「孔子盛時，志欲行周公之道，故夢寐之間，如或見之。至其老而不能行也，則無復是心，而亦無復是夢矣。故因此而自歎其衰之甚也。程子曰：『孔子盛時，寤寐常存行周公之道，及其老也，則志慮衰而不可以有為矣。蓋存道者心，無老少之異，而行道者身，老則衰也。』」〔註38〕

孔子嘆其不復夢見周公，正是反映他欲行周公之道之志。此志在孔子盛年之時尤為旺盛，日寐之間皆念及此志，日有所思而夜有所夢，故有見周公

---

〔註35〕高樹藩編纂，王修明校正：《正中形音義綜合大字典》，正中書局，1974年。
〔註36〕高樹藩編纂，王修明校正：《正中形音義綜合大字典》，正中書局，1974年。
〔註37〕宋·朱熹：《四書章句集注·論語集注》，北京：中華書局，1983年，頁71。
〔註38〕宋·朱熹：《四書章句集注·論語集注》，北京：中華書局，1983年，頁94。

於夢中。但是，隨着年月的過去，孔子有感因年老而未能伸展其志，亦不復夢見周公，而有「甚矣吾衰也」之嘆。對於「吾衰」之嘆，周群振先生表示一方面是現實事體之陳述，另一方面亦「顯屬反身自省之惕慮」，此「豈不正在所以力挽頹廢，振奮精神，充分顯露聖人生命日新剛健之開闊自如乎！」〔註39〕周先生之言甚善。聖人豈會徒然自傷自怨於志之未展及身之漸老，而必有自我激勵、自我振拔之意，以顯其生命之生生不息及暢旺。自傷自怨只是生命的桎梏。孔子常言「不厭」、「不倦」，其學習踐仁之志是孜孜不斷的。故孔子一方面雖有「吾衰」之嘆，而一方面亦有不已地踐仁之自我警醒，故不論外在環境如何不相順而未能行其道，亦要堅持行道之志，此方是聖人之仁心之不容已的表現。

《論語正義》有言：「周公成文武之德，致治太平，制禮作樂。魯是周公之後，故周禮盡在魯。夫子言舍魯何適。又屢言從周，故綴周之以禮。其修春秋，繩之以文武之道。成一王法。與周公制作之意同也。」〔註40〕竹添光鴻《論語會箋》曰：「夫子每言『吾從周』，蓋夫子所期，在周家制度也，故念念深於周公矣。夢之不亦宜乎？若徒玩味道德，古聖不少，何必周公？」〔註41〕

孔子有志於周公之道，即「成文武之德，致治太平，制禮作樂」。在孔子之前的古代，周公當然是聖人，但周公之外，堯、舜、文、武等亦當為聖人，孔子亦對他們至以「巍巍」、「蕩蕩」、「至德」及「盡善、盡美」之讚嘆，何由孔子獨許周公之道？孔子嘗言：「郁郁乎文哉！吾從周。」（《論語・八佾》）孔子對周文是極為推崇的，而周文即是周公所制作之禮、樂。周之禮、樂是日常生活之軌跡、制度。但是，孔子欲恢復的不是徒具表面的禮樂之虛文，而是從禮樂指點出行禮樂之人的本質，此本質就是以「仁」，亦是人之為人的背後的超越根據。故孔子有「人而不仁，如禮何？人而不仁，如樂何？」（《論語・八佾》）之嘆。仁是人之為人的本質，故孔子之踐仁就是要恢復這人之為人的本質。《集注》有云：「禮者，天理之節文。」〔註42〕另《集注》引程子曰：「禮只是一箇序，樂只是一個和。只此兩字，含蓄多少義理。天下無一物

〔註39〕周群振：《論語章句分類義釋》上冊，台北：鵝湖出版社，2003年，頁133。
〔註40〕清・劉寶楠：《論語正義》，北京：中華書局，1963年，頁137。
〔註41〕竹添光鴻：《論語會箋》，台北：廣文書局，1961年。
〔註42〕宋・朱熹：《四書章句集注・論語集注》，北京：中華書局，1983年，頁51及131。

無禮樂。」〔註43〕所以，禮、樂是天理在日常生活之具體表現，而孔子欲恢復周公之道是要恢復禮、樂，亦即是欲實現天理流行於天地萬物的理想。故此，孔子之志於道，是要以仁為根據的，試看以下引文：

引文二十三

　子曰：「志於道，據於德，依於仁，游於藝。」（《論語·述而》）

孔子有言曰：「人能弘道，非道弘人。」（《論語·衛靈公》）在孔子心中，「道」並不是一外在於人的東西，而人要「依從」這道而行，以讓道弘人。相反，道是人的理想，是要待人實現的，故人能弘道。我們可以藉康德之言圓善，以助理解孔子之道。正如本節前文所言，康德指出圓善是「信仰事物」，此信仰事物因着自由之為「事實物」而有「實踐方面的客觀實在性」。圓善作為人之理想而人信仰之，這對人之實踐意圖是有促進的作用，故有實踐的客觀實在性。如依一類比的方式，我們可以把孔子之「道」理解為康德所言的信仰事物，我們把「道」視作理想，只為促進我們的道德實踐。所以，孔子言「志於道」是指定心立志於「道」這理想，這信仰之物，而實現「道」，則要「據於德」及「依於仁」。據於德是以德為據，即實現「道」是要透過實踐道德，而道德實踐則要透過依據意志自由所立的道德法則而行，即依本心所立的天理而行，即依於仁。故此，實現「道」是要靠人自立及自我遵守道德法則，並不是要「靠賴」或「依從」一外在的東西以行道，故言「人能弘道，非道弘人」。

孔子之「道」是由人之踐仁以達至，所以，踐仁同時便是行道，兩者是同一的。

## 第四節　透過道德目的論論「天下歸仁」

引文二十四

　顏淵問仁。子曰：「克己復禮為仁。一日克己復禮，天下歸仁焉。為仁由己，而由人乎哉？」（《論語·顏淵》）

《集注》有言：「仁者，本心之全德。克，勝也。己，謂身之私欲也。復，反也。禮者，天理之節文也。為仁者，所以全其心之德也。」〔註44〕

---

〔註43〕宋·朱熹：《四書章句集注·論語集注》，北京：中華書局，1983年，頁178。

〔註44〕宋·朱熹：《四書章句集注·論語集注》，北京：中華書局，1983年，頁131。

有關孔子所言之「克己」，朱子注「克」為「勝」，而「己」為「身之私欲」，故朱子的理解的「克」當為「勝過」，而「克己」當為「勝過己身之私」之意。另外，《正中形音義綜合大字典》指「克」有「能」之意，而「克」的古義解「勝任」。〔註45〕故此，如以「能」、「勝任」解「克」，則「己」當不是「身之私欲」。「身之私欲」即是孟子所言「從其大體為大人，從其小體為小人」（《孟子·告子上》）之「小體」，亦即是康德所言的人之現象意義的身分，而這身分是受自然因果條件所制約。前節所言之作為意志自由之仁，則可理解為人之「大體」，亦即人之物自身意義的身分，而意志自由有絕對的立道德法則的能力，故不為任何經驗原因的制約。（關於孟子「大體」及「小體」之討論，詳見下一章）故此，如「克」理解為「能」、「勝任」，則「己」當為孟子所言之「大體」，即物自身身分或道德身分的人，而「克己」應為「勝任己身之仁」之意，亦即是踐仁或道德實踐之意。朱子指禮者，天理之節文，故「復禮」便是返回到以仁者所立之天理為根據的禮，即是返回到天理。故復禮就是實踐天理或踐仁。所以，「克己復禮」便是「勝任己身之仁而返回到以天理為根據的節文」。

「一日克己復禮，天下歸仁焉」，竹添光鴻《論語會箋》曰：「一日克己復禮，一日，猶云一旦也。謂復禮而能仁之日也。……一日者，先難之終，天下者，後獲之始。」〔註46〕此解甚是。一旦能夠克己復禮，便可期望天下歸仁。「克己復禮」是「天下歸仁」的先決條件，但並不是充足條件。其為先決條件是指「天下歸仁」必須從屬於「克己復禮」，即從屬於道德。「克己復禮」並不是充足條件，是因為「天下歸仁」是理想，是要人在一不斷努力的過程中「克己復禮」以趨向之，故言理想。孔子沒有正面說明及講述「天下歸仁」的性狀，即沒有正面說出「天下歸仁」是什麼，因「天下歸仁」並不是我們理論認識的對象，正如性與天道並不是我們理論認識的對象一樣。但是，正如本章第三節所討論，性與天道是在道德實踐中得到肯定，亦如「天下歸仁」要在「克己復禮」的道德實踐中得到肯定及實現一樣。所以，孔子沒有進一步言「天下歸仁」是什麼，但卻言「為仁由己」，即盡其在我之為仁之工夫。

朱子《集注》有言曰：「歸，猶與也。又言一日克己復禮，則天下之人皆

〔註45〕高樹藩編纂，王修明校正：《正中形音義綜合大字典》，正中書局，1974 年。
〔註46〕竹添光鴻：《論語會箋》，台北：廣文書局，1961 年。

與其仁，極言其效之甚速而大也。」〔註47〕《康熙字典》指「與」為「許也，
從也」，猶「吾與點也」（《論語‧先進》）。所以，朱子之意是如果一個人能夠
一日克己復禮，則天下之人皆認同或跟從其仁，由之而言為仁之效甚速而大。
此解似未能準確表達孔子之意。對於「歸」字之解，應不會是認同之意，孔子
踐仁當不會重視別人之認同其仁與否。至於把「歸」字解作跟從，則似乎孔子
亦會有此意，如孔子有言「己欲立而立人，己欲達而達人」（《論語‧雍也》）。
但朱子以他人之跟從其仁以言仁之效，則失卻孔子之言「己欲立而立人」之
原意。「立人」是從屬於「己欲立」，人只要盡其在我地盡「己欲立」之踐仁工
夫便足夠。「立人」是理想，能否達至並沒有經驗上的必然性。故朱子以他人
之跟從其仁以言仁之在經驗上之效甚速而大，則有失孔子言仁之原意。孔子
之言仁是不會計較及考慮經驗上之結果。

　　那麼，「天下歸仁」，當如何理解？如前節所言，仁不單包含有道德法則
中的普遍性及法則性之意，亦是人自立道德法則背後的超越根據（意志自
由），以至涉及踐仁的理想（圓善）。就此，我們可以透過康德對圓善及「目的
王國」的考量，以對「天下歸仁」作進一步的討論。

　　依據康德之意，圓善是意志自由（即實踐理性）所先驗地規定着的客體，
亦是我們所應當實現的最高的終極目的。康德指出：「終極目的是這樣一種目
的，它並不需要任何其他東西作為其可能性的條件。」（KU 5：434）「這終極
目的是根本不必在自然中尋求的。」（KU 5：431）「它完全處在自然目的論的
世界研究範圍之外。」（KU 5：378）康德說：「我們在自然本身中尋找自然的
終極目的，是徒勞無功的。因此，就像終極目的的理念只存在於理性之中一
樣，這終極目的就其客觀可能性而言，只能並且必須在理性存在者裏面尋找。」
（KU 5：454）據康德之意，終極目的的定義是「並不需要任何其他東西作為
其可能性的條件」，故此，終極目的是不能在作為經驗綜集的自然中找到，因
為自然中一切皆在自然因果的串列中。康德進一步指出，我們只能而且必須
在理性中尋找終極目的，而就終極目的的客觀可能性而言，亦必須依靠理性
存在者，這意指要靠賴理性存在者才有可能於世界實現終極目的。

　　康德所言的圓善，其組成的第一個元素是道德。道德法則是不依材質而
以普遍立法的純然形式為意志的決定根據而立的實踐法則。道德法則的根據
是自由意志，自由意志即是純粹實踐理性，故道德法則是實踐理性所訂立的

---

〔註47〕宋‧朱熹：《四書章句集注‧論語集注》，北京：中華書局，1983 年，頁 131。

法則。實踐理性是不依賴一切感性條件及任何其他東西，它本身就包含着決定根據以訂立道德法則。所以，道德法則是絕對的，不依經驗中任何東西為其根據，而只以超越的意志自由為其根據。由此，我們亦可說，把幸福從屬於道德之下的圓善亦是絕對的，因它不依靠任何經驗的條件，而只是以實踐理性（意志自由）為其根據。故此，圓善才能夠堪稱為「不需要任何其他目的作為其可能的條件」之終極目的。就此，康德說：「善良意志是他的存在能夠具有一種絕對的價值所唯一憑借的東西，而且惟有與這種東西相關，世界的存在才具有一個終極目的。」（KU 5：443）康德亦指出：「它（道德法則）畢竟也為我們乃至先驗地規定了一個終極目的，它使我們有義務追求這一目的，而這一目的也就是通過自由而可能的世界中的圓善。」（KU 5：450）

既然圓善是意志自由（即實踐理性）所先驗地規定着的客體，亦是我們所應當實現的最高的終極目的。由此，康德說：「如果這個世界的事物作為在其實存上有所依賴的存在者而需要一個按照目的來行動的至上原因的話，那麼，人就是創造的終極目的（Endzweck）；因為若是沒有這個終極目的，相互隸屬的目的的鏈條就不會被完整地建立起來；而惟有在人裏面，而且也是在這個僅僅作為道德性的主體的人裏面，才能發現目的方面的無條件立法，因此，惟有這種立法才使人有能力成為終極目的，整個自然都要在目的論地隸屬於這個終極目的。」（KU 5：435）這樣，康德就達致一個道德的目的論，這道德目的論「涉及我們，畢竟我們是世界的存在者，因而是與世界上的其他事物結合在一起的存在者，正是同樣一些道德法則，規定我們把自己的判斷對準這些其他事物，要麼把它們作為目的，要麼把它們作為對象，就這些對象而言我們自己是終極目的。」（KU 5：447）「人就是創造在這世界上的最終目的，因為人是世界上唯一能夠給自己形成一個目的的概念，並能夠通過自己的理性把合目的地形成的諸般事物的集合體變成一個目的系統的存在者。」（KU 5：426）

我們可參考康德所提出的「道德的人就是創造的終極目的」來說明「天下歸仁」的意思。天下歸仁就是把天下（自然世界）歸屬到人之無條件立法之下，即道德立法之下。作為經驗綜集的自然，當中的一切事物皆隸屬於自然因果串之中，故「互相隸屬的目的之串列就不會完整地建立」，即終極目的必不能在自然之中被發現以把一切其他目的隸屬於其下。但是，因着人的意志自由，人能夠無條件立法，即自立道德法則，並由此而提出圓善作為自己

的終極目的。世界因着人之無條件立法而首次有一「不需要任何其他目的作
為其可能的條件」之終極目的，而我們亦因此而有根據把道德的人作為造化
的終極目的，「全部自然都要目的論地隸屬於這個終極目的」。這就是康德所
言的道德目的論。故此，孔子所言之「志於道」，便是有志於實現「天下歸仁」
這理想，亦即是把天地萬物歸屬到人作為道德者之下，而把天地視為一道德
目的論的系統。

　　「天下歸仁」雖是創造的終極目的，但這終歸是理性的理想，人可以做
的只是踐仁的盡其在我之工夫。故孔子在言「天下歸仁」之後，便接着提出
一個反問：「為仁由己，而由人乎哉？」孔子是藉此讓顏淵知道，「天下歸
仁」雖是天下的終極目的，但踐仁始終是每一個體自己分內之事，即一個人
要依從己身的自由意志所立的道德法則而行事，才是達致「天下歸仁」的確
當之途。

# 第五節　由道德目的論進至道德的宗教

　　康德一再強調：「借助於純粹的實踐理性，道德是自給自足的」，(Rel 6：
3) 並指出：「道德完全能夠而且應該不考慮任何目的」。(Rel 6：4) 依康德所
論，「凡是作為道德上的善的行為而應該歸功於我們的，都必然不是借助外
來的影響，而必須是僅僅借助於盡可能正確地運用我們自己的力量而發生
的。」(Rel 6：191) 不過，正如本章前文所言，道德法則先驗地決定着一個
終極目的，即圓善。圓善包含着「德福一致」，即從屬於道德的幸福之理念。
雖然道德法則作為道德實踐之動力是自足的，即道德實踐是完全及僅僅在我
們人類的力量之中，但圓善之實現則仍有那不在我們的力量之中，依康德所
論，「道德法則作為一條自由的法則，是通過應當完全不依賴於自然及其與我
們的欲求能力（作為動機）的協調一致的那些規定根據發佈命令的；但是，
在世界中行動着的理性存在者畢竟並不同時是世界和自然本身的原因。因
此，在道德法則中沒有絲毫的根據，來使一個作為部份屬於世界，因此依賴
於世界的存在者的道德性和與之相配的幸福之間有一種必然的聯繫，這個存
在者正因此而不能通過自己的意志成為這個自然的原因，而且就他的幸福而
言，也不能從自己的力量出發使這個自然與他的實踐原理完全一致。」(KpV
5：124)

依據康德所論，人作為自然界的一份子並依靠自然界，在他自我遵守自立的道德法則的前提下，他「不能通過自己的意志成為自然的原因」，故不能保證在「道德性和與之相配的幸福之間有一種必然的聯繫」，即不能必然地保證「德福配稱」，這是超出人的力量之外。依此，「整個自然的一個與自然有別的原因的存在也就必須被設定了，這個原因包含着上述聯繫亦即幸福與道德性精確一致的根據。……惟有假定自然的一個擁有與道德意向相符合的因果性的至上原因，世界中的圓善才是可能的。」（KpV 5：125）這便是「理性作為我們在圓善的可能性上的無能的補充而（按照實踐原則而必然地）呈現給我們的、不受我們控制的東西」。（KpV 5：119）這意義的至上原因的設定便是上帝存在之設準。

不過，康德提出上帝存在之設準之真正意思並不是主張有一外在於人的上帝來掌管人的幸福。康德本人在一系列著作中提醒我們，上帝之設準作為「德福一致」之條件並非意謂我們知道上帝的協助是什麼，「知道上帝為他的永福在做什麼或已做了什麼，並不是根本的，因而也不是對每個人都必要的。但是知道為了配得上這種援助，每個人自己必須做些什麼，卻是根本的，因而對每個人都必要的。」（Rel 6：52）康德的實意是要我們知道，「配得上這種援助（以獲得幸福），每個人自己必須做些什麼」，那才是最重要的。

上帝的設定並不意指有一外在的上帝為我們掌管幸福，而重在人要知道自己必須做什麼以配得幸福。此外，康德亦指出，一個人致力作道德實踐是不足夠，因為「他們（這一個人以外的其他人）在這裏，他們包圍着他，他們都是人，這就足以相互之間彼此敗壞道德稟賦，並且彼此使對方變惡了。」（Rel 6：94）「惡在每一個人身上，同時在其他每一個人身上都存在着，人們（如上所說）相互之間彼此敗壞了道德稟賦。即使每一個個別的意志都是善的，但由於缺乏一種把他們聯合起來的原則，他們就好像是惡的工具似的，由於他們不一致而遠離善的共同目的，彼此為對方造成重新落入惡的統治手中的危險。」（Rel 6：97）康德之意是我們除了關心自己的行為外，亦要關心他人的行為，亦即我們人類每一個人皆要成為道德者，我們才有配得幸福的希望。就此，依康德指出：「有理性的存在者在這些原則（道德原則）的引導下本身就會是其自己的、同時也是別人的持久福祉的創造者。」（A809/B837）康德之意是指只有有理性者在道德法則的引導下才會是自己及別人的「持久福祉的創造者」，即真正的幸福是由所有有理性者在道德法

則引導下的相互行為而產生。

依康德之意，德行雖在我們的力量（意志自由）中，但幸福仍依靠每一個人和其他人的相互行為而產生。假若每一個人任何時候都遵循道德法則，並且得到自然的配合，那麼，德福一致就會是必然的。但是，「理性存在者無法指望，即使它本身嚴格地遵守這一準則（道德法則），其他每一個理性存有者也都將因此而對同一個準則恪守不渝，此外，（亦無法指望）自然王國及其合目的的安排將與作為一個適當成員的他為一個通過它自己而可能的目的王國而協調一致，也就是說，將有助於它對幸福的期待。」（Gr 4：438）所以，康德表示：「獲得幸福的希望與使自己配享幸福的不懈努力的上述那種必然的聯結就不能通過理性來認識，而是惟有在一個按照道德法則發布命令的最高理性同時又作為自然的原因被奠定為基礎的時候，才可以有希望。」（A810/B838）康德又說：「先驗地和無條件地通過我們自己的理性約束我們的法則，也可以被表達為產生自最高的立法者之意志，亦即產生自一個只有權利而無義務的立法者的意志（因而是上帝的意志），但是，它僅僅指表一個道德存在者之理念，它的意志對一切人而言都是法則，但並不須設想它是法則的創造者。」（MS 6：227）

以上所論指出，由於在我們人類中，我們每一個人都不是任何時候都遵循道德法則而行，就算一個人作了道德實踐，也不能預計他人也必如此，並且亦不能預期自然方面將有助於他對於幸福的期望。故此，我們必須設想一個作為自然的原因而又是理性立法者，每一個有理性者之無條件自我立法也就由這立法者之立法所代表，為的是要讓有理性者在有限制的意欲機能、有差異的個體的現實下，能夠透過設定一完全獨立無依待的上帝之意志，以責成每一有理性者皆努力於遵循道德法則而行，從而使有理性者在道德的關聯中可統一為一個「目的王國」。

康德說：「一個王國，是指不同的理性存在者通過共同的法則（道德法則）形成的系統結合。現在，由於法則根據其普遍有效性規定着目的，所以如果抽掉理性存在者的個人差異，此外抽掉它們的私人目的的一切內容，那麼，就能夠設想一切目的系統地聯結為一個整體（不僅包括作為目的自身的理性存在者，而且還包括每一個理性存在者可能為自己設定的個人目的），亦即是一個目的王國。」（Gr 4：433）每一個人作為有理性者皆依道德法則而行以組成的整體，這便是康德所言之「目的王國」或「倫理共同體」。康德說：

「把人們僅僅遵循德性法則的聯合體稱做一個倫理的社會；如果這些法則是公共的，則稱做一個倫理的——公民的社會……或者一個倫理共同體」，（Rel 6：94）並指「一種倫理的——公民的狀態是這樣一種狀態，即人們是在無強制的、即純粹的德性法則之下聯合起來的。」（Rel 6：95）「只有這樣一個人物（不同於人民的另一個人物），才能被設想為一個倫理共同體的最高立法者，對他來說，所有真正的義務，因而也包括倫理的義務，必須同時被設想為他的誡命。……一個倫理共同體只有作為一個遵循上帝（即道德上的世界統治者）的誡命的民族，……並且是遵循德性法則的，才是可以思議的。」（Rel 6：99）故此，一個「目的王國」或「倫理共同體」是指所有道德的人在「一個按照道德法則發布命令的最高理性同時又作為自然的原因」的「最高立法者」之下聯結成的一個整體。就此，盧雪崑先生說：「從人們為整個目的的必然聯合方面來說，也就是單個的個人必須聯合成為一個目的王國，康德稱之為『上帝之國』，天地萬物皆道德目的論地隸屬於其下。……『上帝之國』也並非什麼彼岸，而是人自身經由純粹實踐理性的立法而把人的族類以及天地萬物結合成一個道德的世界，是每個人的自由意志命令着他不懈地為其實現而努力的倫理共同體，也只有全人類實現這樣一個倫理共同體，才可期望真正的福德一致之達成。」〔註48〕所以，「目的王國」便是一個道德的世界，亦是「人自身經由純粹實踐理性的立法而把人的族類以及天地萬物結合成一個道德的世界」，亦即是「倫理共同體」。只有人類整體致力實現這「倫理共同體」，才有達成「德福一致」的希望。

關於前文所言之孔子之志於道及天下歸仁，我們可以借用康德所論的道德的世界、目的王國或倫理共同體之理念，指出「道」及「天下歸仁」就是道德的世界。孔子念孜在孜的踐仁，就是一有志於實現道德世界的理想，即一「人自身經由純粹實踐理性的立法而把人的族類以及天地萬物結合成一個道德的世界」的理想。孔子之言踐仁，一方面他肯定踐仁只要盡其在我便可以，即「為仁由己，而由人乎哉？」（《論語‧顏淵》）及「我欲仁，斯仁至矣。」（《論語‧述而》）但另一方面，孔子又言「若聖與仁，則吾豈敢」（《論語‧述而》）及「我未見好仁者，惡不仁者」（《論語‧里仁》），表達了踐仁的艱難，以及從不輕易許己和許人以仁。踐仁只需要盡其在我，與本節開首所引康德

---

〔註48〕盧雪崑：《物自身與智思物：康德的形而上學》，台北：里仁書局，2010 年，頁 258～259。

所言「道德是自給自足的」、「凡是作為道德上的善的行為而應該歸功於我們的，都必然不是借助外來的影響」之意思是相同的。不過，另一方面，孔子深切明白要「道之行」及「天下歸仁」的理想得以實現，則必須在所有人皆作道德實踐之條件下，才有實現之可能。由於我們的意志是有限制的，個體之間也是有差異的，我們不是每一個人時刻皆以仁為根據而行，故孔子才感嘆於「道之行」及「天下歸仁」的艱難。就此，我們可借用康德所論的上帝之設定以說明實現「天下歸仁」之可能的根據，即我們必須設想「一個按照道德法則發布命令的最高理性同時又作為自然的原因」的「最高立法者」，作為信仰、崇敬的對象以警省及責成我們每一個人任何時候皆致力於踐仁，並由此而把每一個皆致力踐仁的人聯結在一起，我們才有實現天下歸仁或道德世界的希望。這康德所言的最高的立法者或道德的世界創造者，在西方傳統稱之為「上帝」，而在中華民族的傳統則稱之為「天」。〔註49〕

上文所言的「一個按照道德法則發布命令的最高理性同時又作為自然的原因」的「最高立法者」，便亦是康德所言「把上帝看做對我們所有義務而言都應該普遍受到崇敬的立法者。」（Rel 6：103）不過，康德一再強調，不能「從這個概念（一個作為圓善的惟一根源者的概念）出發，從它推演出道德法則本身。因為恰恰是這些道德法則，其內在的實踐必然性把我們引領到一個獨立原因或者一個智慧的世界統治者的預設，為的是給予那些法則以效用；因此，我們不能根據這種效用又把道德法則視為偶然的、派生自這樣一個意志，我們對於這個意志根本沒有任何概念，除非是我們根據那些法則來形成其概念。」（A818/B846）依康德之意，道德法則不能來自上帝，因為上帝只是以目的因的因果性連繫與我們的道德實踐發生連結。

康德區分開兩種因果聯繫，指出當「因果聯結就其只是通過知性而被思維時，就是一種構成（原因和結果的）一個不斷下降的序列的聯繫；而那些作為結果的事物是以另一些作為原因的事物為前提條件的，它們不能反過來同時是後一些事物的原因。人們把這種因果聯繫稱為作用因的因果聯繫（nexus effectivus［效果的聯繫］）。」（KU 5：372）此外，我們「也可以設想一種按照（關於目的的）理性概念的因果聯繫，這種因果聯繫當人們把它視為序列時，會既帶有一種下降的，也帶有上溯的依賴性，在其中一度被標明為結果的事物，仍然上溯而理應得到它是其結果的那事物的一個原因的稱

---

〔註49〕盧雪崑：《康德的自由學說》，台北：里仁書局，2009年，頁209及頁214。

號。……這樣一種因果聯結就被稱為終成因的因果聯繫（nexus finalis ［目的的聯繫］）。人們也許可以更恰當地把前者稱為實在因的聯結，把後者稱為理想原因的聯結。」（KU 5：372）故此，我們可依康德對這兩種因果聯繫的區分，指出上帝並非一個在經驗界中起作用的原因，它與世界的聯繫不是作用因（wirkenden Ursachen）或實在因的因果聯繫，而是終成因（Endursachen）或理想因的因果連繫。

康德一再提醒我們，關於道德的世界創造者之特性，「我們只能按照類比來設想最高者的這些屬性。……我們通過這些屬性也只能設想這個存在者，而不能據此認識它，並且依理論的樣式而把這些屬性歸於它。」（KU 5：456）我們依類比使用這些特性不是要去決定這世界創造者的本性，「而是要（以之）決定我們自己和我們的意志。」（KU 5：457）意志自由產生終極目的，終極目的連同道德的世界創造者之理念又反過來在一種目的的因果聯繫中決定意志。

上帝（道德的世界創造者）在康德的學說中，只是以終成因（目的的聯繫）的因果連繫對我們的意志起作用，而不是以作用因的因果連繫來起作用，即上帝不是意志的決定根據。作為道德的世界創造者的上帝，是在一種目的的因果聯繫中決定意志。這「在一種目的的因果聯繫中決定意志」，其意是指透過對上帝的信仰及崇敬，它一方面責令着我們每一個現實上有限制的有理性者，皆要致力遵守我們意志自立的道德法則，另一方面它保障了我們可以實現道德的世界的希望，由此而激勵着我們每一個個體，要盡我們一切最大的力量，努力遵循我們所自立的道德法則而行以共同趨向道德的世界的理想。對此，康德說：「對一個上帝和來生的信仰與我的道德意向是如此交織在一起，以至於就像我沒有喪失後者的危險一樣，我也同樣不擔心前者在某個時候被從這裏奪走。」（A829/B857）康德亦指「一種獨斷的無信仰，是不能與一種在思維方式中起支配作用的道德格準共存的（因為理性不可能命令一個只能被看做是幻影的目的）。」（KU 5：472）這亦是康德所說：「作用因的聯繫就能夠同時被評判為通過目的因而來的結果了。」（KU 5：373）

我們可以發現在孔子對天的言說中，很多時候都帶有濃厚的崇敬之情，當中如「畏天命」（《論語・季氏》）、「知天命」（《論語・為政》）、「天之未喪斯文也」（《論語・子罕》）、「天生德於予」（《論語・述而》）、「知我者其天乎」（《論語・憲問》）等，皆表示孔子在面對「道之行」及「天下歸仁」的理想

未能實現的情況下，仍對實現道德世界或倫理共同體抱有堅信，而表之於對天或天命的崇敬。這可以說是一種宗教的感情，但我們不能由此便說孔子之天是一人格神之天，或這天是一「真實之精神的生命的無限的存在」或「形而上的實體」。正如本章第三節引康德之所論，上帝只是我們道德的確信和信仰，我們永不可對這超感觸者的「存在和性狀」有任何理論的認識，而且只是「為了我們理性的道德使用而要求如此的聯繫中的純然的接受（Annahme）」。（KU 5：470）另一方面，孔子嘗言「知之為知之，不知為不知，是知也。」（《論語·為政》）可見作為不能理論地認識的超感觸者之「天」，孔子不會視之為真實地存在的人格神或形而上的實體。孔子又言「人能弘道，非道弘人。」（《論語·衛靈公》）如孔子的天是一外在實存的人格神或形而上的實體，則便是「道弘人」。

## 第六節　透過道德宗教論孔子之「天」

　　盧雪崑先生在對於康德所言之道德世界的至上原因的概念，即把上帝的概念作討論時，把上帝表象為三種不同的說法：一、上帝表象為道德法則的約束力；二、上帝作為「德福一致」可能之條件；三、上帝之理念表象為目的王國（倫理共同體）之元首。〔註50〕下文將依次對這三種說法作討論。

### 一、上帝表象為道德法則的約束力

　　正如本章第五節所論，我們每一個人都不是任何時候都遵循道德法則而行，因人畢竟可不遵循甚至故意違反道德法則。理性之實踐之使用「不像雙腳的使用那樣，憑借經常練習就自動發生。」（KpV 5：162）另一方面，就算一個人作了道德實踐，也不能預計他人也必如此。故此，我們必須設想一個完全獨立無依的最高者，每一個有理性者之無條件自我立法也就由這最高者之立法所代表，這便是康德所言之「先驗地和無條件地通過我們自己的理性約束我們的法則，也可以被表達為出自最高的立法者之意志。」（MS 6：227）「我們從作為一條必然的世界規律的道德統一性的觀點出發，來考慮那惟一能夠給予這一法則（道德法則）以相應的效力，從而也給予它以對我們有約

---

〔註50〕盧雪崑：《物自身與智思物：康德的形而上學》，台北：里仁書局，2010年，頁 254～260。

束力的力量的話，那就必然有一個惟一的至上意志，它自身包含着所有這些法則。」（A815/B843）但康德一直強調「它（最高的立法者之意志或至上意志）僅僅指表一個道德存在者之理念，它的意志對一切人而言都是法則，但並不須設想它是法則的創造者。」（MS 6：227）「人的意志（以及任何被造的有理性存在者的意思）的動力絕不能是某種別的東西，只能是道德法則。」（KpV 5：72）

道德法則自身是絕對無條件的命令，它才表象為上帝的誡命，但康德強調這並不能反過來說道德法則出自上帝的誡命。道德法則本身已經是足夠的動力去決定意志，不需道德法則之外有任何其他東西作動力。

此外，上面引文提及那唯一至上的意志給道德法則以相應效力，這相應的效力是指終極目的於世界的實現。「至於為了這種創造，亦即為了事物符合一個終極目的的實存，……（必須）假定一個同時是道德者的存在者，來作為世界的創造者。」（KU 5：455）必然地假定一個道德的世界創造者作為唯一的條件以實現終極目的（圓善），為的是給道德法有實踐效果。「這終極目的就同時伴隨着對於客體的純粹理智的愉悅」，並「促進了存心對道德情感的感受性」。（KU 5：197）

人畢竟可不遵循甚至故意違反道德法則，故把絕對無條件的道德法則表象為上帝的誡命，一方面可把此上帝高舉在每個人個別不同的意志之上，以激發我們時常懷着對道德法則的尊敬，以及努力不懈地遵循道德法則的決心；另一方面，設定這道德立法的最高者，則可以此為實現終極目的（圓善）的條件以使道德實踐有效果，這有助存心對道德情感的感受性。

對於把上帝表象為道德法則的約束力，我們可在下列引文中發現孔子所言的天亦有相關的意思：

引文二十五

孔子曰：「君子有三畏：畏天命、畏大人、畏聖人之言。小人不知天命而不畏，狎大人、侮聖人之言。」（《論語·季氏》）

有關上列引文二十五，《集注》有言曰：「畏者、嚴憚之意也。天命者，天所賦之正理也。知其可畏，則其戒謹恐懼，自有不能已者。」〔註51〕

朱子解「畏」為「嚴憚」，即「敬畏」之意。「天命」則可如何理解？我們可由另外兩個畏之對象作線索，即「大人」及「聖人之言」，以對「畏天命」

---

〔註51〕宋·朱熹：《四書章句集注·論語集注》，北京：中華書局，1983年，頁172。

之「天命」作討論。大人者,《易‧文言》曰:「夫大人者,與天地合其德,與日月合其明,與四時合其序,與鬼神合其吉凶;先天而天弗違,後天而奉天時。」由此可見,大人者即是德性純一無雜,生命的通體呈露皆是天理流行之人格極致。《論語集解》曰:「大人即聖人,與天地合其德也。」〔註52〕此解當不誤。此外,聖人之言則是這通體生命皆是天理流行之極致人格者所表現的言行、教誨及論著等,即子貢所言「夫子之文章,可得而聞也」中之「文章」之意。這聖人所顯乎外之文章,是由於聖人有本乎內之德性作主宰,其內在生命全幅是天理之流行,其顯乎外之文章亦是有天理為文章背後的根據。故此,這作為天理流行之人格極致的大人,及作為天理顯乎外之文章之聖人之言,我們可視之為天理,亦即是道德法則。

故此,畏天命的第一層意思就是敬畏道德法則。由於道德法則是意志自由絕對地無條件地訂立的法則,這絕對崇高的道德法則使人對之懷有敬畏,其本身就是動力以「命令」着人要毫不考慮經驗中的一切而服從之,故才表象為天命以畏之。朱子解這天命為「天所賦之正理」。朱子之解似把理理解為由外在於人的天所頒佈的,但觀乎《論語》,似不當是孔子之意。因為康德已強調,道德法則只能源自人之自由意志,絕非離開人自立的道德法則而有什麼源自上帝的命令能夠充當道德的動力。

另一方面,把敬畏道德法則表象為畏天命,不只是由於我們對絕對崇高的道德法則的尊敬,當中亦包括有實現道德法則所決定的最高客體(圓善)的希望,而這是有助促進道德存心對道德法則的感受。故孔子有言曰:「仁者安仁」(《論語‧里仁》)及「我欲仁,斯仁至矣」(《論語‧述而》),這裏的「安」及「欲」,皆表示對於作為以仁為根據的道德法則,我們不只是懷有尊敬之情,它亦同時是我們感興趣的對象。這是由於道德法則先驗地規定着圓善,而圓善是我們所意欲的最高的客體。

至於畏天命的第三層意思,則與畏大人相關。大人即聖人,即是生命通體是天理流行的極致人格者,簡言之,即是道德的人。把大人表象為天命,表示這生命通體是天理流行的極致人格就是人之為人的分定之性。另一方面,這天命亦有孔子所言的天下歸仁之意,即把天下萬物置於道德的人之下,而把道德的人視為創造的終極目的。表象為天命,一方面表示這是我們人之分

---

〔註52〕漢‧何晏集解,皇侃義疏,《論語集解義疏》,收於《無求備齋論語集成》第27~31冊,台北:藝文印書館,1966年。

定的使命,即努力使自己成為道德的人(大人)是我們的分定之性。另一方面,成為道德的人也是造化的終極目的,這便是天地之性,故以天命表象之。《論語正義》對此有言曰:「惟君子,能知天命而畏之也。其畏之者,恐己之德有未至,無以成己成物,有負於天耳。」〔註53〕成己就是完成人之分定,成物就是實現造化的終極目的。故此,把畏大人表象為畏天命,就是把天命表象為這成己成物的義務,而這義務亦是人之分定之性。

小人不知天命而不畏,即是小人不肯認天命而對之不存敬畏。不肯認天命就是漠視己身需成己成物的分定之性,故自不然會輕視聖人,輕視道德法則,而「狎大人、侮聖人之言」。

引文二十六

> 子見南子,子路不說。夫子矢之曰:「予所否者,天厭之!天厭之!」
> (《論語・雍也》)

引文二十七

> 子疾病,子路使門人為臣。病閒,曰:「久矣哉!由之行,詐也。無
> 臣而為有臣,吾誰欺?欺天乎?且予與其死於臣之手也,無寧死於
> 二三子之手乎?且予縱不得大葬,予死於道路乎?」(《論語・子罕》)

上列引文二十六及二十七的「天厭之」及「欺天乎」,皆是把天表象為絕對崇高的道德法則之約束力。故在引文二十六中,孔子以天為起誓的對象,並指若己身曾做過不義之事,必為天之所厭棄。這起誓的對象當不會是一外在實存之天,只是道德法則的絕對普遍約束力,才堪作起誓的對象而以天呼之。「欺天乎」之句亦然,這天之意思為道德法則的絕對普遍約束力,因此,天才被高舉為至上的道德約束者而言天不可欺。

## 二、上帝作為「德福一致」可能之條件

對於「德福一致」如何可能,康德有如下之意:「由於人類機能(Menschenvermögen)並不足以造成幸福與配享幸福的一致,因此必須假定一個全能的道德者來作為世界的統治者。」(Rel 6:8)不過,正如前文所言,康德的重點並不在於人實際上能享有多少幸福,他說:「知道上帝為他的永福做或已做了什麼,並不是根本的,因而也不是對每個人都必要的。但是知道為了配得上這種援助,每個人自己必須做些什麼,卻是根本的,因而對每個

---

〔註53〕清・劉寶楠:《論語正義》,北京:中華書局,1963 年,頁 360。

人都是必要的。」（Rel 6：52）

　　康德之意是如要使「德福配稱」之達成為有可能或有希望，須設定「一個全能的道德者來作為世界的統治者」，以補足人類能力的不足，否則圓善是不可能的。不過，康德同時指出，這作為道德的自然原因之上帝的設定，其根本之意不是為了知道上帝為配得幸福的人做了什麼，而是使人知道為了配得這種「援助」，人必須做什麼。因為這上帝的設定並不意指這上帝的實存，亦並不表示有一個上帝現實地干預世界以實現圓善。

　　有關這作為「德福配稱」可能的條件，孔子有如下之言：

引文二十八

　　王孫賈問曰：「與其媚於奧，寧媚於竈，何謂也？」子曰：「不然，

　　獲罪於天，無所禱也。」（《論語‧八佾》）

　　在引文二十八中關於「與其媚於奧，寧媚於竈」之說，從來不少注家都會探幽索隱地謂王孫賈是借此作譬，以喻己以諷孔子，但是由於考據資料的缺乏，故凡所解說，皆多各據己見而成揣測摩擬。〔註54〕但是，如我們回歸到文本的原來意思，則可見此章明是討論祀神祈福或崇拜信仰方面的問題，故我們可直就此問題而對此章相關的義理作討論。

　　《集注》曰：「故時俗之語，因以奧有常尊，而非祭之主；竈雖卑賤，而當時用事。喻自結於君，不如阿附權臣也。」〔註55〕周振群先生對於「奧竈」之說，有如下之解：「在一家居之屋宇中，奧位雖尊，卻深踞堂屋西南之隅，少為人們日常所密接，而不免於隔離疏遠；竈位固卑，但因供膳食之故，為人們日所必親，以是，一般惟現實功利是重，方便是計的夫婦之愚，遂謂祀（媚）奧不如祀（媚）竈。『祀』而稱『媚』，可知世俗人之所以祀神，心理上或只在於祈福消災，乃視一切祭典為人之取悅或諂事於神，故謂之『媚』。」〔註56〕

　　可見，「與其媚於奧，寧媚於竈」為當時流行的諺語，意謂與其取悅位尊的神祇（奧），不如取悅會帶來利益的神祇（竈）。此諺語反映時人一方面唯利是圖的風氣，另一方面把祭祀視為取悅神祇以消災祈福之心態。孔子聞此

---

〔註54〕周群振：《論語章句分類義釋》上冊，台北：鵝湖出版社，2003年，頁70～71。

〔註55〕宋‧朱熹：《四書章句集注‧論語集注》，北京：中華書局，1983年，頁65。

〔註56〕周群振：《論語章句分類義釋》上冊，台北：鵝湖出版社，2003年，頁71。

語後的反應，是立即義正嚴詞地予以否定，說：「不然，獲罪於天，無所禱也。」此可映孔子對此語毫無保留地深惡之的態度。媚於奧或是媚於竈皆是關心幸福的問題，但是在孔子的思想中，人不應只是關心己身幸福之事。孔子有言曰：「君子食無求飽，居無求安，敏於事而慎於言，就有道而正焉，可謂好學也已。」（《論語·學而》）這不是表示孔子反對君子之求飽食及求安居，他是不同意君子只是以求幸福（即求飽及求安）為唯一的及最高的追求。須知在孔孟及至整個傳統觀念中，凡「求」字都是代表一種積極的「唯一取向」的意思。〔註 57〕矢志於學的君子不應把求飽食及求居安，置先於敏於事、慎於言及取正於有道等為學之道。孔子既不以求幸福為唯一的及最高的追求，則易明孔子為何對媚於奧或是媚於竈皆不同意。

《集注》曰：「逆理，則獲罪於天矣，豈媚於奧竈所能禱而免乎？」〔註 58〕獲罪於天，就是逆理，或逆於天理，即不以天理或道德法則為行動的根據。不同於奧或竈，我們不能透過對「天」獻媚或禱告，便期望可獲得幸福。孔子並不反對人可享有幸福，他只是反對單單以追求幸福為最高原則。孔子表示「富與貴」和「貧與賤」是人之所欲及所惡，但如不以其道，雖得之亦不處及不去。（《論語·里仁》）富貴貧賤皆是幸福之事，孔子並沒有完全否定之，他只是要把幸福隸屬於道德之下，即隸屬於道德之下，因「德福配稱」是理性的一個絕對普遍的要求。故此，這裏的「天」代表着道德的最高裁決者同時亦是自然的原因，它如此被設定着，是為了使我們要求的圓善成為可能的。所以，天並不是一外在客觀的實存，它是人所設定之「配得幸福」的公正無私的裁判者。也可以說，這裏的天在「德福一致」之促進中表象為公正原則。對於「配得幸福」，康德有如下之意，我們人需要「感到這一判斷是完全公允的，如同由一個局外人作出的，但同時又會感到理性強迫他承認這一判斷是他自己的判斷。」（Rel 6：6）我們人有時會懷着虛偽的動機而行善，事實上，「根本不能有把握地推斷，實際上根本沒有隱秘的自愛動力」；然而只「在於行動的那些不為人看到的內部原則」才構成行動的真正道德價值。（Gr 4：407）因此，我們需要設定一位全知者（上帝），「以便在一切可能的場合和在一切未來都認識我的行為，直至我最內在的存心。」（KpV 5：140）」「他（道德的

---

〔註 57〕周群振：《論語章句分類義釋》上冊，台北：鵝湖出版社，2003 年，頁 90～91。

〔註 58〕宋·朱熹：《四書章句集注·論語集注》，北京：中華書局，1983 年，頁 65。

世界統治者）也必須是一位知人心者，以便也能夠透視每一個人意念中最內在的東西，……使每一個人得到他的行為所配享的東西，」（Rel 6：99）道德上的善或惡，並不是以表現出來的行動是否合於道德法則作判斷，而是自由抉意以道德法則為決定根據，才是道德的善，即以行動的動機來決定道德的善或惡。這行動的動機是「不為人看到的內部原則」，所以我們並不能知道別人的動機是否純淨，甚至我們亦有時會「不能有把握地推斷，實際上根本沒有隱秘的自愛動力」。故此，我們需要設定一全知的道德判斷者，以完全認識我們內在的行動動機，以對「配得幸福」作完全公允的判斷。但這並不意味真的有一實存的天在「分派」幸福，天只表象為一公正原則，是「德福一致」可能的條件，其如此設定着，是為了賦予道德法則以果效，即圓善在如此意義之天的設定下是可能的，並由此強化我們對道德法則的感受性。

　　「獲罪於天」，是指沒有以道德法則為行動的格準，即違反了我們所要求的「配得幸福」的公正原則，故「無所禱也」。這不是指如獲罪於天則禱告也不會有幸福。「獲罪於天，無所禱也」，不是經驗命題，而是先驗綜和命題。在經驗中，一個人沒有懷着善的動機以行動或者透過禱告，也可能享有幸福。故獲罪於天跟是否享有幸福，沒有經驗上的必然性，故這不是經驗命題，即世界本身不是天造地設便是「獲罪於天，無所禱也」。這是先驗綜和命題，因是我們人要求己身把「德福一致」這理念的理想實現於世界之中，我們才可言「獲罪於天，無所禱也」。不與德配稱的幸福是不義的，是不配得享有的，不是作為有理性存有的人類所應追求的。圓善才是理性所要求的最高的客體，而致力追求及實現圓善是人之分定。故媚於奧或媚於竈之說法，反映了徒以追求幸福為目的的心態，故孔子以「獲罪於天，無所禱也」嚴勵地斥責之，因其放失了人之分定，亦不配為人之為人矣。

　　引文二十九

　　　顏淵死，子曰：「噫！天喪予！天喪予！」（《論語・先進》）

　　在上列引文二十九中，孔子表達了對顏淵之死的傷痛之情。顏淵是孔子最嘉許的學生。孔子曾稱許顏淵「其心三月不違仁」，而其他學生則只能「日月至焉而已矣」。（《論語・雍也》）在孔子的思想中，仁是最高的人格理想，其對自身的評價也不敢以「聖與仁」而自居（《論語・述而》）而獨許顏淵以「三月不違仁」，可見顏淵之德，幾達作為最高人格理想之仁者之境。對於顏淵的英年早逝，孔子表達了極度的哀痛，不但有傷痛的長吁「噫」，更有「天喪予」

之傷絕之嘆。孔子的傷痛，一方面是由於其與顏淵的感情深厚，其感情已超越師生間的情誼，而猶如父子之情。孔子有言曰：「回也視予猶父也，予不得視猶子也。」（《論語‧先進》）「不得視猶子也」不是指孔子不以子般視顏淵，而是指其他弟子厚葬顏淵，而孔子未能盡父責般以使顏淵之葬符合當時之禮（由於顏淵家貧），故可見他們二人的感情實如父子般深厚。另一方面，顏淵深得孔子之教誨，其德幾達仁者之境，孔子實對其滿有寄望，以使得仁道可傳承於後世。可惜，哲人早逝，孔子除傷痛於喪子之哀，亦痛悲於道之不傳。

不過，孔子之悲痛之情是以「天喪予」表達之，則可有更深層的意思。如以比喻的角度去理解「天喪予」，則此句可表示孔子之傷痛之情猶如「天要亡我」那樣難受。但是，這裏實不只是以「天喪予」比喻傷痛的程度。這裏的「天」是有實質的意思。對顏淵而言，有德如此亦英年早逝，是德福未能配稱。另一方面，對孔子而言，如喪子般痛失愛徒及道之未能得人而傳亦皆是幸福的問題。孔子及顏淵皆致力於踐仁，其德實達化境，故顏淵之逝不論對誰而言皆是未符「德福配稱」的期望。故「天喪予」實有作為「德福一致」之公正原則之未能彰顯之意思，而天在這裏是表象為公正原則及「德福一致」所以可能的根據。

## 三、上帝表象為目的王國（倫理共同體）之元首

康德指出，「只有這樣一個人物（不同於人民的另一個人物），才能被設想為一個倫理共同體的最高立法者，對他來說，所有真正的義務，因而也包括倫理的義務，必須同時被設想為他的誡命。……一個倫理共同體只有作為一個遵循上帝（即道德上的世界統治者）的誡命的民族，……並且是遵循德性法則的，才是可以思議的。」（Rel 6：99）盧雪崑先生說：「因着這圓善作為一切義務——不僅是人們對人們的義務，而且是人的整個族類的義務（在世界上實現的圓善）——之根據而充其極至一個『最高的立法意志』之理念。它無非就是純粹實踐理性在其人格性中關聯到一世界者而將理性的力量聯合在一起。（O.p. 22：118）純粹實踐理性為自己提供一個最高者的理想，是要『定位所有世界中的有理性者在道德關係的統一中』。（O.p. 22：113）」〔註59〕這就如康德說：「我們有理由設想，那上帝的意志就是：我們應該實現的是這樣一種共同體的理性理念本身。」（Rel 6：105）

---

〔註59〕盧雪崑：《康德的自由學說》，台北：里仁書局，2009 年，頁214。

在前一節的討論中，康德指出單個的人必須聯合起來成為一個目的王國，而天地萬物皆道德目的論地隸屬於其下，這便是「人自身經由純粹實踐理性的立法而把人的族類以及天地萬物結合成一個道德的世界」。這道德的世界亦是倫理共同體，人類要致力實現這倫理共同體，「才可期望真正的福德一致之達成」。要實現倫理共同體，則要所有理性的人皆作道德實踐以聯合成目的王國。我們設想一最高立法意志或倫理共同體之元首，無非為了「純粹實踐理性在其人格性中關聯到一世界者而將理性的力量聯合在一起」，及「定位所有世界中的有理性者在道德關係的統一中」，即透過有理性者對最高立法意志的信仰，以敦促及激勵有理性者致力於實踐道德。不過，康德同時強調，最高立法意志並不是道德法則的創造者，它「僅僅指表道德者之理念，它的意志對一切人是法則，但並不設想它是法則的創造者」，（MS 6：227）即我們可以說，最高立法意志就是人的自由意志之充其極，即人作為一個有理性者的意志自由的純粹性，而道德法則只出自每一有理性者的意志自由。

有關康德所言倫理共同體之元首及最高立法意志之意思，孔子亦有相關之言以述及之。上文曾就「畏天命」作討論，並指出這天命是表象為道德法則及人之分定之性以作為敬畏之對象。我們亦可說這「畏天命」之天命可表象為倫理共同體的元首及最高立法意志，即由單個人意志擴展至整全的人類的「最高立法意志」或上帝的意志。我們對這作為上帝意志之天命心存敬畏，才會畏大人及畏聖人之言。如人不對上帝之意志存敬畏之心，則是放失了人之為人的分定之性，即放失了我們應實現倫理共同體之分定之性，便會狎大人及侮聖人之言。

另外，《論語》亦有以下之言與倫理共同體的元首及上帝的意志是相關的：
引文三十

　　子曰：「吾十有五而志於學，三十而立，四十而不惑，五十而知天命，

　　六十而耳順，七十從心所欲，不踰距。」（《論語・為政》）

在引文三十中，「知天命」的天命與「畏天命」的「天命」的意義是相同的。天命即是人之為人之分定不容已之道德性，即內在而固有之分定之性。另一方面，孔子之天命亦可表象為康德所論之目的王國或倫理共同體，即道德的世界，這道德的世界便是創造的終極目的，天地萬物皆道德目的論地隸屬於其下。人致力不懈地實現己身之分定的道德性，同時亦是致力於道德的世界之實現，二者皆是人之分定之性。這道德的世界是人之理性所要求的，

故是內在而固有的。這作為分定之性的天命，並不是由一外在客觀實存之「天」所「頒佈」或「下貫」的「命令」，而是人之意志自由所要求實現的客體，即道德的世界。但是，由於人之意欲機能是有限制的，作為個體是有差異的，故我們把這人之道德性及道德的世界表象為天命，以作為道德的人之共同的理想，敦促着各人共同努力邁向這理想。故此，分定之性並不是人之自然之質所生而所具之性，即食色性也之性，是人之道德之性，以及人必須在一努力奮鬥地作道德實踐的過程中以在世界實現終極目的之分定之性。

不過，為何孔子要在人生五十之年才鄭重地言「知天命」？孔子自道三十而立，四十而不惑，當是三十已能立於仁道，而四十更進而言對仁道之不惑。所以，孔子於四十或之前當已對人之分定之道德性及天下歸仁的理想有相當的認識及領悟，為何到五十才鄭重地言「知天命」？這是由於在人之分定之性的實現過程中，不但有人之意欲機能的限制及個體的差異，亦會有自然的物理條件相順與否，以及歷史運會的相順與否之問題，這些皆使得在實現的過程並不是一往直前而順利無阻的，當中是會有曲折的，這便是孔子所言的「命」。

對於「命」之問題，孔子有言曰：「道之將行也與？命也。道之將廢也與？命也」（《論語‧憲問》），以及「亡之命矣夫」（《論語‧雍也》）。前者之命是道與歷史運會的相合與否的問題，相合則道行，相逆則道廢，而後者之命則表示德福一致與物理條件相符與否，相符則有配得的福，反之則否。歷史運會與配得幸福的物理條件皆非人力所能控制及改變，即是人力不及之處，孔子對此現實的限制也無奈地有「命也」及「命矣夫」之嘆。不過，雖然「命」是人力所不能改變的，孔子卻沒有由於「命」的偶然性而改變其對「天命」之重視及肯定，孔子由始至終皆以實現人之分定，即實現倫理共同體，為其志向之終極所在，故有「志於道」（《論語‧述而》）及「朝聞道，夕死可矣」（《論語‧里仁》）之言。

「天命」是人之分定之性，亦是人敬畏的對象，而「命」則是在實現人之分定的過程中人力不及之現實限制及偶然性。孔子所言之命是在實現天命之下所言的命，並不是以單單追求幸福所言的偶然性為命，即命是隸屬於天命之下。我們可以孟子之言「性」與「命」，作進一步的討論。孟子曰：「口之於味也，目之於色也，耳之於聲也，鼻之於臭也，四肢之於安佚也，性也，有命焉，君子不謂性也。仁之於父子也，義之於君臣也，禮之於賓主也，智之於

賢者也，聖人之於天道也，命也，有性焉，君子不謂命也。」（《孟子・盡心下》）「仁之於父子也，義之於君臣也，禮之於賓主也，智之於賢者也」，皆可以「聖人之於天道也」統言之，由於仁義禮智皆是人實現「天道」之表現。聖人即是其心不違仁之人，聖人矢志實現天道，但天道能否真的實現出來，是沒有經驗的必然性的，當中有「命」的問題。聖人能做的也只是踐仁之盡其在我之工夫，對命只可有無可奈何之嘆。雖有命的問題，但實現天道是人之分定而固有之性（有性焉），故此君子不會因為命而改變這人之分定之性，實際上人亦改變不來，人如放失這分定之性，亦不復為人矣。

至於上文孟子之言的前半部份所提到的「口之於味也，目之於色也，耳之於聲也，鼻之於臭也，四肢之於安佚也」，孟子指這些都是「性」。不過，這「性」並不是人之分定之性，只是人之自然之質的性。故前後兩個「性」字是有不同意思的。前者是人之自然之質的性，是屬於人之現象的身分，是依賴於作為經驗的綜集之自然，人在當中是不能自我作主的，故孟子稱其「有命焉」，而「不謂性也」，即不以這自然之質為人之為人之性。相反，人之分定之性，即分定實現倫理共同體之性，在實現這性的過程中，是靠人之踐仁為主宰的。雖然，當中仍有人力不可及的地方，但人之為人之性，是不能因命之問題而有所改變的，故云：「命也，有性焉，君子不謂命也」。有關孟子所言的性，會於本文下一章再作進一步討論。

孔子在五十之年，定已隨着生活經驗的增加，而對命之問題有相當深刻的體會，故其言「知天命」，定是在努力踐仁而道仍未能行於世的情況下，一方面是表達了對命之無可奈何之感，而另一方面則勉勵自身，繼續對人之分定的天命之肯定。

引文三十一

> 子畏於匡。曰：「文王既沒，文不在茲乎？天之將喪斯文也，後死者不得與於斯文也；天之未喪斯文也，匡人其如予何？」（《論語・子罕》）

關於引文三十一，《集注》有言曰：「史記云：『陽虎曾暴於匡，夫子貌似陽虎，故匡人圍之。』道之顯者謂文，蓋禮樂制度之謂。」〔註60〕《中庸》第二十六章有言曰：「詩云：『維天之命，於穆不已』，蓋曰天之所以為天也；『於乎不顯，文王之德之純』，蓋曰文王之所以為文也，純亦不已」。文王之

---

〔註60〕宋・朱熹：《四書章句集注・論語集注》，北京：中華書局，1983年，頁110。

所以被讚美為「文」王，即文王之所以為文，是在於文王的德性純亦不已，純亦不已是指文王的人格生命純一無雜，全然是天理流行的極致人格。這純一無雜的人格生命是人之分定之性，這人之分定不只是對文王而有效，所有有理性的人皆應充分實現這道德的分定之性，並由此而可把天地萬物皆道德目的論地置於道德的人之族類之下，這便是道德的世界或倫理共同體。人實現己身之道德分定之性，同時即是實現天地萬物之性。故此文王之「文」除了表示文王之德之純，亦同時是表示實現作為世界的終極目的的道德世界的理想，故我們亦可把這涉及天地萬物之「文」視作「道」。朱子把「文」理解為「道之顯」，即禮樂制度之謂，則只把「文」理解為外在的禮樂制度，而似未有重視禮樂背後是有人所立的天理為其根據，才可言道。朱子之意似視文王之為文是由於周之燦然明備的禮樂制度，而不是由於文王純一無雜的道德極致人格。

孔子之言「文王既沒，文不在茲乎？」是以反問的方式，肯定「文」之理想的存在。文王所彰顯的純亦不已之人格生命，以及倫理共同體之理想，皆是人之為人的分定之性，這本性不會隨着文王之沒而消失。這是因為人之分定而固有之性及是人之為人的本性，亦可言是人之為人的理想，所有作為有理性者的人皆應充分實現這分定之性。文王雖沒，這人之理想亦繼續存在於人類作為整個族群之理性的要求之中。這是孔子對由「文」所示之人的分定之性的肯定及確信。

「天之將喪斯文也，後死者不得與於斯文也」，其意是假若天要使斯文消失於世，則文王以後的人皆不能得有斯文。這是一假設式句子，故當中的天字只是一虛擬的主詞，並不意指真有一實存的東西。由於在上句中，孔子已肯定斯文之在，故合兩句而言，則有下句之結論：「天之未喪斯文也」。天之未喪斯文，可由孔子之自道其十五而志於學，三十而立，四十而不惑，到五十而知天命而得到明證。知天命即是對人之分定之性的確信，即是對斯文的確信。故天之未喪斯文，並不意指有一外在實存的天介入經驗之中以保留斯文。作為人之分定之性的斯文，也不是一經驗的對象，它是先驗綜和的，是人之理性所要求實現的理想。故斯文之未喪是孔子以其道德生命對斯文之肯定及確信，只要人之理性不完全泯滅，則斯文便不會斷絕。

「匡人其如予何」，並不是意指孔子相信己身載道，故有一外在實存的天，透過超自然的力量保護他而免受匡人的傷害；也不是孔子相信己身載道，

定會善必克惡，逢凶化吉的信心。孔子所言「匡人其如予何」，並不表示匡人最終不會對他造成傷害，因為是否受到傷害並沒有經驗的必然性，經驗上孔子受到傷害是可能會發生的。不過，孔子所確信的，是不論己身是否會受到傷害，這人之分定之性的斯文仍會存在於人之理性的要求之中，而可以實現於世。

引文三十二

　　子曰：「天生德於予，桓魋其如予何？」（《論語‧述而》）

　　對於引文三十二，《集注》曰：「桓魋，宋司馬向魋也。出於桓公，故又稱桓氏。魋欲害孔子。」〔註61〕跟孔子被匡人之圍暴不同，匡人誤認孔子為陽虎，加害的對象並不真的是孔子本人，當中主要是由於誤會或經驗的偶然性。孔子對這經驗的偶然性，其回應是「天之未喪斯文」，以表達不論他本人受害與否，斯文仍會行於世的堅信。孔子之見暴於桓魋則不同，桓魋欲加害的對象正是孔子本人，故孔子的回應便無所假借，直言「天生德於予」，以己身之德直接面對桓魋之暴。夫德者，即是人之道德的本性。天生德於予並不表示一外在實存的天賦予人道德的本性，而是指道德的本性是人之分定而固有之性。我們是分定要實現這道德的本性，亦是分定要於世界實現倫理共同體。「德」之意義是相當豐富的，包括踐德的根據、踐德的努力及踐德的理想，這跟孔子所重視的「仁」之意義一樣，涉及到不同意思，如道德法則、意志自由及圓善等。所以，孔子言「天生德於予」，不只表示他有踐仁的根據及能力，亦包括有孔子孜孜不倦地踐仁的努力，以及對實現天下歸仁的使命之堅持。所有這些皆是人之道德的分定。故此，「桓魋其如予何」之意不是指桓魋一定不會對孔子造成傷害，而是不能對他的道德本性，即分定而固有的道德本性作出傷害。在經驗上而言，桓魋是否可以加害於孔子並沒有必然性。不過，孔子所最重視的並不是死生之事。死生之事當然是重要的，孔子也不會輕言死生，但孔子亦有言：「無求生以害仁，有殺身以成仁。」（《論語‧衛靈公》）可知，在孔子的心中，求生並不是最重要，成仁才是最重要。成仁就是成德，就是成就己身的道德的本性。面對桓魋之欲見暴於己，孔子無所假托，直以己身之德以應之，這不表示孔子相信桓魋一定不能傷害到他，而是不論是否受到傷害，自己之曾努力實現己身之分定之性，及對這分定之性之必會持續下去的堅信，對此，桓魋是不能奪去的。

---

〔註61〕宋‧朱熹：《四書章句集注‧論語集注》，北京：中華書局，1983年，頁98。

引文三十三

　　子曰：「莫我知也夫！」子貢曰：「何為其莫知子也？」子曰：「不怨
　　天，不尤人。下學而上達。知我者其天乎！」（《論語・憲問》）

　　在上列引文三十三中，孔子言「莫我知也乎」，《論語會箋》曰：「『莫我
知也夫』，此嘆道之終不行也，《史記・世家》、《說苑・至公篇》，並以為獲麟
後，謂然而嘆。」〔註62〕「莫我知也乎」即道之終不行之嘆，此解甚是。孔
子心中之道，依上文的討論，即是倫理共同體之實現於世界，這不是一個經
驗的概念，是超越的理念，是理性要求的理想。倫理共同體的實現是要所有
人皆依本心而行，即皆依意志自由所立的道德法則而行。故此，倫理共同體
雖然是要在經驗界之中實現，但其根據卻是超越的本心或意志自由，故是超
越的理念。由於實現倫理共同體是要人的族類全體皆依本心而行，即皆致力
踐仁，才可有希望達致。孔子從不輕易許人以仁，這不是由於踐仁是人力所
不能做到，而是現實上之人多執持着己身之意必固我而成私意，而不能歸到
依據純然的本心之天理而行。孔子雖一生致力踐仁以期道之終行，但現實上
他所看到的絕大多數其他人皆沒有像他一般，致力實現人之分定之性，故有
「吾未見好德如好色者也」（《論語・子罕》）及「回也，其心三月不違仁，其
餘則日月至焉而已矣」（《論語・雍也》）之言，並由此而有「莫我知也乎」之
感嘆。

　　孔子致力踐仁以行道，但道之終行或廢，仍有其他己身不能改變的因素
存在，如歷史的運會的相合與否、其他人之是否遵守道德法則等。但孔子對
此人力不能改變之因素，只抱有「不怨」、「不尤」之態度，沒有把道之行廢歸
咎於天及人，而是繼續以己身之德面對道之行廢，故言「下學而上達」。下學
就是能近取譬，於己身近切之事，無一不依於己欲立而立人，己欲達而達人
之仁心之理以對之，依此，便可有希望實現在道德法則下把全人類以至世界
連結在一起的倫理共同體，這便是「上達」或上達於天，上達於天就是上達
於這理性的理想，而不是上達於一客觀外在實存之天。「知我者其天乎」，其
意不是表示孔子被一外在實存的天所知，或與這天的相知。這句只是以比喻
的表達方式，把天表象為倫理共同體的元首及最高立法意志，知我者其天乎，
只是表達了孔子對倫理共同體終必可實現之道德的堅信，而這堅信就好像只有
被表象為倫理共同體的元首之天所能夠理解，而不為現實上的其他人所理解。

--------

〔註62〕竹添光鴻：《論語會箋》，台北：廣文書局，1961 年。

# 第七節 由自然形而上學論孔子之「天」

前文提到,「天下歸仁」就是人所要努力實現的道德的世界或第二自然。康德指出在自然概念之領域,「知性對於作為感取客體的自然是先驗地立法的,以達到在一種可能的經驗中對自然的理論認識」;而在自由概念之領域,「理性對於作為主體中的超感觸東西的自由及其特有的因果性是先驗地立法的,以達到一種無條件實踐的認識。」這兩個不同的領域「與它們獨自(每一方根據自己的基本法則)對對方擁有的交互影響相反,被把超感觸的東西與顯相分離開來的那個巨大的鴻溝完全隔離開來。」(KU 5:195)這問題即是:目的王國(天下歸仁)在自然世界中實現是如何可能的?

為解決這問題,康德通過對判斷力的批判,揭示出「先驗的、不顧及實踐而預設這些條件的東西,即判斷力,在自然的一種合目的性的概念中,提供了自然概念和自由概念之間的中介概念,這個概念使得從純粹的理論理性到純粹的實踐理性、從按照前者的合法則性到按照後者的終極目的的過渡成為可能;因為這樣一來,惟有在自然中並且與自然的法則相一致才能成為現實的那個終極目的的可能性,就被認識到了。」(KU 5:196)依康德之意,從我們的理論的反思判斷力可以產生一種自然目的論,當中,自然「只是對我們顯得包念着種種目的的一種普遍關係而已。」(KU 5:440)康德強調判斷力的先驗原則(合目的性原則)「不是給自然指定法則(作為自律),而是為了對自然的反思而給它自己指定法則(再歸自律(Heautonomie))。」(KU 5:185)

由於反思判斷力的合目的性原則是以再歸自律(Heautonomie)而給予主體自己以理解自然,自然才顯得其為合目的性,由此,終極目的在現實上的可能性才能被認識,即終極目的才可能在與自然法則的相一致中成為現實。康德揭示的再歸自律(Heautonomie),是指合目的性原則並不是我們為自然立法而給予自然的,即合目的性原則並不是客觀地屬於外在的自然,而是人把這原則給予自己並以此原則去看待自然。由於自然的合目的性只是再歸自律的原則,即自然一切只是「顯得」合目的性地相互連繫着。自然它本身是否真的是合目的性的,我們不能作任何肯定或否定。

這透過再歸自律而自然顯得其為合目的性,由此,我們可以假定一個「智慧的世界創造者」,即我們可以假定一個有世界的原因作為自然的合目的性的根據。對此,康德說:「合目的的統一性畢竟是把我們的理性運用於

自然的一個如此重大的條件，此外經驗又給我呈現出這方面豐富的例證，以至於我根本不能忽略它。但對於這種統一性，我不知道任何別的條件來使它成為自然研究的導線，除非我預設一個最高的理智按照最智慧的目的如此安排了一切。因此，為了在對自然的探究中有一種指導而預設一個智慧的世界創造者，這是一種雖然偶然的、但畢竟並非不重要的意圖的一個條件。」（A826/B854）這個被假定的「智慧的世界創造者」之概念是理性所產生的理性的概念（理念）。康德所表示的「在理念中的對象」不是當作「實在性中的對象」，（A699/B725），也就是只是「一個純然的思想上的東西」。（A566/B594）也就是說，「我們的理性認識力的理論使用所關涉到的『對象』只是作為依照原則而來的連繫之系統之統一（理性之統一）而思之的一些智思物。」〔註63〕所以，這智慧的世界創造者並不是一現實的東西，只是一智思物，一思想上的東西，以滿足理性認識的系統的統一，即滿足以目的論去思考自然的統一。這種理性的使用，即理性「通過理念把概念的雜多統一起來」，康德稱之為「軌約的使用（regulativen Gebrauch）」。（A644/B672）

孔子亦有如下有關「天」之說話，表達出上文所言自然的合目的性之超越根據的意思。

引文三十四

　　子曰：「予欲無言。」子貢曰：「子如不言，則小子何述焉？」子曰：
　　「天何言哉？四時行焉，百物生焉，天何言哉？」（《論語·陽貨》）

夫子以「天何言哉？四時行焉，百物生焉，天何言哉？」四句作為比喻以回答子貢「子如不言，則小子何述焉」之問。我們首先討論「天何言哉」四句之意。

首句「天何言哉」是以天之不能被言說，以喻天不是我們認識的對象，即我們對天並沒有任何經驗的認識。此猶如「維天之命，於穆不已」（《詩·周頌·維天之命》）之「穆」字，即深奧的、不能測度之意。不過，我們卻可以假定及思考一超越的天，作為「四時行、百物生」背後的根據。

「四時行」是指四時的交替不斷，「百物生」指百物的生生不息。四時的交替不斷，百物的生生不息，並不意指它們本身就是如此，或它們天造地設地就是如此，即經驗世界中的四時及百物並不是本身就是交替不斷及生生不

---

〔註63〕盧雪崑：《物自身與智思物：康德的形而上學》，台北：里仁書局，2010年，頁217。

息的，而只是如此地被我們所認識。這是先驗綜和的命題，這命題是包含有來自我們主體的先驗的原則，這些先驗的原則是由我們的認識機能而來，當中包括康德所指的來自知感性的先驗形式、知性的十二範疇，以及來自反思判斷力的合目的性原則。當中四時交替不斷及百物生生不息便是與合目的性原則相關。由於我們以合目的性原則去思考自然，四時才會「顯得」為交替不斷，百物才「顯得」為生生不息。我們不難發現，自然實在是充滿着很多偶然的不能預測的天災。但是，我們在這麼多偶然性中，仍以「交替不斷」及「生生不息」的「原則」去看待自然，我們才可說「四時行，百物生」。這些原則並不是屬於自然的，是我們人給予我們自己這些原則以看待自然，自然才顯為如此的。

　　所以「四時行，百物生」是自然的合目的性，是我們在反思判斷力的合目的性原則之下所看到的自然的合目的性。由此自然的合目的性，我們可以假定一個超越的「天」以為其根據。不過，此超越的天並不是實際上存在的，它只是理念，是智思物，是思想上的東西，是我們以「四時行，百物生」所看待的自然之背後的必然的假設。我們如此思考一「天」之理念只是為了與我們能夠以「四時行，百物生」去理解自然相一致。

　　孔子在「天何言哉」四句中，表達出天並不是經驗認識的對象，但他又不會非此即彼地表示沒有天，而是從「四時」所表現的「行」，及「百物」表現的「生」去指示一超越的「天」，我們可稱此種孔子對「天」的理解為自然形而上學的「天」。孔子如把「四時行，百物生」理解為全部外在於主體而歸屬於客體的自然，則很直接會把此外在客觀的自然歸咎到一外在客觀實存的「天」，即由一外在客觀實存的「天」創造自然。但是，我們綜觀《論語》，一點也沒有發現天地萬物由外在客觀的天所創造之意思。

# 第三部分
# 試析孟子「天論」所包含道德的
# 形而上學之規模

# 第五章　對孟子言「盡心知性知天」
　　　　作哲學說明

## 第一節　論孟子言「心」包含創造實體義

　　在上一章的討論中，已指出了孔子所言的「仁」包含有豐富的意思，當中包括有依據人己身的仁體（即意志自由）而自立道德法則之意，亦包括有依據仁體而實現一透過道德法則以把所有有理性者以至天地萬物聯結為一體而成一道德世界之意，故仁可堪稱為天地萬物之造化的本體。此外，孔子嘗云：「吾未見好德如好色者也」，（《論語・子罕》）人未必時時皆依道德法則而行，故人會設想「天」以表徵為道德的全能者，一方面以此為道德世界的實存的根據，一方面人透過對越在天而表現出敬天畏天的崇高之情，以時刻警醒人須致力實現己身的道德分定。如前一章所言，由仁作為創造的本體，我們可稱為道德的目的論或道德的形而上學，亦可以稱之為「踐仁知天」，〔註1〕而對天的崇敬則可說是一種道德的宗教。

　　〈孟子集注〉序說引《史記列傳》云：「天下方務於合從連衡，以攻伐為

---

〔註1〕「踐仁知天」是牟宗三先生對孔子言「天」之理解，牟先生指「孔子是由踐仁以知天，在踐仁中或『肫肫其仁』中知之、默識之、契接之、或崇敬之」，而天則是「形而上的實體」。（牟宗三：《心體與性體》第一冊，台北：正中書局，1996年，頁21～22。）本文所言的「踐仁知天」，亦是由道德實踐而肯定「天」之概念，但這一肯定只是一種道德的信仰或確信，並不意指「天」為一外在實存的「形而上的實體」。

賢。而孟軻乃述唐、虞、三代之德，是以所如者不合。退而與萬章之徒序《詩》《書》，述仲尼之意」，並引韓子曰：「惟孟軻師子思，而子思之學出於曾子。自孔子沒，獨孟軻氏之傳得其宗。故求觀聖人之道者，必自孟子始。」〔註2〕由此可知，孟子之學說是繼承着孔子而來的。孔子多言「仁」，故可謂之「仁」學，而孟子多言「心性」，而其言「心性」亦是繼承孔子之「仁」而作進一步的開展。孟子嘗云：「仁，人之安宅也」，（《孟子·離婁上》）以及「仁也者，人也」，（《孟子·盡心下》）可見孟子對仁之重視，並以人之安宅及人之為人之意而謂仁。

對於孔子之仁所包含的豐富的意思，孟子則歸結到人心，故言「仁，人心也」。（《孟子·告子上》）這「心」之意並不是指「物交物則引之而已」（《孟子·告子上》之心，即受經驗事物而決定的心，而是「仁義禮智根於心」（《孟子·盡心上》）的心，即此心是超越的並且是「仁義禮智」的根據，即是人可表現「仁義禮智」之德性之根據。這作為「仁義禮智」之根據的心，其作用則是訂立「理」。

　　孟子曰：「心之所同然者何也？謂理也，義也。」（《孟子·告子上》）

孟子以「理」及「義」釋「心之所同然」，便是指人之心可普遍地表現出來的就是「理」，是「義」。理者，可有規律、法則之意，義者，則有應然、應當之意，故兩者合起來便可理解為「應然的法則」或「道德的法則」。〔註3〕故孟子所指的仁之根據之心，便是能自立道德法則的心。孟子便是透過這能自立道德法則的心，而進一步言性，言天。

　　孟子曰：「盡其心者，知其性也。知其性，則知天矣。」（《孟子·盡心上》）

孟子之云「盡心」，是指心之操存以使心成其為心，而所操存者，即是心所自立的道德法則，操存之以使道德法則持存於心以為道德行為的根據。由心之操存以充盡心之為心，孟子便由此而言「知性」，這所言的「知」，並不不是指一般而言的認知或認識，一般所謂的認識是認識外在的客體，即以外在經驗的對象為認識的對象，而孟子所言的「知」是實踐的「知」。實踐的「知」

---

〔註2〕宋·朱熹：《四書章句集注·孟子集注》，北京：中華書局，1983 年，頁 197～198。

〔註3〕李明輝先生對此亦有相近的理解，他說：「依孟子之見，道德主體（本心）所規定的道德法則必然有絕對的普遍性。」（李明輝：《儒家與康德》，台北：聯經出版事業公司，1990 年，頁 60。）

並不是認識外物，而是認識由充盡人之本心而作道德實踐所表現之德性，這便是孟子所指的「性」，亦即是以本心為根據所表現出來的仁義禮智之道德性。這道德性同時便是人之實存之性或人之超感觸的本性（下一節將詳言之），這便是孟子之言「仁者，人也」之意。這人之為人的本性亦同時是天地萬物之為天地萬物之性，亦是一道德的世界，此便如孔子所言之「天下歸仁」（《論語・顏淵》）及孟子之言「萬物皆備於我」（《孟子・盡心上》）。

　　如上章第一節所討論，道德法則就是康德所言的「只按照你同時能夠意願它成為一個普遍法則的那個格準去行動」。（Gr 4：421）道德法則只是那具有「普遍立法」的純然形式的法則，並不是依據任何材質的法則，故道德法則沒有具體內容，而只具法則性、普遍性。人之為人的本性便是人在道德法則之下的實存，而道德法則是本心（自由意志）所自立的法則，這便是孟子所言「仁，人心也」及「仁者，人也」之實義。仁者就是在人心所立的天理（道德法則）之下人之為人的實存。由人之道德實踐，除了實現之人之本性，同時即是實現一作為天地萬物在道德法則下的實存之道德世界。由於道德法則由主體性的「心」所訂立，這「本心之天理」透過人的道德實踐，把每一個人及天地萬物皆在道德法則下連結成一體而成道德世界，這便是一「主客先驗地綜和的事實」。〔註4〕故此，人之「盡心」就是實踐道德法則，把主體性的「心」所立的「理」實踐出來，以實現人之實存及萬物之實存，故「知性」之知是透過實現或創造的過程中（亦即是在先驗綜和的過程中）以知之，知之即創造之，同時即在創造中以知之。故孟子於此所言的知，不是我們一般所謂認識外在對象之知。所以，孟子之「性」並不是一自存的、外在於本心的客體，而是人之分定以實現己身的實存，我們認識及盡力實踐本心自立的道德法則，同時便認識由之而創發之主、客先驗地綜和的道德人格及道德世界。

　　由於由本心所立的道德法則是獨立於自然因果性而具絕對普遍必然性，故由充盡本心表現的「性」亦是具絕對的價值而為人之分定之性及天地萬物

---

〔註4〕盧雪崑先生指出：「一切哲學問題都基於主客先驗綜和的事實上，我們對主、客作超越之分解，旨在探明在主客先驗綜和的事實裡，兩種異質元素各自的活動與作用，及其綜和活動是依據什麼法則和方式而可能，……依於主客先驗地綜和的事實，主體性的『心』必週遍天地萬物而為言，而天地萬物亦必歸於主體性的『心』始能夠在萬物一體中獲得其意義。……這裡所言天地萬物是『本心之天理』之目的秩序下的物。」（盧雪崑：《孔子哲學傳統——理性文明與基礎哲學》，台北：里仁書局，2014年，頁163～164。）

之性，即人是先驗地必然要以實現這「性」。就此，孟子有言曰：「君子所性，雖大行不加，雖窮居不損焉，分定故也。」(《孟子·盡心上》)

在上章第四節中，我們指出了由於人之自我訂立及自我遵守的道德法則所決定的一個對象——圓善，人堪稱為創造的終極目的，並由之而把天地萬物皆目的論地置於人所立的道德法則之下而連結成道德的世界。這道德世界便是天地萬物之為天地萬物的實存，我們由此可設想一創造的實體「天」作為道德世界的根據。究其實，由於「本心之天理」，這作為天理或道德法則(法則)下所成的道德世界之根據的「天」，其實義便是本心之充其極，由此我們可達致一結論：本心就是創造世界的真正實體。〔註5〕

朱子對於孟子「盡心、知性、知天」，有如下之言：

> 心者，人之神明，所以具眾理而應萬事者也。性則心之所具之理，而天又理之所從以出者也。人有是心，莫非全體，然不窮理，則有所蔽而無以盡乎此心之量。故能極其心之全體而無不盡者，必其能窮夫理而無不知者也。既知其理，則其所從出。亦不外是矣。以《大學》之序言之，知性則物格之謂，盡心則知至之謂也。〔註6〕

依朱子之意，心是「人之神明」以「具眾理而應萬事」，性就是待心具之之「理」，而天則是理之所從出。朱子對盡心的理解，是窮外在於心的理以使心無不知理，知性就是知理，如能知道那些外在的理，便能知道理所從出的天。朱子以其對《大學》言「格物致知」之理解，來解讀「盡心、知性、知天」，故知性是透過「物格」以窮理知理，而盡心就是「至知」外在的理。對於朱子這「以格物窮理致知解孟子之盡心知性知天」，牟宗三先生認為「此顯非孟子意」。〔註7〕很明顯，朱子是「析心與理為二，又析心與性為二」，〔註8〕

---

〔註5〕盧雪崑先生指出：「就每一個人的意志自由(仁、本心)來看這道德主體，它就是『心』，就這道德主體就是人的實存定分而論，即可名為『性』，從這道德主體充其極而為一個道德世界的創造本源而言，它可被標舉於每一個人之上而為一個道德世界的『創造實體』，這實體可名曰『天』。」(盧雪崑：《孔子哲學傳統——理性文明與基礎哲學》，台北：里仁書局，2014年，頁167。)依盧先生之說，心、性及天皆是人之道德主體，亦即是人之本心，只是由於言說的分際不同，才有心、性及天三個不同的說法，並不意指有三個不同的東西，故謂「心、性、天是一」。

〔註6〕宋·朱熹：《四書章句集注·孟子集注》，北京：中華書局，1983年，頁349。

〔註7〕牟宗三：《心體與性體》第三冊，台北：正中書局，1996年，頁439。

〔註8〕盧雪崑：《孔子哲學傳統——理性文明與基礎哲學》，台北：里仁書局，2014年，頁182。朱子之析心與理為二，亦是明儒王陽明對朱子的主要批評，陽明

理則為外在的天所從出，故理亦外於心而與心為二，這跟孟子所言由心立理之「心即理」義不同。此外，孟子明言「盡其心」以「知其性」，「知其性」則「知天」，是由盡心開始以知性知天。朱子則表示要先知性（知理），才可盡心。於此，牟先生認為朱子「明顯地表示由于知其性，始能盡其心」，〔註9〕「無論以『知至』說盡心，……皆非孟子『盡心』之義。『物格而后知至』，以『知至』說盡心，是認知地盡。……孟子說『盡心』是充分實現（擴充）本心之謂，既非『知至』之認知地盡，亦非『依所知之理、盡心力而為之』之他律式的實行地盡。」〔註10〕盧雪崑先生亦指朱子把孟子之意「完全倒轉來說」。〔註11〕

朱子另外在《朱子語類》中說：

> 「性者，吾心之實理，若不知得盡，卻盡箇什麼？」「盡其心者，知其性也。」所以能盡其心者，由先能知其性，知性則知天矣。知性知天，則能盡其心矣。不知性，不能以盡其心。「物格而後知至。」
> 〔註12〕

朱子於此明言要先格物以窮物之理，方可知性（知理）、知天，然後才成其盡心，便是與孟子之意相反。由此可見，朱子之解是依其主、客二分的思考模式，把心視為主體，而性、天及理則屬於外在客體之事，如此，則只能以心合理，或心合外在事物之理。但是，如理只是外在客體事物之理，客體事物豐彩多姿、無窮無盡，如何能格盡事事物物而窮究其理，而這知性（知理）之功便亦不能全皆歸究於盡其在我之工夫，但孟子明言：「求則得之，舍則失之，是求有益於得也」，（《孟子‧盡心上》）而孔子亦有言曰：「我欲仁，斯仁至矣。」（《論語‧述而》）故此可知，孔孟皆指踐仁或盡心是盡其在我的，不用在本心之外另找其他的根源，但如依朱子之意，盡心是要靠格物窮理，便在本心之外另有客體之物以為盡心的條件，這似乎不是孔孟之本義。

---

說：「朱子所謂『格物』云者，在即物而窮其理也。即物窮理是就事事物物上求其所謂定理者也，是以吾心而求理於事事物物之中，析心與理而為二矣。」（明‧王陽明，鄧艾民注：《傳習錄注疏》，〈答顧東橋書〉，基隆：法嚴出版社，2000年，頁162。）

〔註 9〕牟宗三：《心體與性體》第三冊，台北：正中書局，1996年，頁440。
〔註10〕牟宗三：《心體與性體》第三冊，台北：正中書局，1996年，頁444。
〔註11〕盧雪崑：《孔子哲學傳統——理性文明與基礎哲學》，台北：里仁書局，2014年，頁183。
〔註12〕宋‧朱熹：《朱子語類》（四），北京：中華書局，1986年，頁1422。

孔子言「仁」及孟子之言「心性」，必是通於人以至天地萬物之實存而為旨趣，故必是通於存在而言仁及心性。當代學術界有一個的流行說法，就是指孔、孟之言仁或心性，只涉及道德而不涉及存在，當中可以徐復觀及勞思光二位先生為代表。

對於孟子所言的「本心」，徐復觀先生認為本心的活動是「道德的根據」，是「從以耳目口鼻的欲望為主的活動中擺脫開」，而為「直接而獨立的活動」，「心在擺脫了生理欲望裏脅時，自然呈露出了四端的活動」。〔註13〕徐先生表示本心直接而獨立於生理欲望的活動，便是四端活動，即道德活動。徐先生指性是「人之所受以生」，而天則為「性之所自來」，〔註14〕但徐先生並不認為孟子之性及天有獨立的意義，他說：「『盡心』，不是心有時而盡，只是表示心德向超時空的無限中的擴充、伸展。而所謂性，所謂天，即心展現在此無限的精神境界之中所擬議出的名稱。」〔註15〕由此可見，徐先生之意是孟子之本心只有道德的意涵，並不涉及世界的實存，性及天只是在盡心過程中所「擬議」的名稱而沒有實義。對於「萬物皆備於我」，徐先生表示「即是《論語》上的『天下歸仁』；克己而突破了自己，以與天下為一體，此時天下皆歸到自己仁德之中」，徐先生所指的「與天下為一體」及「天下歸到自己仁德之中」，其實義只是「自己與人類同其憂樂」，以及「與萬物共其呼吸」。〔註16〕由此亦可知，徐先生對「萬物皆備於於我」的理解，只是在道德實踐中關顧到己身之外的他人及萬物，其重點亦只是限於道德之事，而沒有涉及到實現世界的本性或實存。徐先生對孔孟只關涉道德而不講存在的立場，於他處有更明確的論述：

> 即使非常愛護中國文化，對中國文化用功很勤，所得很精的哲學家，有如熊師十力，以及唐君毅先生，卻是反其道而行，要從具體生命、行為、層層向上推，推到形而上的天命天道處立足，以為不如此，便立足不穩。沒有想到，形而上的東西，一套一套的有如走馬燈，在思想史上，從來沒有穩過。〔註17〕

〔註13〕徐復觀：《中國人性論史：先秦篇》，台北：台灣商務印書館，1999年，頁173。
〔註14〕徐復觀：《中國人性論史：先秦篇》，台北：台灣商務印書館，1999年，頁180。
〔註15〕徐復觀：《中國人性論史：先秦篇》，台北：台灣商務印書館，1999年，頁181。
〔註16〕徐復觀：《中國人性論史：先秦篇》，台北：台灣商務印書館，1999年，頁183。
〔註17〕徐復觀：〈向孔子的思想性格回歸〉，《中國思想史論集續編》，台北：時報文化，1982年，頁432～433。

　　徐先生認為孔子的學說中並沒有形而上學，只重視具體生命及行為，而熊十力先生及唐君毅先生等哲學家，卻反其道而行，把孔子之學說推到一形而上學，但在思想史上不同的形而上學從沒有穩過。徐先生於此段引文雖主要討論孔子學說，但相信此觀點亦代表他對孟子學說之立場。這一段引文很清楚反映了徐先生對孔孟的仁學及心性之學的立場。

　　勞思光先生自始便十分反對以形上實體義之天理解孔孟的天，並表示孔孟學說只是心性之學，而沒有形而上學的旨趣。勞先生說：「形上學重視『有或無』，故必以『實體』觀念為根本；心性論重視『能或不能』，故以『主體』或『主宰性』為根本。」〔註18〕對於孔孟及《中庸》《易傳》的差別，勞先生表示：

　　孔孟之說，本屬「心性論」，以「主體性」為第一序，自甚明白。〈中庸〉《易傳》及宋儒之說，則並非先以「主體性」為基礎以展開而建立「客觀化」觀念。故孔孟之學與〈中庸〉《易傳》之「天道觀」之差異，……是代表「主體性」之「心性論」與強調「存有原則」之「天道觀」間之差異。〔註19〕

　　由此可知，勞先生理解的孔孟學說，只限於心性（主體）的能力的問題，並不涉及存在或「是」的問題。對於孟子所言之心，勞先生認為是指價值意識的自覺心，即對「應該不應該」之自覺，〔註20〕而就心、性及天三者而言，他說：「『心』是主體，『性』是『主體性』而『天』則為『自然理序』」。〔註21〕他亦指「『天』作為『本然理序』看，則即泛指萬事萬物之理」，並表示「萬物皆備於我」之意思為「心性中包有萬物之理」。〔註22〕

　　關於「知其性」則「知天」，勞先生本人表示「本身意義不甚明確」，〔註23〕

---

〔註18〕勞思光：《新編中國哲學史》（一），台北：三民書局，2012 年，頁 187。
〔註19〕勞思光：《新編中國哲學史》（三上），台北：三民書局，2012 年，頁 65。
〔註20〕勞思光：《新編中國哲學史》（一），台北：三民書局，2012 年，頁 157。
〔註21〕勞思光：《新編中國哲學史》（一），台北：三民書局，2012 年，頁 188。
〔註22〕勞思光：《新編中國哲學史》（一），台北：三民書局，2012 年，頁 187。
〔註23〕勞思光：《新編中國哲學史》（一），台北：三民書局，2012 年，頁 187。對於性及天的關係，勞先生作了一個把兩者作比較的討論，指出不論假設性比天小、假設性比天大或假設兩者相等，皆不合於孟子所言知性則知天，並指性不能出於天。鄭宗義先生表示這是一個奇怪的論證，可能是勞先生早年不成熟的看法。（鄭宗義：〈心性與天──論勞思光先生對儒學的詮釋〉，劉國英、張燦輝合編，《無涯理境──勞思光先生的學問與思想》，香港：中文大學出版社，2003 年，頁 75。）勞先生以性及天作這樣的比較，是把「『性』、『天』

而我們通觀勞先生的文字，似亦未能找到其對「盡心、知性及知天」的明確解釋。鄭宗義先生嘗試解讀勞先生的意思，指「勞先生像是在說盡心則能表現性，性是人的本然之理，故人由知其自身本然之理則可知萬物亦各有其本然之理」。〔註24〕可是，這樣的解讀亦似十分牽強，如「知天」是「知萬物亦各有其本然之理」，那明顯不用「盡心」及「知性」便可得知。此外，從上面的引文中看到，勞先生明以「心性中包有萬物之理」解「萬物皆備於我」，故此，知天又像是指「知萬事萬物之理」。根據上文對朱子就盡心知性的討論，如盡心之意是知理，天下萬事萬物之理如何能窮得盡？再者，如盡心是知理，則亦不合孔孟之本義。不過，總括而言，勞思光先生反對孔孟傳統有形而上學的意味，孔孟之天亦不是形而上的實體，對此，則是非常明確的。

　　勞先生反對以形而上的實體理解孔孟之天，因為若如此，便是以漢儒的「宇宙論中心之哲學」混淆了孔孟的心性之學，即把「一切歸於一『天』；以此說明一切存在及關係，亦據此以立價值標準。」〔註25〕勞先生認為凡言形上天便是指一外在客觀的天，故反對心性的本源是這外在的天，他說：「孟子之心性論，全建立在『主體性』觀念上，無論其論證強弱如何，處處皆可以離開『形上天』之假定而獨立。則『天』觀念在孟子思想中並無重要地位，似亦無疑。」〔註26〕盧雪崑先生指出勞先生明顯如朱子那樣，是以主、客二分的思考模式，〔註27〕理解孔孟之心性及天，即把心性歸於主體而屬於主觀面，而天及存在則屬於外在的客體而為客觀一面。勞先生嚴格把兩者分開，故不認為心性的來源是外在的天。可是，本文所擬論證的道德的形而上學，並不是勞先生所認為的漢儒的「宇宙論中心之哲學」，而是以由主體所立而具普遍必然性的道德法則為基礎，即奠基於既主亦客的天理，來建立的主、客先驗地綜和

---

作為自由概念而確立，卻被誤作為自然概念來解讀。」（盧雪崑：《孔子哲學傳統——理性文明與基礎哲學》，台北：里仁書局，2014年，頁166。）自由的概念是基於道德法則的必然普遍性才可得到決定的超越的概念，故性與天不是經驗的東西，不能作大、小或相等的比較。

〔註24〕鄭宗義著：〈心性與天——論勞思光先生對儒學的詮釋〉，劉國英、張燦輝合編，《無涯理境——勞思光先生的學問與思想》，香港：中文大學出版社，2003年，頁75～76。

〔註25〕勞思光：《新編中國哲學史》（三上），台北：三民書局，2012年，頁3。

〔註26〕勞思光：《新編中國哲學史》（一），台北：三民書局，2012年，頁193。

〔註27〕盧雪崑：《孔子哲學傳統——理性文明與基礎哲學》，台北：里仁書局，2014年，頁163。

的道德形而上學，而不是如勞先生所認為的以宇宙論中心所建立的形而上學。

　　徐復觀及勞思光二先生皆反對孔孟哲學包含有形而上學而涉及存在，主要的關鍵是他們對道德的理解。據上文所論，徐先生指心擺脫耳目口鼻的欲望以直接而獨立活動便是道德實踐，而勞先生則認為道德源於價值意識的自覺心，即由心自覺什麼是應該，什麼是不應該。但是，擺脫耳目口鼻的欲望及價值意識的自覺心皆未有觸及人自我立道德法則的立法之意，故亦非道德的真義。道德是人自我遵守由意志自由（本心）所訂立的道德法則（天理），天理是由主體而立，並同時具普遍必然性的法則。透過「本心之天理」的普遍必然性，我們才可決定人自身的實存以至天地萬物的實存，故本心才配稱為創造的實體。這由天理而通於人及萬物的實存，才是道德的本義。二位先生所理解的道德皆沒有「本心之天理」之意，即沒有由主體訂立而具普遍必然性的既主亦客之天理的意思，故二先生理解的道德充其量只能是一種「價格論」，〔註28〕價格論只有相對的價值，而沒有天理之普遍必然性所顯的絕對純粹的至善之意。如沒有天理為基礎，「價格論」只涉及「應該不應該」、「善惡」或「價值」的判斷，並沒有絕對必然性，這便如康德所說：「有一種價格的東西能被某種別的東西作為等價物取代。」（Gr 4：434）道德法則（天理）並不只是屬於主體的，它由主體而立並透過普遍立法的純然形式而具普遍必然性，故它同時是客觀的。人以至萬物惟有在既主亦客的道德法則所包含的絕對純粹至善之下才得以決定本身的實存。故此，道德不是關乎相對價值的判斷，而是賴之以決定人及天地萬物的實存。依康德之意，「客觀的自由法則，它們說明什麼應當發生」，（A802/B830）以及「自由概念應該把它的法則所賦予的目的在感觸界裏實現出來」，（KU 5：176）所以，這便如盧雪崑先生說：「道德之『應當』必定是人（及萬物）之實存之『應當』。」〔註29〕

## 第二節　從人之道德性論人之為人的本性

　　在《孟子》一書中，「性」是其中一個最重要的概念，而孟子之言「性」，其中一層意思便是言人之道德性。

---

〔註28〕盧雪崑：《孔子哲學傳統──理性文明與基礎哲學》，台北：里仁書局，2014年，頁 184～185。
〔註29〕盧雪崑：《孔子哲學傳統──理性文明與基礎哲學》，台北：里仁書局，2014年，頁 170。

孟子曰:「君子所性,雖大行不加,雖窮居不損焉,分定故也。君子
所性,仁義禮智根於心。」(《孟子·盡心上》)

孟子明確指出,君子的性是分定故也,即定然如此,不可變改,這是性
之為性的意思。對於性的內容,便是「君子所性,仁義禮智根於心」,即以「仁
義禮智」為君子之為君子的道德性。《集注》對此句有注云:「仁義禮智,性之
四德也。根,本也。」〔註30〕仁義禮智是道德的人或君子所表現出來的德性,
故我們可以道德性理解為孟子所言之「性」的第一層意思。這仁義禮智的德
性,孟子表示是「根於心」,其意是以心為根本或根源,即以心為根本以表現
出來的仁義禮智。故此,依孟子之意,仁義禮智的德性並不是依從由外在於
人的規律而成的,而是以內在於人的心為其根源的。孟子所言的心便是「四
端之心」。

孟子曰:「惻隱之心,仁之端也;羞惡之心,義之端也;辭讓之心,
禮之端也;是非之心,智之端也。人之有是四端也,猶其有四體也。」
(《孟子·公孫丑上》)

孟子曰:「仁義禮智,非由外鑠我也,我固有之也,弗思耳矣。故曰:
『求則得之,舍則失之。』或相倍蓰而無算者,不能盡其才者也。」
(《孟子·告子上》)

「不能盡其才者」中之「才」,可理解為才能之「才」,故孟子所言之心
是指心的能力。四端之心就是心之能力的不同表現。依孟子的意思,四端之
心是「人皆有之」,是每一個人都具備擁有的能力。此外,「仁義禮智,非由外
鑠我也,我固有之也,弗思耳矣」,這人所固有的仁義禮智並不是指「根於心」
所表現出來的德性是人之所固有,即不是指人與生俱來便表現出仁義禮智,
如是這樣,則世界便沒有不善之事,而事實上,經驗世界中我們隨處皆可發
見人之不善。孟子之意是作為仁義禮智之根據的四端之心或心之能力是人之
所固有,即每一個人皆與生俱來便具備這個心的能力,這心之能力是要透過
人之「思」才能充分的表現出來。《尚書·洪範》有言曰:「思曰睿。……睿作
聖。」就「思」、「思曰睿」及「睿作聖」,《尚書正義》分別注之曰:「心慮所
行」、「必通於微」及「於事無不通謂之聖」。〔註31〕《說文解字》解睿為「深

〔註30〕宋·朱熹:《四書章句集注·孟子集注》,北京:中華書局,1983年,頁355。
〔註31〕漢·孔安國傳,唐·孔穎達正義:〈洪範〉,《十三經注疏·尚書正義》,國立
　　　　編譯館主編,台北:新文豐出版社,頁449~450。

明也，通也。」〔註32〕孟子亦於〈離婁上〉曰：「思誠者，人之道也。」可見，思者即心之慮，慮之以通於微及深明之，便是睿。孟子言「弗思」，就是沒有思慮、省察己心之能力以通於微而使之充分的如其為自己的表現出來，相反，「思誠」就是省察己心之能力而如其為本身所應是的以表現出來，這便是「人之道」。故此，這與生俱來所具備的心之能，並不表示一定會自動的發揮及表現出來，若如孟子所言「弗思」，便「舍」而失之，而不能有仁義禮智之表現，若能思之，便「求則得之」，即能持存心之為心以表現仁義禮智之德性。

我們進一步可問的，是這心之能所發揮的功能是什麼。在上一節中，我們已論明了孟子所言的本心之能是訂立道德法則（天理）。康德在《實踐理性批判》中提出以下兩個定理。定理一：「一切把意欲機能的客體（材質）作為意志決定根據的前提條件的實踐原則，一概是經驗的，並且不能給出實踐法則。」（KpV 5：21），及定理二：「一切材質的實踐的原則皆為同一類，並且從屬於自愛或個人幸福的普遍原則。」（KpV 5：22）康德進而指出：「一個有理性者要麼根本不能把他的主觀實踐的原則，亦即格準同時思量為普遍的法則，要麼他就必須同意，這些格準的純然形式，即它們適合於普遍立法的所依據的形式，獨自就使它們成為實踐的法則。」（KpV 5：27）故此，康德經由對於實踐理性機能之批判考察，得出了一條純粹實踐理性的基本法則：「要這樣行動，使得你的意志之格準在任何時候都能夠作為普遍的立法的原則。」（KpV 5：30）依康德之意，一切以材質的客體作為意志決定根據的實踐原則，皆是經驗的，並不是實踐法則，而且皆從屬於自愛或個人幸福的原則，只有依據「適合普遍立法」的純然形式，才可稱為實踐法則或道德法則。

> 孟子曰：「生，亦我所欲也；義，亦我所欲也，二者不可得兼，舍生而取義者也。生亦我所欲，所欲有甚於生者，故不為苟得也；死亦我所惡，所惡有甚於死者，故患有所不辟也。如使人之所欲莫甚於生，則凡可以得生者，何不用也？使人之所惡莫甚於死者，則凡可以辟患者，何不為也？由是則生而有不用也，由是則可以辟患而有不為也。是故所欲有甚於生者，所惡有甚於死者，非獨賢者有是心也，人皆有之，賢者能勿喪耳。」（《孟子·告子上》）

在此引文中，孟子指出「生」及「義」皆是吾人之所欲，如「二者不可

---

〔註32〕漢·許慎著，臧克和、王平校訂：《說文解字新訂》，北京：中華書局，2002年，頁259。

得」，則「舍生取義」。如果人只有「以材質的客體作為意志決定根據的實踐原則」，即人只有依據經驗的原則或只有依據自愛、個人幸福的原則的可能，則人之「所欲莫甚於生」，「所惡莫甚於死」，而「凡可以得生者，何不用也」？「凡可以辟患者，何不為也」？但是，人事實上是有不為生、不為辟患之「舍生取義」之可能，這便是「所欲有甚於生者」，「所惡有甚於死者」，唯「義」之所在。依康德之意，人要麼「不能把主觀的實踐的原則，亦即格準同時思量為普遍的法則」，要麼「他就必須同意，依據使自己適合普遍立法的那個純然的形式，單獨自身就成為實踐的。」現在，孟子既已指出了人「舍生取義」之可能，即人是可以選擇行義的，故「意志之格準任何時候都能夠作為普遍立法的原則而有效」必是可能的，即以「適合普遍立法」的純然形式為依據而立的實踐法則或道德法則必是可能的。「舍生取義」，「非獨賢者有是心也，人皆有之」，這便是「心之所同然」。心之所同然之「同」，便是康德所言之「普遍立法」的純然形式，即訂立普遍道德法則的能力。

　　孟子曰：「所以謂人皆有不忍人之心者，今人乍見孺子將入於井，皆有怵惕惻隱之心。非所以內交於孺子之父母也，非所以要譽於鄉黨朋友也，非惡其聲而然也。」（《孟子・公孫丑上》）

　　在上列引文中，孟子舉了「乍見孺子入井」之例子。《集注》對此有注云：「乍，猶忽也。……言乍見之時，便有此心，隨見而發，非由此三者而然也。……謝氏曰：『人須是識其真心。方乍見孺子入井之時，其心怵惕，乃真心也。非思而得，非勉而中，天理之自然也。內交、要譽、惡其聲而然，即人欲之私矣。』」〔註33〕在忽然之間看到孺子快要跌入井中，便即有怵惕惻隱之心，這便是真心，即心之所以為心之真心。內交、要譽、惡其聲皆是依經驗原則而有之考慮，即是屬於自愛或個人幸福的原則，故是人欲之私。由於乍見之間未及有任何經驗的計較思量，故心所依據的便只有其普遍立法的純然形式所自立的道德法則，由於道德法則是普遍的，故怵惕惻隱人皆有之。這人皆有之只表示人皆有這自立道德法則的能力，但如「弗思」，人亦可放失其心，故事實上人亦可沒有表現這怵惕惻隱。孟子之意是如撇開經驗的計量考慮，人本有之超越的心之如其為自己而表現出來便皆有怵惕惻隱。孟子是要點出這能自立道德法則的超越的心。

　　孟子曰：「耳目之官不思，而蔽於物，物交物，則引之而已矣。心之

―――――――――――

〔註33〕宋・朱熹：《四書章句集注・孟子集注》，北京：中華書局，1983年，頁237。

官則思，思則得之，不思則不得也。」(《孟子‧告子上》)

在這引文中，孟子就「思」有進一步的討論。《集注》言：「官之為言司也。」〔註34〕故官可理解為司職之意。孟子於此以耳目之官與心之官對揚，心之官透過思便能「得之」，而耳目之官則不能透過思而「得之」，故是「蔽於物」。如作為認識機能以言之，耳目之官主要是認識外物，故必會與物相交以形成對物之認識，這本是中立沒有色彩的，但孟子於此以「蔽於物」之負面色彩以言耳目之官，可知孟子於此不是就認識之能以作討論。孟子於此是討論實踐的問題，因耳目之官所認識之物是經驗之物，故「蔽於物」之意，如依康德所言，便是依意欲機能的客體（材質）作為意志的決定根據，而這意志是從屬於自愛或個人幸福的原則，故一概是經驗的及主觀的，故「蔽於物」便是以經驗之物作為意志的決定根據，而沒有實踐的普遍必然性。

另一方面，如上文所言，心之官就是訂立天理、訂立道德法則的能力，心之訂立天理，是以「普遍立法」的純然形式以立之，並不涉及任何經驗之物，即不以任何經驗之物作為立法的決定根據，故具有實踐的普遍必然性。孟子於〈離婁上〉有言曰：「思誠者，人之道」，《集注》對此有注云：「誠者，實也。」〔註35〕《中庸》第二十章有言曰：「誠之者，人之道也」，而《集注》則言：「誠者，真實無妄之謂。」〔註36〕故思者，思其本質之意，即思其為真實無妄之如其為自己之意，即思誠也。由於心之官是先驗地立道德法則，即不是以經驗之物為決定根據以訂立道德法則，故心之官可透過思而真實無妄之如其為自己以得其本質，即「思則得之，不思則不得也」。如「弗思」，便是「舍則失之」及「此之謂失其本心」(《孟子‧告子上》)，如能反思、省察心之官，便是「求則得之」。故此，這「思則得之」之「得」，便「得有」心所訂立的道德法則之意。「得有」心所訂立的道德法則，便是心不但可自訂道德法則，亦需要持存這道德法則，並依據道德法則而行，心才能充分地如其為心之為心而表現出來。故此，心之能「思」，亦包含有「持存」、「保有」之意。

孟子曰：「故苟得其養，無物不長；苟失其養，無物不消。孔子曰：『操則存，舍則亡；出入無時，莫知其鄉。』惟心之謂與？」(《孟子‧告子上》)

---

〔註34〕宋‧朱熹：《四書章句集注‧孟子集注》，北京：中華書局，1983年，頁335。
〔註35〕宋‧朱熹：《四書章句集注‧孟子集注》，北京：中華書局，1983年，頁282。
〔註36〕宋‧朱熹：《四書章句集注‧中庸章句》，北京：中華書局，1983年，頁31。

在上列引文中，孟子言「苟得其養」及「苟失其養」，其所養的對象，便是「惟心之謂與」的「心」。心要成為其心，是要透過「養」的工夫。此外，孟子亦在引文中引用孔子之言「操則存，舍則亡」，所存者及所亡者皆是指心，但心要得存其為心，便亦要「操」的工夫。故上文所言的心之思，實亦包括有「養」及「操」的工夫。養者，可有「保養」之義。《孟子正義》曰：「（《說文》）手部云：『操，把持也。』《禮記曲禮》『操右契』，註云：『操，持也。』」〔註37〕操者，亦有「把持」、「持」之義。故「養」及「操」者皆有「持存」、「保有」之意。心要成為其心，須透過養及操的工夫，而心之能是訂立天理、訂立道德法則，故所保養及操存的是心立的理，操存這理就是依從這理而行，心如能選擇依從這理而行，心便得以保持而成為其心之所為心。相反，如心選擇不依從所訂立的天理而行，即不依從「普遍立法」之純然形式的法則而行，而以經驗之物為其意志的決定根據，便是「蔽於物」，故心不依從天理而行，就是失去了心之為心的本質，而不再成為其心，這便是孔子所言「舍則亡」。舍可理解為捨棄之意，心捨棄其自身，就是捨棄其為心之為心的本質，即是捨棄其自身所訂立的天理。不選擇依從天理而行，就是心之亡，亡就是蔽於物而心不成為其心。

對於「操存舍亡」，《孟子正義》有言曰：「毛氏奇齡《聖門釋非錄》云：『「出入無時，莫知其鄉」，直接「惟心之謂」句，分明指心言，蓋存亡即出入也。惟心是一可存可亡、可出可入之物，故操舍惟命，若無出入，則無事操存矣。』」〔註38〕另外，《集注》亦云：「程子曰：『心豈有出入，亦以操舍而言耳。操之之道，敬以直內而已。』」〔註39〕所謂心之「出」，就是心離開其自己而未能成為心之為心，而心之「入」就是心能保持其自身而成為其自身，而其「出」或其「入」，要之皆在於操、養的工夫，操之之道，「敬以直內而已」，就是心之不依外物而只敬謹地依其內在的自身而訂立之天理而行，這便是操之之道，亦是養之、思之及誠之之道。

上文論明了由四端之心之操存、持存而表現之德性，即為人之道德性。在下列引文中，孟子進一步指出，如沒有惻隱之心、羞惡之心、辭讓之心及是非之心，則不復為人矣。

---

〔註37〕清‧焦循：《孟子正義》下冊，北京：中華書局，2012年，頁778。
〔註38〕清‧焦循：《孟子正義》下冊，北京：中華書局，2012年，頁778。
〔註39〕宋‧朱熹：《四書章句集注‧孟子集注》，北京：中華書局，1983年，頁331。

　　孟子曰：「由是觀之，無惻隱之心，非人也；無羞惡之心，非人也；
無辭讓之心，非人也；無是非之心，非人也。」(《孟子‧公孫丑上》)

　　孟子之意並不是指有些人真的「沒有」四端之心，因孟子言四端之心是
「人皆有之」，故「沒有」四端之心只是沒有操存或持存其心而放失掉的意
思。換一個說法，「沒有」四端之心並不是指沒有自立道德法則的本心，這本
心是人皆有之，孟子所指「無」四端之心是指人沒有持存心所自立的道德法
則於心中，以為行為的依據，即心不再如其為自己而表現出來以成仁義禮智
之德性，這便是放失了本心。本心放失了，人便未有表現其道德性，而孟子進
而對此言「非人也」，可見孟子所理解的道德性，便同時即為人之為人之性。

　　我們可借用康德對本性的論述，來說明孟子所言人之為人之性。康德說：
「最普遍意義上的本性（Natur）就是事物在法則之下的實存。一般理性存在
者的感性之本性就是他們在經驗性上有條件的法則之下的實存，因而對於理
性來說就是他律。與此相反，同樣這些存在者的超感觸本性就是他們按照獨
立於一切經驗性條件，因而屬於純粹理性的自律的那些法則的實存。……所
以，超感觸本性就我們對它能夠形成一個概念而言，無非就是一個在純粹實
踐理性的自律之下的本性。」（KpV 5：43）康德把「人的本性僅僅理解為（遵
從客觀的道德法則）一般地運用人的自由的、先行於一切被察覺到的行為的
主觀根據。」（Rel 6：21）

　　康德理解的「本性」是「事物在法則下的實存」，並指人可有兩種本性，
分別為「感性的本性」及「超感觸的本性」，而超感觸的本性才是人的本性。
康德對這超感觸之本性又名曰「人的智性的本性」（intelligibelen Natur），它就
是「從一切想要佔據統治地位的感性依賴中掙脫出來」的「獨立性」和「分定
要達致的心靈偉大」。（KpV 5：152）康德指出這超感觸之本性是我們的「本
性的道德稟賦」（moralischen Anlagen unserer Natur），（KpV 5：163）亦是我們
「本性的道德分定」（moralischen Bestimmung unserer Natur）。（KpV 5：122）
依康德之意，超感觸的本性無非就是人的意志自由之自律，是人在自立的道
德法則之下的實存，亦是我們本性的道德分定，而孟子所指的人之為人之本
性便是人之超感觸的本性。

　　孟子曰：「體有貴賤，有小大。無以小害大，無以賤害貴。養其小者
為小人，養其大者為大人。」(《孟子‧告子上》)

　　公都子問曰：「鈞是人也，或為大人，或為小人，何也？」孟子曰：

「從其大體為大人，從其小體為小人。」曰：「鈞是人也，或從其大體，或從其小體，何也？」曰：「耳目之官不思，而蔽於物，物交物，則引之而已矣。心之官則思，思則得之，不思則不得也。此天之所與我者，先立乎其大者，則其小者弗能奪也。此為大人而已矣。」（《孟子·告子上》）

在上列兩條引文中，孟子提到「體有貴踐，有大小」之分，即所謂大體和小體，而「養其大者」或「從其大體」者為「大人」，「養其小者」或「從其小體」者為「小人」。依引文之意，小體者為耳目之官，而大體者當為心之官。如只順耳目之官而行事，即順經驗之物而行事，便是蔽於物而為小人，如此，便即是在經驗為條件的法則下的實存，故可類比為康德所言的「感性的本性」。相反，如以心之官為行事的依據，即按心自立之理而行，這便為大人，並即是康德所言的人的意志自由之自律或「超感觸的本性」，亦為人之為人的本性。

何以體有貴踐、大小之別？小體是蔽於物，故是受感官的影響並服從外在的自然法則。但是，大體是我們「從一切想要佔據統治地位的感性依賴中掙脫出來」的「獨立性」和「分定要達致的心靈偉大」。它只服從由心所自立的道德法則，並由此主宰其自我而使其成為在道德法則之下的實存，故依從大體而表現的本性，具有不依自然法則的獨立性，並由於這獨立性使人感到人的尊嚴，以及心靈的偉大。孟子之意是從其大體的大人是人之道德性，並由此使人感到人之為人的尊嚴、獨立性及絕對價值，故這亦同時是人之為人之性。

孟子提出大人（大體）及小人（小體）之分，並不表示小體的不重要，相反，人是具有感性的身分，即具有形軀存在的需要，故小體或感性的本性亦是重要的，但是，孟子並不以從其小體的小人為人之為人的本性。

孟子曰：「口之於味也，目之於色也，耳之於聲也，鼻之於臭也，四肢之於安佚也，性也，有命焉，君子不謂性也。仁之於父子也，義之於君臣也，禮之於賓主也，智之於賢者也，聖人之於天道也，命也，有性焉，君子不謂命也。」（《孟子·盡心下》）

孟子所指「口之於味也，目之於色也，耳之於聲也，鼻之於臭也，四肢之於安佚也」，皆表人之感性的本性，這亦是屬於人的本性，但這本性是依從外在經驗之物，即依從外在的自然法則，故受外在的他律的影響，孟子雖以

之為人之本性（人之感性的本性），但這本性的實現與否，皆受外在經驗的原因所影響，故言「有命焉，君子不謂性也」，不謂性即不以這本性為人之為人的本性或分定之性。另一方面，孟子亦有指出「仁之於父子也，義之於君臣也，禮之於賓主也，智之於賢者也，聖人之於天道也」，這皆是人之超感觸的本性，即人在心所自立及自我遵守的道德法則之下的實存及所表現的德性，雖然這本性的充分表現與否亦受經驗條件的限制，即孟子所言的「命也」，但是，孟子仍以此為人之為人的本性，而謂「有性焉，君子不謂命也」，由於這本性的根源，即本心自立及自我遵守道德法則的能力，是絕對獨立不依據外在自然法則而對其自身即是一絕對的主宰。

　　孟子所言「求則得之，舍則失之，是求有益於得也，求在我者也」，（《孟子·盡心上》）便是指人之大體，而其所言「求之有道，得之有命，是求無益於得也，求在外者也」，（《孟子·盡心上》）則為人之小體。因大體是盡其在我的自我立法及自我遵守的能力，故是求有益於道，求在我者也。但是，小體是受感性或性好所影響，故是得之有命，求在外者，求無益於得也。

　　孟子曰：「夫仁，天之尊爵也。」（《孟子·公孫丑上》）

　　此所言的仁，是統攝其所言根於四端之心而表現的仁義禮智的德性。仁義禮智是本心根據道德法則而有不同表現的德性，並不指有四個不同的心，故四端之心可由本心而統而言之，本心者，心之自我立法及自我遵循的能力，而根於此本心所表現的德性，孟子於此則以仁統言之，亦即康德所言的超感觸的本性。仁者，只自我遵循自立的道德法則，而完全獨立於經驗中的機械的自然因果法則，因而具有絕對的價值，而不是只有相對的價值。故這仁者或超感觸的本性具有絕對的尊嚴，這便是天的尊爵。孟子於此，並不意指這尊爵是由一外在的天所賜與，天於此只表示尊爵的絕對必然性。

　　孟子曰：「有天爵者，有人爵者。仁義忠信，樂善不倦，此天爵也；
　　公卿大夫，此人爵也。」（《孟子·告子上》）

　　孟子曰：「欲貴者，人之同心也。人人有貴於己者，弗思耳。人之所
　　貴者，非良貴也。趙孟之所貴，趙孟能賤之。」（《孟子·告子上》）

　　孟子於此所言的「天爵」和「良貴」，跟「天之尊爵」的意義相同，皆是指仁者自我遵循道德法則的尊嚴，即絕對的價值，故「天爵」之天與「良貴」之良皆表絕對必然性。孟子把天爵、良貴與人爵、人貴互相對揚，指出人爵及人貴只有相對的價值，即可有經驗上很多不同的原因而失其爵位，如「趙

孟之所貴，趙孟能賤之」，故完全不具絕對的價值。就此，牟宗三先生有言曰：「天爵之天是個虛位的形容詞，落實于仁義忠信上說天爵，說良貴，天即定然義。……即固有義。凡固有而定然如此者即說為天——以天形容之。……只表示凡此等等是本來如此者，是定然如此者，其本身即是終極的，並不表示說：凡此等等是由超越的外力規定其為如此的。」〔註40〕

> 孟子曰：「仁，人之安宅也；義，人之正路也。」（《孟子‧離婁上》）

> 孟子曰：「仁，人心也；義，人路也。舍其路而弗由，放其心而不知求，哀哉！……學問之道無他，求其放心而已矣。」（《孟子‧告子上》）

上列引文以仁為人之安宅，安宅者，有歸宿之意。由於仁是人之為人之本性，故仁就是人所應該致力促進其實現的本性，即盡力回到人之為人之本性，故言人之安宅。「仁，人心也」，表示仁者是以心為根據以成其為仁者，意義與「仁義禮智根於心」相同。此外，這兩段引文亦指出「義，人之正路也」及「義，人路也」，其意義與人之安宅相類似。這裏所言的義，亦是統攝由本心所表現的德性，故與前文所言的仁的意義相同，既然仁是人之安宅，朝着安宅（仁）的行事方向當然是正路，亦是人之為人所應行之路。

引文亦有言曰：「學問之道無他，求其放心而已矣。」牟宗三先生就此處所言的「學問」有如下之意：「『學問』即是『人之為人』之學問，不是得知經驗知識之學問，如今之所謂科學者。……學即學着如何求其放心，問即是詢問如何求其放心。」〔註41〕牟先生之言是也。孟子所言之學就是學「做人」，學「成為人之為人」之學，而其中最核心的一點就是「求其放心」。放即放失也，故「放心」即「放失了的本心」，而「求」在這裏除有尋求，亦有尋回、恢復之意。故此，「求其放心」就是「尋回、恢復其放失了的本心」之意，尋回之道就是操存、持存本心所立的道德法則，持存道德則法即是使道德法則成為行為的根據，而在此道德法則下之實存的本性，便是人之為人的本性。故學「成為人之為人」之道就是「尋回、恢復其放失了的本心」。

孟子言「士庶人不仁，不保四體」（《孟子‧離婁上》），士庶人泛指人，不保四體不是指沒有了四體，四體當指形軀的身體，不仁指沒有遵循本心所立的道德法則而行。當人不依本心所立的道德法則而行，即依感性或性好（即

---

〔註40〕牟宗三：《圓善論》，台北：學生書局，1996年，頁133。
〔註41〕牟宗三：《圓善論》，台北：學生書局，1996年，頁43。

以材質的或經驗的條件）為行為的格準，則其存在只是在自然法則（他律）下的實存，即只顯其感性的本性，由於孟子不以此「有命焉」的本性（感性的本性）為人之為人之本性，故不保四體是表示人未有實現其人之為人之本性（超感觸的本性），而只依其感性的本性而成其存在。

我們可以孟子之直截了當之言「仁也者，人也」作為本節的總結，人之道德性便即是人之為人之本性。

# 第三節　「萬物皆備於我」包含道德的目的論

在上章第四節中，我們參考康德哲學，指出由於意志自由訂立的道德法則所決定的一個對象──圓善，人堪稱為創造的終極目的，並由之而把天地萬物皆目的論地置於人所立的道德法則之下而連結成道德的世界。這作為天地萬物之實存的道德世界，便是「萬物皆備於我」之意。圓善包含有「德福配稱」之意思，我們亦可在《孟子》中發現有「德福配稱」的含意。

孟子提出「體有貴賤，有小大」，即以大體為貴，小體為賤。正如上節所言，小體者為耳目之官，而大體者當為心之官。如只順耳目之官而行事，即依從經驗之物而行事，便是蔽於物，而為小人，即只實現人之「感性的本性」。相反，如以心之官為行事的依據，即按心所自立之理而行，這便為大人，亦即實現人之「超感觸的本性」。孟子所言的大人為貴者，是由於人之「超感觸的本性」是獨立不依於經驗的自然因果性，具絕對的價值，故言貴。相對而言，小人或人之感性的本性，只根源於人之經驗或性好而依從經驗的自然法則，即依從他律而成，故只可言相對的價值或工具的價值，而未可言絕對的價值，故以此為賤。以此為賤只是相對於大體而言為賤，並不是指小體並不重要，而要賤視之。

> 孟子曰：「魚，我所欲也；熊掌，亦我所欲也，二者不可得兼，舍魚
> 而取熊掌者也。」（《孟子·告子上》）

孟子並不是主張禁欲主義，他明言魚及熊掌皆是人之所欲，只是當「二者不可得兼」時，才舍魚而取熊掌，故孟子並不主張禁欲，即並不是主張魚與熊掌兩者皆不要，如在二者皆可得而又合於天理的情況下，二者皆可欲。魚與熊掌的比喻只是指出人如要迫不得已而要作選擇時，人應舍生取義，因為「義」是絕對地求之在我的，是求有益於得，是獨立不依於經驗的計量而

具絕對的價值，故這大體比較於小體而言是大、是貴，小體則為小為賤。

  孟子曰：「今有場師，舍其梧檟，養其樲棘，則為賤場師焉。養其一指而失其肩背，而不知也，則為狼疾人也。飲食之人，則人賤之矣，為其養小以失大也。飲食之人無有失也，則口腹豈適為尺寸之膚哉？」（《孟子‧告子上》）

  對於引文，《集注》有言：「場師，治場圃者。梧，桐也；檟，梓也，皆美材也。樲棘，小棗，非美材也。」〔註42〕故場師舍梧檟而養樲棘，則未能盡場師之為場師之本性而為賤。對於「狼疾人」，牟宗三先生曰：「趙注解狼疾為狼藉，紛亂也。此解是，茲從之。狼疾人意即顛倒惑亂之人，與前段『弗思甚也』之語相呼應，『弗思』意即無頭腦。筵後杯盤狼藉指杯盤紛亂言。說某人聲名狼藉言其人不堪一提。」〔註43〕牟先生之解甚是也，狼疾人即是「弗思」之人，牟先生言弗思意即無頭腦，如再準確一些，弗思就是沒有思誠之人，即是沒有把本心所立之道德法則持存於本心之中以為行為的根據，這亦是沒有實現人所分定之超感觸的本性之人，言其紛亂就是未能依從純粹的心之官而表現出人之為人之本性，而只受耳目之官所認識之紛亂的、雜多的經驗事物以為行為的決定根據，故言紛亂之人。此外，飲食之人，如其只是以飲食為養其形軀之體為首要目的，而不是以合乎道德的方式以得飲食，即為「養小而失大」，則人便以之為賤。依孟子之意，如飲食之人不失其大，即以有道之方以得飲食，才能成為大人，或實現人之超感觸的本性。故此，滿足口腹雖亦所當養，但必須是依有道之方以養之，而不是為「尺寸之膚」以滿足口腹之欲。孟子這「無以小害大，無以賤害貴」（《孟子‧告子上》）之意，即是以大體統攝小體，以小體隸屬於大體之下，這便有「德福一致」、「德福配稱」之意。

  孟子曰：「廣土眾民，君子欲之，所樂不存焉。中天下而立，定四海之民，君子樂之，所性不存焉。君子所性，雖大行不加焉，雖窮居不損焉，分定故也。君子所性，仁義禮智根於心。」（《孟子‧盡心上》）

  在這引文中，孟子分別言君子之所欲、所樂及所性，意思層層遞進，而

---

〔註42〕宋‧朱熹：《四書章句集注‧孟子集注》，北京：中華書局，1983 年，頁 334〜335。

〔註43〕牟宗三：《圓善論》，台北：學生書局，1996 年，頁 49。

特顯出所性的絕對價值。對於「廣土眾民」，《集注》有言曰：「地闢民聚，澤可遠施，故君子欲之。」〔註44〕君子不會徒以廣土眾民為可欲，而是由於廣土眾民可達致「澤可遠施」，才是君子之所欲。但是，君子之所欲仍未及於君子之所樂，所樂者，「中天下而立，定四海之民」，《集注》就此有言曰：「其道大行，無一夫不被其澤，故君子樂之。」〔註45〕君子之所樂就是「其道大行，無一夫不被其澤」，其道大行尤有進於澤可遠施，故君子之所樂亦較所欲有高一層的意義。不過，不論是所欲或所樂，仍然是受經驗界的條件所制約。君子是否可得廣土眾民以使澤可遠施，這當然有經驗的偶然性而沒有必然性，就算是君子得以推行仁政，是否必能使其道大行，亦是沒有經驗的必然性。在上位者不支持君子之仁政或受小人之饞言以使仁政功敗垂成，歷史已時有之，故君子有推行仁政的機會，是否便能「中天下而立，定四海之民」，亦是沒有必然性的。故此，所欲與所樂皆是屬於幸福的問題，而孟子亦不會以此兩者為君子之所性。

　　君子者，孟子有言曰：「君子所以異於人者，以其存心也。」（《孟子·離婁下》）君子就是把天理持存於心之人，即有仁德之人。君子所性，孟子言其「雖大行不加焉，雖窮居不損焉」，即不會因外在經驗世界的環境改變而對其性分之所定有所改變，故言「分定故也」，即定然如此，不可偏離，亦即是君子之為君子的本性。對於君子所性的內容，孟子是以「仁義禮智根於心」以為言，即根於人的仁義禮智便是人之分定之性。

　　孟子分別言所欲、所樂及所性，並以所性為具最高的價值。孟子之意並不是指所欲及所樂因為是要依從經驗的自然法則而抹殺其意義，人始終是具有經驗身分的存在，故對於所欲及所樂所歸屬的幸福的問題亦需要照顧的，而孟子亦言「口之於味也，目之於色也，耳之於聲也，鼻之於臭也，四肢之於安佚也」（《孟子·盡心下》），全皆有性焉，但因為這感性的本性是要依待經驗的自然法則為條件，故言「有命焉」。孔子及孟子皆不是主張禁欲，沒有忽略或賤視人之自然之性或自然之需要，只是不以這感性之本性作為人之本性，並要把這感性的本性隸屬於人之道德性或超感觸的本性之下，而有「德福一致」或「德福配稱」之概念。故所欲與所樂必須以所性為首出，才是人之為人的正途，而不能忽視所性而只以所欲與所樂為追求的對象。就此，牟宗三先

〔註44〕宋·朱熹：《四書章句集注·孟子集注》，北京：中華書局，1983年，頁354。
〔註45〕宋·朱熹：《四書章句集注·孟子集注》，北京：中華書局，1983年，頁355。

生有言曰:「就人而言,所欲所樂之幸福與所性之德既兩不可化除,則此兩者必須關聯起來。其關聯不是對立並列之關聯,乃是隸屬之關聯,即本末之關聯。本末是就人生之價值意義說,不是就時間先後之實然說。價值意義之本末意即幸福必須以道德為條件。不可逆其序而說道德以幸福為條件。」〔註46〕

從以上之討論,可見在孟子的學說中,實包含有「德福一致」或「德福配稱」的意思,故可知孟子言性,實亦包含有天地之性的意思。

孟子曰:「萬物皆備於我矣。反身而誠,樂莫大焉。強恕而行,求仁莫近焉。」(《孟子·盡心上》)

對於這段引文,《孟子正義》有言曰:「普謂人為成人已往,皆備知天下萬物,常有所行矣。……成人已往,男子年二十已上也。是時知識已開,故備知天下萬事。……既知則有所行,故云常有所行矣。」〔註47〕焦氏明以「知」以解「備」,故言備知天下萬事萬物,即以認知或認識的角度理解「萬物皆備於我」。但是,《孟子》全篇皆明是言人之道德,何由於此突然轉變以言對天下萬物的認識,可見焦氏之言實不合於孟子原意。《集注》則言曰:「此言理之本然也。大則君臣父子,小則事物細微,其當然之理,無一不具於性分之內也。……此章言萬物之理具於吾身,體之而實,則道在我而樂有餘;行之以恕,則私不容而仁可得。」〔註48〕朱子的理解,則是指萬物的當然之理具備於吾身。在本章第一節,我們已論明孟子之知性並不應理解為窮理、知理,而孟子於此明確地言「萬物皆備於我」,不是言萬物之理皆備於我,故朱子之意亦似不甚妥當。

那麼,我們可如何理解「萬物皆備於我」?就這問題的討論,我們可參考上章第四節透過道德目的論對「天下歸仁」所作的討論。很明顯,這句話不能理解為把人視作自然或萬物的主宰,或是整個自然皆以人作為最後的目的,因為人只不過是自然因果串列中的其中一環,我們並沒有亦不能夠免於自然的災難或破壞之中,故顯以而見,我們並不是自然的主宰或是自然的目的。不過,人作為有理性者,其所自立的道德法則先驗地規定着一個終極目的——圓善。由於在圓善中,德與福兩者被思為必然地相結合,即福被思為隸屬於德之下而有「德福配稱」之概念,故圓善是以絕對普遍必然的道德法

〔註46〕牟宗三:《圓善論》,台北:學生書局,1996年,頁172。

〔註47〕清·焦循:《孟子正義》下冊,北京:中華書局,2012年,頁882~883。

〔註48〕宋·朱熹:《四書章句集注·孟子集注》,北京:中華書局,1983年,頁350。

則為首出，而圓善自身亦是絕對普遍必然的。故此，道德的人先驗地規定着圓善，人才可堪稱作為創造的終極目的，而才言「萬物皆備於我」。「萬物皆備於我」是道德目的論地把整個自然皆隸屬於道德的人，即人類透過努力地作道德實踐而把道德法則實現於自然的世界，並創造一個道德的世界，而這道德的世界才堪稱終極的世界。人要致力達致一個道德的世界，才可有實現圓善的希望。故此，在道德法則下存在的世界才是世界之為世界的目的，才是天地萬物之為天地萬物之性。

　　要實現道德的世界，則要「反身而誠」，即回到人己身之本心，並致力使本心真實無妄地如其為自身而表現出來，即讓本心所立的道德法則存於本心而作道德實踐。由於致力實現道德的世界才有達致圓善的希望，故致力實現道德的世界便亦是道德的人所意欲的對象，故便亦是人「莫大之樂」。雖然萬物皆備於我，但這道德的世界或天地萬物之性並不是天造地設便存在，是要靠人孜孜不倦地作道德實踐，才能實現出來。故在引文的後段，孟子仍回到「強恕而行，求仁莫近」之言，即「萬物皆備於我」是要人之勉力踐仁才可達致的。

　　　孟子曰：「是故誠者，天之道也；思誠者，人之道也。」（《孟子·離婁上》）

　　在上段的引文，孟子言「誠者，天之道」，以「誠」配「天之道」是十分深刻而具哲學心靈的。言天之道即是言萬物存在之道。誠者，當是指真實無妄的人，即是人之為人的本性或人之超感觸的本性，亦即是人之道德性。誠者可引申為本心的充分的彰顯。以本心的充分彰顯配作萬物存在之道，其意是以本心作為萬物存在的根據，而其所以可能的根據就是因為把道德的人作為世界存在的終極目的，並把整個天地萬物皆目的論地置於道德的人之下，以期望透過道德法則把所有人及整個天地萬物結合成一個道德的世界。故此，「誠者，天之道」就是以充其極的本心作為天地萬物的存在的根據，但這裏所言的天地萬物並不是指天造地設的、單指經驗的自然世界，而是指超越的本心（主體）所立的道德法則與經驗意義下的自然（客體）結合而成的主、客先驗綜和所成的道德世界，亦即是人所分定要實現的透過道德法則把所有人及整個天地萬物結合成一體的道德世界。

　　既然人是分定要實現道德的世界，道德世界便是有待人去實現的對象而為人之理想，這理想是由普遍的道德法則所規定，故亦是有理性的人之普遍

的理想。故此，人之為人之道就是致力實現這理想，而人之所能為者就是「思誠」。「思誠」者，就是上文言「反身而誠」之意，即是思慮、省察本心之真實無妄地如其為自己之表現出來。本心之為本心，就是本心能操存其自立的道德法則於其中，以為行動的根據以實踐道德行為。

　　　孟子曰：「有大人者，正己而物正者也。」（《孟子‧盡心上》）

　　孟子於〈告子上〉曾言從其大體為大人，而大體者，本心者也。依從本心所立的道德法則而行的便是大人，即是道德的人。「正己」便是大人透過道德的實踐而使己身得其正之謂。孟子言「正己」便可使物得其正，是因為萬物均從屬於道德的人之下，並透過大人之道德法則而使天地萬物成為道德的世界，故言物得其正。故孟子言「正己而物正者」，其背後是有道德目的論為其根據。

　　　孟子曰：「仁也者，人也。合而言之，道也。」（《孟子‧盡心下》）

　　對於這段引文，《集注》有云：「仁者，人之所以為人之理也。然仁，理也；人，物也。以仁之理，合於人之身而言之，乃所謂道者也。」〔註49〕朱子之意，是人之身合於仁之理便是「道」，姑且勿論這仁理是否是由人之本心所立的理，還是外於人之理，但很明顯朱子之意是此句純是言道德之事。但是，依上文的討論，孟子言道德性便是人之本性，而這性同時亦是萬物之性，故孟子在這裏所說的「道」，不應只是人之為人之道，而為人之本性，「道」亦必通於存在之事，而為天地萬物之為天地萬物之道，這便是天地萬物之性。故此，仁者，即道德的人，除了透過道德性以表現出人之性外，亦同時透過實踐道德法則於其身處的自然以創造一個第二自然，即道德的世界，這才充盡孟子所言之「道」的意思。

## 第四節　孟子言「天之所與我者」與《中庸》言「天命之謂性」

　　　孟子曰：「耳目之官不思，而蔽於物，物交物，則引之而已矣。心之官則思，思則得之，不思則不得也。此天之所與我者，先立乎其大者，則其小者弗能奪也。此為大人而已矣。」（《孟子‧告子上》）

　　孟子言「天之所與我者」，就此，唐君毅先生表示「孟子言人之心性，固

---

〔註49〕宋‧朱熹：《四書章句集注‧孟子集注》，北京：中華書局，1983年，頁367。

言此為天之所以與我者，即言其有其所自來之本原是名為天。」〔註 50〕雖然唐先生並沒有明言此天為天神或上帝，〔註 51〕，但他仍有把這天視為外在實存之意。

　　其他學者亦有以外在實存之天作為孔孟心性之根源之說。楊澤波先生表示孟子之引《詩經》「天生烝民，有物有則，民之秉彝，好是懿德」，（《孟子・告子上》）以及其言「天之所與我者」和「盡心知性知天」，皆「清楚表明了孟子的確是在有意為性善尋找終極原因，直至最後將這個原因歸結到了天，將天作為性善的形上根據。」〔註 52〕楊先生並指自孟子以天作為性善的根源，儒家的道德形上學之閘門便打開了，並「成為一個共同的無法避免的思想取向了。」〔註 53〕故此，《中庸》亦順着這個路子之發展，而有「天命之謂性」之言。楊先生所理解的「天命之謂性」，是以天論性、以天說性說命之意，即以「德性之天解釋道德的來源」，並稱之為「以天論德」。〔註 54〕

　　朱子就《中庸》的「天命之謂性」，有如下的注釋：

　　　　命，猶令也。性，即理也。天以陰陽五行化生萬物，氣以成形，而理亦賦焉，猶命令也。於是人物之生，因各得其所賦之理，以為健順五常之德，所謂性也。〔註 55〕

　　據朱子之意，命即令，而性即理。以命為令，即天與命分為二，天為主詞，命為謂詞，而天所命的便是性（理）。萬物（包括人）據氣以成形，而理賦於其中焉，即天命令於萬物而使其各得其理。朱子在對「盡心知性知天」（《孟子・盡心上》）的注解中亦指出，天是理之所從出，如要知理，則要格物

〔註 50〕唐君毅：《中國哲學原論：原道篇一》，台北：台灣學生書局，2004 年，頁 244。
〔註 51〕唐君毅先生指：「今謂此天為自然為天神或上帝，皆無不可。……然此皆非要點所在。人亦可各自有其神學與形而上學之說。當知此類之說，初皆原自人之推論想像，或人自以為獨得之啟示。此中，人之種種想像推論與啟示，互不相同，永相辯爭，即見其說之無定。」（唐君毅：《中國哲學原論：原道篇一》，台北：台灣學生書局，2004 年，頁 244。）雖然唐先生指這作為心性之本源的天並不能有確定之說，但唐先生仍有把這天視為外在實存之意，只是不同學說對其有不同的理解，故無定說。
〔註 52〕楊澤波：《牟宗三三系論論衡》，上海：復旦大學出版社，2006 年，頁 117。
〔註 53〕楊澤波：《牟宗三三系論論衡》，上海：復旦大學出版社，2006 年，頁 117～118。
〔註 54〕楊澤波：《牟宗三三系論論衡》，上海：復旦大學出版社，2006 年，頁 118～119。
〔註 55〕宋・朱熹：《四書章句集注・中庸章句》，北京：中華書局，1983 年，頁 17。

窮理。〔註 56〕朱子之意是理為外在於人，故此，我們可知朱子所言的天亦似為一外在於人之天而賦物以理。

如前文所討論，徐復觀先生認為孔孟的哲學主要是談道德，雖亦有言及天，但只表道德的超經驗的性格，或只是本心在無限展現的過程中所擬議的名稱。徐先生並不認為孔孟哲學涵有一套涉及存在的形上學，而天於孔孟的學說中亦沒有實義。即使徐先生對孔孟哲學抱持以上的理解，但對於《中庸》的「天命之謂性」，徐先生卻視此天為一外在的實存而「命」人以性。他說：「『天命之謂性』，決非僅只於是把已經失墜了的古代宗教的天人關係，在道德基礎之上，與以重建；更重要的是：使人感覺到，自己的性，是由天所命，與天有內在的關連；因而人與天，乃至萬物與天，是同質的，因而也是平等的。」〔註 57〕徐先生認為人之性是由天所命，並由此表明人與外在的天是同質的，即同具無限而崇高的價值。〔註 58〕徐先生認為，「天命之謂性」是子思回應孔子之「性與天道」所提出的回答，〔註 59〕即「孔子所證知的天道與性關係，乃是『性由天所命』的關係」，並指這句說話是在子思之前，「根本不曾出現過的驚天動地的一句話。」〔註 60〕由此可知，徐先生主張性與天道的關係，要到子思作《中庸》時才有突破性的理解，即性由天所命，於此，我們可看到徐先生理解的命為命令，此解與朱子的理解相近。〔註 61〕

唐君毅先生對於《中庸》之「天命之謂性」，指出是「直接溯人性之原於天命，人性乃上承天命而來」，「以見人性之宇宙之意義與形而上之意義，乃謂『思知人不可不知天』」，並表示《中庸》的思想，「兼通性德與天德人道與天道之本體之誠所生之思想」。〔註 62〕據唐先生對《中庸》所抱持的看法，人性乃承於作為一外在實存之體之天命而為其本源，以給與人性以宇宙及形而

---

〔註 56〕宋・朱熹：《四書章句集注・孟子集注》，北京：中華書局，1983 年，頁 349。

〔註 57〕徐復觀：《中國人性論史：先秦篇》，台北：台灣商務印書館，1999 年，頁 117～118。

〔註 58〕徐復觀：《中國人性論史：先秦篇》，台北：台灣商務印書館，1999 年，頁 118。

〔註 59〕在學術界一片疑古之風之下，徐先生曾就《中庸》之成書問題作研究，以證其出於子思，即是其成書乃在孟子之前。（徐復觀：《中國人性論史：先秦篇》，台北：台灣商務印書館，1999 年，頁 103。）

〔註 60〕徐復觀：《中國人性論史：先秦篇》，台北：台灣商務印書館，1999 年，頁 117。

〔註 61〕盧雪崑先生亦指「徐先生解『天命』之『命』為命令，此乃依循朱子：『命，猶令也』。」（盧雪崑：《孔子哲學傳統──理性文明與基礎哲學》，台北：里仁書局，2014 年，頁 193。）

〔註 62〕唐君毅：《中國哲學原論：導論篇》，台北：台灣學生書局，2004 年，頁 150。

上之意義。

　　關於「天命之謂性」之「天命」，牟宗三先生認為表面上或字面上，這「天命」的第一種講法是指「定然的、無條件的（unconditional）、先天的、固有的（intrinsic, innate）」，〔註63〕故整句的意思是「天定如此即叫做性」。〔註64〕不過，牟先生認為這種講法，並「不能盡『天命之謂性』一語的全蘊，亦不合古人說此語的涵義」，〔註65〕必須進至第二種的講法。牟先生說：「『天命之謂性』不能直解為『於穆不已』之天命實體即叫做性，然『天所命而定然如此』之性，如進一步看其『內容的意義』，亦實涵此義。……而此亦即形成客觀地從本體宇宙論的立場說性之義。」〔註66〕他又說：「《中庸》、《易傳》直下無內無外，劈頭即以『於穆不已』之天命實體展示天道為一形而上的創生實體，並由此實體說性體。」〔註67〕依牟先生之意，「天命之謂性」已含有從外在的天命實體以說性體之意。

　　當代學術界一個主流的看法，是認為先秦儒家學說中的「天」、「天命」等，其義皆是指表一外在實存的形上實體，但是，正如本文導論所欲提出的，這是否合乎孔、孟之原意呢？

　　參考本文第四章第三節之討論，我們可藉康德對超感觸者的說明，以對孔孟之天作進一步的討論。康德揭明「自由」是「事實物」，故自由是實存，我們對另外三個超感觸者，即圓善、上帝及不朽，才可在實踐的意圖中決定對它們的一種認識，故因著自由之為「事實物」，另外三個超感觸者因而稱為「信仰之事」，「信仰之事」只是思維的東西並具有實踐的客觀實在性。〔註68〕據康德之意，我們可指孔孟之「天」是因著「本心」的實存而為「信仰之事」，但是信仰之事只是思維的東西，是思想之物，並不能由此而推論出它們的實存。就此，康德強調，設定信仰之事決不是要求「超出經驗之外去假定一個新的客體」，（KpV 5：135）並強調「完全從純然的概念出發來認識這個東西的實存，這是絕不可能的。」（KpV 5：139）

　　孟子言「盡心知性知天」，是由心說到天，此與康德的見解是相同的，

〔註63〕牟宗三：《中國哲學的特質》，台北：台灣學生書局，1994年，頁74。
〔註64〕牟宗三：《心體與性體》第一冊：台北：正中書局，1996年，頁29。
〔註65〕牟宗三：《中國哲學的特質》，台北：台灣學生書局，1994年，頁74。
〔註66〕牟宗三：《心體與性體》第一冊：台北：正中書局，1996年，頁30。
〔註67〕牟宗三：《心體與性體》第二冊：台北：正中書局，1996年，頁508。
〔註68〕參考本文第四章第三節。

即由「本心」的實存而推論到作為人之信仰或確信之事的「天」，但並不需要亦不可能推論到「天」之實存，我們綜觀《孟子》一書，亦沒有以「天」為實際存在之言說。同樣，在《論語》中，孔子亦沒有以天作為形而上實體的意思。孔子云：「知之為知之，不知為不知，是知也」，（《論語‧為政》），亦云：「天何言哉」，（《論語‧陽貨》）對於不是作為經驗的對象而被言說或被知的天，孔子似不會對之作「能知其實存」的肯定或肯斷。但是，如我們把孔孟之天理解為如康德所言的「信仰之事」，以作為人所分定要實現的人格性及道德世界的超越的根據，並促進人之道德實踐，則似乎可較合孔孟所言之天的意思。

熊十力先生指出：「天者，無待之稱。」〔註69〕對於「天命之謂性」，他說：「『無聲無臭曰天』以其為萬物之統體而言也」。〔註70〕熊先生亦言：「按道字，或云天道，或單名曰道，今略舉《論語》、《大易》、《大戴禮》、《中庸》互相證明，則道之恆常義，自可見。」〔註71〕從熊先生的意思可見，他未有把天實化為一形上實體，而只把天之意思表象為「無待之稱」、「無聲無臭」、「萬物之統體」及「恆常義」。故此，這形上的「天」只是一思想的東西以象徵恆常、絕對之意思，並不代表實存的形上實體。「用康德的說話，它只是軌約原則、綜體之理念，並不特指有任何實在之謂詞加諸其上（故曰『無聲無臭』）」，〔註72〕理念者，即思想的東西，不代表實存。依熊十力先生之意，如把天實化為一形上實體，以為「最上之本源。以命為天之發用，……如此說者，則天命性道，便有本支之別，層級之判。而所謂天者，將與宗教家之上帝無別矣。經文置『之謂』二字，正顯即義。」〔註73〕經文之「之謂」二字，正是沒有把天實化之意，而只是一個名稱。

明末劉蕺山有言：「天即理之別名，此理生生不息處即是命。以為別有蒼蒼之天、諄諄之命者，非也。」〔註74〕蕺山亦於〈學言中〉有云：「天者，萬

〔註69〕熊十力：《讀經示要》上冊，台北：明文書局，1999 年，頁 20。
〔註70〕熊十力：《讀經示要》上冊，台北：明文書局，1999 年，頁 27。
〔註71〕熊十力：《讀經示要》上冊，台北：明文書局，1999 年，頁 20。
〔註72〕盧雪崑：《孔子哲學傳統──理性文明與基礎哲學》，台北：里仁書局，2014 年，頁 196。
〔註73〕熊十力：《讀經示要》上冊，台北：明文書局，1999 年，頁 28。
〔註74〕明‧劉宗周：〈中庸首章說〉，戴璉璋、吳光主編，《劉宗周全集》第二冊，台北：中央研究院中國文哲研究所籌備處，1997 年，頁 350～351。

物之總名，非與物為君也。道者，萬器之總名，非與器為體也。性者，萬形之總名，非與形為偶也。」〔註 75〕依蕺山之意，並不是在世界之外「別有」一個蒼蒼之天之實存以諄諄地命，而天只是萬物的「總名」，即是萬物之綜體的一個名稱，不是在萬物之外的一個主宰（君）。「總名」實只表對天作為思維之物之描述，只是一個名稱，並不意指天之實存。

　　如天並不是形上實體，則我們不應把「天命之謂性」之「命」理解為命令之意，熊十力先生云：「『流行曰命』從其賦物而言也，……即起變化，而成萬物也。」〔註 76〕盧雪崑先生表示：「『命』從『流行』、『賦物』而言，意思是並不實指什麼命令在下達。」〔註 77〕所以，「天命之謂性」並不是如部份學者們所理解，由形上實體的天作為性體的本源或根據。盧先生說，「天命之謂性」的意思無非是：「恆常不易的，亦即必然的（凡『必然的』乃以『天』字表徵之）分定（『命』作實存之決定解），即叫做『性』。」〔註 78〕此解甚是。我們不需要形上實體的天作為我們道德心性的根源，但我們知道我們必然地要充分實現我們道德的分定，這就是「性」，並表之以「天命」。

## 第五節　論「從上而下」與「從下至上」兩種進路的說明

　　牟宗三先生就先秦儒家的發展，有如下之言：

　　大抵先秦後期儒家通過《中庸》之性體與道體通而為一，必進而從上面由道體說性體也。此即是《易傳》之階段，此是最後之圓成，故直下從『實體』處說也。此亦當作圓滿之發展看，不當視作與《論》《孟》相反之兩途。蓋《論》《孟》亦總有一客觀地、超越地言之之『天』也。……此只是一道德意識之充其極，故只是一「道德的形上學」也。先秦儒家如此相承相呼應，而至此最後之圓滿，宋明儒

---

〔註 75〕明・劉宗周：〈學言中〉，戴璉璋、吳光主編，《劉宗周全集》第二冊，台北：中央研究院中國文哲研究所籌備處，1997 年，頁 480。
〔註 76〕熊十力：《讀經示要》上冊，台北：明文書局，1999 年，頁 27。
〔註 77〕盧雪崑：《孔子哲學傳統——理性文明與基礎哲學》，台北：里仁書局，2014年，頁 196。
〔註 78〕盧雪崑：《孔子哲學傳統——理性文明與基礎哲學》，台北：里仁書局，2014年，頁 197。

即就此圓滿亦存在地呼應之，而直下通而一之也：仁與天為一，心性與天為一，性體與道體為一，最終由道體說性體，道體與性體仍是一。〔註79〕

由以上引文及前文所討論，可知牟先生是認為孔孟之天是形而上的實體，這實體是「客觀地、超越地」而言的。謂其客觀的是由於天是外在於人之實體，言其超越的是因為天不在經驗之中故言超越的或形上的。但牟先生表示孔孟之天雖已有「客觀地、超越地言之之『天』」之意，仍未能澈盡道德的形而上學的全幅意涵，必須進至「《中庸》之性體與道體通而為一」，以及《易傳》之「從上面由道體說性體」，才是道德的形而上學的「圓滿之發展」，並在此意義下，以言道體與性體為一，心性與天為一。

對於此「由上而下」的進路所理解的道德的形而上學，牟先生於另一處有如下的論述：

不但性體與天命實體上通而為一，而且直下由上面斷定：天命實體之下貫于個體而具于個體（流注于個體）即是性。『於穆不已』即是『天』此實體之命令作用之不已，即不已地起作用。此不已地起命令作用之實體命至何處即是作用至何處，作用至何處即是流注至何處。流注于個體即為個體之性。〔註80〕

牟先生所理解的道德的形而上學之最圓熟的發展，是由上面「於穆不已」的天命實體不已地起作用，以下貫（流注）到人（個體）便成為人之性。依牟先生之意，此性是以理言的性，亦是「本心即性」之性。〔註81〕

據牟先生的意思，整個儒家包括先秦儒家以至宋明儒，皆是一「內聖之學」或「成德之教」，「成德」的最高目標是成「聖」、「仁者」及「大人」，而其真實的意思則是使個人有限的生命達致「無限而圓滿之意義」。〔註82〕在儒家的傳統中，道德實踐所以可能的先驗根據，皆歸結到心性的問題，這一方面的討論屬於「道德底哲學」的範圍。〔註83〕另一方面，牟先生亦指出，「成德之教」同時即涵有一「道德的形上學」之意思，這不同於「道德底哲學」，後者是說明道德的先驗本性，而前者是「涉及一切存在而為言者」，而「道德

〔註79〕牟宗三：《心體與性體》第一冊：台北：正中書局，1996年，頁35。
〔註80〕牟宗三：《心體與性體》第一冊：台北：正中書局，1996年，頁31。
〔註81〕牟宗三：《心體與性體》第一冊：台北：正中書局，1996年，頁29。
〔註82〕牟宗三：《心體與性體》第一冊，台北：正中書局，1996年，頁6。
〔註83〕牟宗三：《心體與性體》第一冊，台北：正中書局，1996年，頁8。

的形上學」是「由道德的進路來接近形上學，或形上學之由道德的進路而證成者」。〔註84〕牟先所言的「成德之教」，同時包含有「道德底哲學」及「道德的形上學」兩層意思。

　　這由道德的進路來接近，或形上學之由道德的進路所證成之「道德的形而上學」，即由道德以涉及存在的進路，是如何理解呢？就此，牟宗三先生有如下的意思：

> 內聖之學之道德實踐是以成聖為終極，而聖之內容與境界則是「大而化之之謂聖」，是「與天地合其德，與日月合其明，與四時合其序，與鬼神合其吉凶，先天而天弗違，後天而奉天時」，是于吾人有限之個體生命中直下能取得一永恆而無限之意義，故其所體悟之超越實體、道體、仁體、心體、性體、於穆于己之體，不能不「體物而不遺」，「妙萬物而為言」，蓋聖心無外故也。〔註85〕

　　牟先生指出聖者之「仁心之感通乃原則上不能劃定其界限，此即函其向絕對普遍性趨之申展」，〔註86〕故聖心仁心無外，必通於天地萬物以申展其絕對普遍性，及其極也，必「體物而不遺」以達於天地、日月、四時及鬼神，故此道德的先驗根據一方面「直接地是吾人之性體，同時即通『於穆不已』之實體而為一」，性體「開道德行為之純亦不已」，同時即「洞澈宇宙生化之不息」。〔註87〕

　　牟先生所提出的「心體、性體不能不體物而不遺、妙萬物而為言」、「吾人之性體同時即通於穆不已之實體而為一」以及「性體開道德行為之純亦不已同時即洞澈宇宙生化之不息」等，當中有關心體、性體的表現，以及其與「於穆不已」的天命實體之間的關係，牟先生分別用了「不能不體物、妙萬物」、「同時即通於」及「同時即洞澈」等用字。這「心體、性體『同時即通於』天命實體」的說法，是牟先生所構建其所理解的「道德的形而上學」一個重要的命題。這個命題是建基於兩個對於孔孟以至《中庸》《易傳》之天的理解：第一個理解為先秦儒學之天是一客觀實存之天命實體，第二個理解是天命實體下貫（流注）到人而為人之心、性，即「客觀地自天道建立性體」。〔註88〕

---

〔註84〕牟宗三：《心體與性體》第一冊，台北：正中書局，1996年，頁9。
〔註85〕牟宗三：《心體與性體》第二冊，台北：正中書局，1996年，頁252。
〔註86〕牟宗三：《心體與性體》第一冊，台北：正中書局，1996年，頁23。
〔註87〕牟宗三：《心體與性體》第一冊，台北：正中書局，1996年，頁37。
〔註88〕牟宗三：《心體與性體》第一冊，台北：正中書局，1996年，頁552。

　　依康德的批判考論，「惟有這一個理念（自由）的對象是事實物（Tatsachen），並且必須被歸入 scibilia〔可知之事〕。」（KU 5：468）另一方面，「這一被命令的結果（圓善），連同其可能性的那些我們惟一能思維的條件，也就是說，上帝存在及心靈不朽，都是信仰之事（res fidei），而且是所有對象中惟一能夠被如此稱謂的對象」，（KU 5：469）並且是「對我們來說在實踐的關係中有客觀的實在性的理念」。（KU 5：469）故此，對於上述的第一個理解，即天命實體之實存問題，正如我們在上一節所作的討論，天在孔孟的傳統中，是一個道德的確信或信仰，是我們要充分實現己身的道德分定時所必須要的設定。道德的確信或信仰，只是我們思維的東西，如我們從思想之物推論到此物的實存，便是超出了我們認識機能的界限而構成了虛幻之物。康德一直堅持：「完全從純然的概念出發來認識這個東西（上帝）的實存，這是絕對不可能的。」（KpV 5：139）

　　對於第二種理解，即由上面的天命實體下貫（流注）到人而為人之性，這亦可有值得商榷的地方。牟先生的這個說法，似乎反映了他是以主、客二分的思維模式理解孔孟之心、性及天。他把心、性歸屬於主體而天則為客體一邊，由於主體之心、性之道德實踐之能力，是由於客體的天命實體所下貫或流注到人而成其為人之心、性，故人之道德實踐不單是實現人之道德人格，亦「同時即」體物而不遺，並「同時即達於」天地、日月、四時及鬼神而合其德、合其明、合其序及合其吉凶，這便是牟先生所言曰：「天之創生過程亦是一道德秩序也。此即函着說宇宙秩序即是道德秩序，道德秩序即是宇宙秩序也。……心性之道德創造即是天道之創造性。」〔註89〕這是由於天命實體與性體，就其「內容的意義」而言，兩者是同一的，〔註90〕牟先生說：「就其統天地萬物而為其體言，曰形而上的實體（道體 Metaphysical reality），此則是能起宇宙生化之『創生實體』；就其具于於個體之中而為其體言，則曰『性體』，此則是能起道德創造之『創造實體』，而由人能自覺地作道德實踐以證實之」。〔註91〕牟先生進一步云：「心即是『道德的本心』。此本心即吾人之性。如以性為首出，則此本心即是彰著性之所以為性者。」〔註92〕故此，依

〔註89〕牟宗三：《圓善論》，台北：台灣學生書局，1996 年，頁 137。

〔註90〕牟宗三：《心體與性體》第一冊，台北：正中書局，1996 年，頁 30。

〔註91〕牟宗三：《心體與性體》第一冊，台北：正中書局，1996 年，頁 40。

〔註92〕牟宗三：《心體與性體》第一冊，台北：正中書局，1996 年，頁 41。

牟先生之意，客觀的天命實體即是就人之主體而言的性體、心體，故主體的道德實踐，同時便是客體的最高之天命實體的宇宙生化之創造。這便是牟先生所理解「天道性命通而為一」的規模，〔註93〕主體的心、性同時即等同於客體的天命實體，當中是「由人能自覺地作道德實踐以證實之」。

對於「道德創造同時即通於萬物的創造」這一道德的形而上學的義理，本文是同意的，這亦是牟先生對當代儒學的重大貢獻，使儒學重新接上孔孟及宋明儒的智慧。但是，透過天命實體下貫於個體而成個體之心體、性體，這一由上而下的說明方法，本文則抱有懷疑的立場。

天命實體是屬於超感觸的，即不是我們可認識的經驗的對象。對於我們不能有認識的天命實體，我們如何可以認識這天命實體的「下貫」？這「下貫」的過程和作用似乎同樣是超出我們的認識機能而不能對其構成決定的認識，故我們更加不能指客體的天命實體下貫而為人之主體之性。所以，一個我們沒有認識的天命實體，它起着我們亦不能有認識的「下貫」的作用，而形成我們的心、性，即道德實踐的能力，對於這樣的一個論述，究其實，我們是不能證明的，就好像是自明的命題。如我們進一步說，由於這天命實體的下貫，而使我們主體的心、性，同時即具有實現客體世界的能力，這同樣是難以成立的，因為這是對於我們不能認識的東西賦與了實際內容。

我們可以清楚知道己身實踐道德的能力，即我們可清楚知道我們可以自我遵循自身訂立的道德法則，這便如孔子所言「為仁由己，而由人乎哉」（《論語‧顏淵》）、「我欲仁，斯仁至矣」（《論語‧述而》），以及孟子之言「思則得之」（《孟子‧告子上》）及「求則得之」（《孟子‧盡子上》）之意。所以，對於我們可清楚意識到的道德實踐之能力，我們沒有必要於其上指出是「透過天命實體之下貫」以形成之。此外，我們也不需要由客體的天命實體下貫而為主體的心、性，即我們不用透過「由客觀的天道建立心體、性體」，才可說道德創造即是創生創造。

正如本文所擬論證，「心、性、天是一」是先驗綜和的過程，這是由於本心所訂立的道德法則，即「本心之天理」是由主體所立，同時透過普遍立法的形式而具普遍必然性，並由之決定人及萬物在天理之下的實存而成就作為終極目的的道德世界。這是通過人之把既主亦客的天理先驗綜和地實現於經驗世界中而實現的道德世界。因此，我們才可以構成一道德形上之天的概念，

〔註93〕牟宗三：《心體與性體》第一冊，台北：正中書局，1996年，頁41。

並據之作為道德世界的根據，這「由下而上」的對道德的形而上學作說明的進路，才似乎更符合孟子「盡心知性知天」之真義。

本文是贊同牟宗三先生所建立以「道德的形而上學」理解先秦及宋明儒的規模。牟先生以其富深刻睿智的哲學洞見及具創造性的哲學心靈，以自律道德上達至道德的形而上學的義理規模，從新疏理中華民族的儒學傳統，其功勞及貢獻是劃時代的。可是牟先生以其「天命實體」的實存及「由客觀的天命實體建立主觀的心、性」的說明進路所構建的「道德的形而上學」卻一直招致其他學者的批評，〔註94〕這主要是由於天命實體的「實存」及「由客觀的天命實體建立主觀的心、性」，皆已超出人類的認識界限而為言，而由於這些批評，亦可能動搖了「道德的形而上學」的根基。由主體（本心）所訂立的天理是具絕對普遍性的，故透過「本心之天理」實現於經驗世界，便即是一透過主、客先驗綜和的過程以實現作為創造的終極目的的道德世界，從而可肯定一形上的「天」作為道德世界的超越根據，這便可回應其他學者對道德的形而上學的批評。由於我們不用肯定超出我們認識能力的天命實體的「實存」及「由客觀的天命實體建立主觀的心、性」，只需肯定天理在每個人之本心便可，而這是每個人皆可清楚知道的。此外，這「由下而上」的說明方式，亦似乎較符合孔孟傳統的「下學上達」及「盡心知性知天」之本意，並對「道德的形而上學」提供了較穩固的說明。

---

〔註94〕如在本文導論章第一節所提及的楊澤波先生及馮耀明先生兩位學者。

# 第六章　對孟子言「存心養性事天」作哲學說明

## 第一節　道德世界在現實中的實現

孔子盛言「仁」道，仁所關涉的不單是人之言行是否合乎仁德，亦同時涉及全人類以及天地萬物在道德目的論下所連結成的道德的世界，即在天理法則之下人以至萬物的實存，這便是孔子之言「志於道」（《論語・公冶長》）、「天下歸仁」（《論語・顏淵》）所嚮往的道德理想。孟子繼承孔子之仁學傳統，亦對天下之有道的道德理想，懷着殷切的追求。孟子曰：「萬物皆備於我，反身而誠，樂莫大焉」（《孟子・盡心上》）、「夫君子所過者化，所存者神，上下與天地同地流，豈曰小補之哉」（《孟子・盡心上》）、以及「苟能充之，足以保四海」（《孟子・公孫丑上》），皆反映了孟子對實現道德世界的嚮往。

人之本心能自我訂立道德法則，並有足夠力量自我遵守這些法則，故踐仁是盡其在我的，每個人由於固有的本心皆可自足地踐仁。對於「天下歸仁」及「萬物皆備於我」的理想，從理上說，是全人類本身有足夠力量以達致的，不須藉着任何外來的力量。但是，人類在實現道德理想的過程中，卻實在地面對着現實的限制。「天下歸仁」及「萬物皆備於我」的理想，就是人作為道德的存有而把天地萬物皆目的論地隸屬於道德的人之下而連結成道德的世界，而作為創造的終極目的的道德世界所以可能的根據，就是人所自立的道德法則先驗地規定着一個終極目的——圓善，而圓善包括有幸福從屬於道德

的聯結關係。但是,人透過踐德以實現道德世界並不是一往直前而自動發生的,因為人不是總是依從道德而行,而就算人遵循道德法則,但在依從自然法則的經驗世界中,也未能保證相配稱的幸福的出現。

康德說:理性的實踐使用「不像雙腳的使用那樣,憑借經常練習就自動發生。」(KpV 5:162)康德之意是人不會自動地總是作道德實踐。就此,孔子亦有言「若仁與聖,則吾豈敢」(《論語・述而》)、「我未見好仁者,惡不仁者」(《論語・里仁》)及「吾未見好德如好色者也」(《論語・子罕》),由此可知,在現實的情況中,每一個人皆可以不遵循道德法則,甚至不是時刻會按自立的道德法則而行事,就算一個人依循道德法則而行,也不能保證其他人也都遵守道德法則,而共同實現「天下歸仁」的理想。

孟子雖亦肯定根於心的仁義禮智之性,並表示這仁義禮智之性是人之為人的分定之性,但孟子亦有言指人很容易受外在環境的影響而未有實現這分定之性。

> 孟子曰:「富歲,子弟多賴;凶歲,子弟多暴,非天之降才爾殊也,其所以陷溺其心者然也。今夫麰麥,播種而耰之,其地同,樹之時又同,浡然而生,至於日至之時,皆熟矣。雖有不同,則地有肥磽,雨露之養,人事之不齊也。」(《孟子・告子上》)

依孟子之意,人雖皆有本心,但會因外在環境,如富歲、凶歲等,而使其陷溺其心(這裏的心是指受物交物所牽引的心)。同樣,孟子亦以麰麥比喻本心,並指因為人事之不齊,使本心的表現亦有所不同。但是,這兩種情況,皆不是固有的本心之能力有任何不足,以使表現有不同,故「非天之降才爾殊也」。從理上說,本心是具有自足的能力以使人實現人之道德性及實現道德世界,孟子之意是人很容易受環境的窒礙,受物所牽引而放失其本心,而未能表現出仁義禮智之性。

> 孟子曰:「牛山之木嘗美矣,以其郊於大國也,斧斤伐之,可以為美乎?是其日夜之所息,雨露之所潤,非無萌蘖之生焉,牛羊又從而牧之,是以若彼濯濯也。人見其濯濯也,以為未嘗有材焉,此豈山之性也哉?雖存乎人者,豈無仁義之心哉?……故苟得其養,無物不長;苟失其養,無物不消。孔子曰:『操則存,舍則亡;出入無時,莫知其鄉。』惟心之謂與?」(《孟子・告子上》)

孟子於此段引文,以牛山之木比喻人之本心,如牛山之木得不到適當的

保養，便不能好好生長，而牛山亦便變得濯濯也。人之本心亦與牛山之木相似，如沒有得到好好的保養，便不能表現出人之為人之性。但是，我們不能因人未有表現出人之性，便謂人沒有本心。故孟子之意是本心是須透過操存的工夫才可使本心表現出來，如不作操存，便是舍，便會亡。

　　另一方面，就算一個人以至其他人皆致力於踐德，亦不能確保人必可獲得相配稱的幸福，因為幸福之事是屬於經驗世界而從屬於自然法則，自然法則是獨立不依於人力所可以支配的。孔子有言曰：「富與貴是人之所欲也，不以其道得之，不處也；貧與賤是人之所惡也，不以其道得之，不去也。」（《論語·里仁》）孔子又說：「富而可求也，雖執鞭之士，吾亦為之。如不可求，從吾所好。」（《論語·述而》）由此可見，孔子不是主張禁欲，甚至對富與貴是人之欲是肯定的，只是如不以其道，不會強而求之，並會從吾所好，這好當然是「好仁」之好。當然，從吾所好亦未必能富與貴，故孔子曰：「道之將行也與？命也。道之將廢也與？命也」，（《論語·憲問》）這便是「命」之問題。孟子云：「求之有道，得之有命，是求無益於得也，求在外者也」，（《孟子·盡心上》）並言：「莫非命也，順受其正」，（《孟子·盡心上》）得之有命乃幸福之事，是求無益於得。故此，我們可知在現實情況中，道德與幸福是遠不一致的。

## 第二節　「存心養性事天」包含道德的宗教

　　由於「德福配稱」在現實中不是必然的，故此，在孔孟傳統中，會設想一個道德的「天」作為道德世界之超越的根據，一方面據之作為人類共同崇敬的對象，以督促我們要時刻謹慎小心，反省己身有否致力踐仁，另一方面，「天」之設定可使人保持對實現圓善的希望。這被設想的道德的「天」，雖是我們的必然的設定，是思想物，但卻對於我們的道德實踐起着促進的作用，故具有實踐的有效性而被視為「信仰之事」。我們透過對「天」的設想，把所有具本心的人皆統一於道德的聯繫之中。這種人與道德的「天」之聯繫，我們可稱之為「道德的宗教」。「道德的形而上學」，從理上說，標示了由本心出發以對作為道德理想的道德世界的要求，並據之我們實踐地設定了一道德的「天」，此義之「天」可並未有宗教的意味。但是，在現實中，由於人是同時具有「大體」與「小體」兩個身分的存在，故「道德的形而上學」必包含「道

德的宗教」，即對道德的「天」崇敬，以促使人對實現道德世界的努力，即關涉到作為人以至天地萬物的終極目的之道德世界的實現及實存。

由於「仁」包含有「道德的宗教」，故在《論語》中，孔子有不少對「天」表現出心存敬畏的言行，而顯出孔子的宗教之情，這便如康德所言「把上帝看做對我們所有義務而言都應該普遍受到崇敬的立法者。」（Rel 6：103）。但是，這絕對不同於如西方傳統把上帝視作為外在自存的神靈，「天」只是對道德的最高者的一種確信，並不意指神性義的天，究其實，這「天」亦只是設想為本心之充其極的理念。

孟子繼承孔子之「仁」而言「心、性」，並有「盡心知性知天」之言，由心說天，這與孔子之由仁說天是相同的，這包含有「道德的形而上學」之意。雖然觀乎《孟子》一書，明顯孟子不像孔子般多言對天的崇敬，故沒有表現出很多對天的宗教之情。孟子沒有表現出宗教情懷，主要是由於其常與時人辯論以宣揚聖賢學說，故多與人有「好辯」之印象，但孟子自道說：「予豈好辯哉？予不得已也。……我亦欲正人心，息邪說，距詖行，放淫辭，以承三聖者；豈好辯哉？予不得已也。能言距楊墨者，聖人之徒也。」（《孟子·滕文公下》）孟子是不得已而與當時之邪說相論辯，以承三聖，正人心，才與人「好辯」之感。這便如宋儒陸象山所言：「夫子以仁發明斯道，其言渾無罅縫。孟子十字打開，更無隱遁，蓋時不同也。」〔註1〕孟子要回應當時的社會形勢，重在以分解的方式說明聖人之道，故少有如孔子般多表現對天之崇敬，但這不礙孟子之學說中亦包含有「道德的宗教」之意。就此，孟子有如下之說：

　　孟子曰：「存其心，養其性，所以事天也。」（《孟子·滕文公下》）

「存其心」就是如上章第二節論人之道德性中所言的心之操存的工夫，心之操存是指操持、保存人所自立的道德法則（天理）於心，並遵從這道德法則以為行為的根據。這是相對於心之放失以為言，心之放失就是不依從道德法則而行事，而受經驗之物之牽引以為行為的根據，這便是失卻了心之為心的本義而不成為心。「盡其心」是從理上說，指如能充盡本心，便可知性、知天。「存其心」是從現實上說，因為人是可以違反天理而並非總是根據天理而行，故人是需要時刻戰戰兢兢以作操存的工夫，致力於遵守本心所自立的道德法則。

「養其性」的養有培養、養育之意，故可引申有實現、使之存在之意。

―――――――――
〔註1〕宋·陸九淵著，鍾哲點校，《陸九淵集》，北京：中華書局，1980年，頁398。

「性」就是「君子所性，仁義禮智根於心」（《孟子‧盡心上》）中所言的性，即根於心所表現的道德性，這便是人之為人的性，同時是天地萬物之性。所以「養其性」就是實現人之為人的道德人格及作為創生的目的之道德世界。這「養其性」是透過「存其心」而為言，故與「仁義禮智根於心」是相一致的。所以「性」是人之分定要實現的實存，是要在「存其心」工夫中把人以至天地萬物之「性」實現出來。

「事天」從表面的意思來看是侍奉天之意，但這是象徵性的表達，並不意指有一外在客觀實存的天，而我們以祈禱或供奉的方式對天作侍奉。孟子所言的「事天」，是緊扣「存心養性」而為言，事天只是象徵性地表示人對一超越的道德天之崇敬，並在這崇敬中促使我們要保持如臨深淵、如履薄冰的謹慎，並孜孜不倦地作操存本心的工夫，以實現我們的人格性及天地之性。「事天」亦可與孔子之「畏天命」相通，所敬畏者，是我們所自立的天理之獨立性、絕對性，以及我們性分所必然要實現的道德分定，我們便以「天命」表之。「事天」及「畏天命」的「天」及「天命」，皆不是實存的東西，而是我們在實踐道德時所涉及的必然的設定，如此設定，即設定為道德的最高原因或天理的命令，其旨是要人在與此必然地設定的「天」或「天命」的對越關係中，透過由對「天」或「天命」所起的崇敬或敬畏之情，以警醒我們要戰戰兢兢盡力作操存本心的工夫，以實現本心之天理所規定的道德人格及道德世界。

「道德的形而上學」是從理上說由本心以知性知天，但在現實的實踐過程中，我們必須進至「道德的宗教」，以把所有具有本心的人皆在與道德的天的關聯中，促使每一個人皆共同努力以實現透過道德法則以把所有人及天地萬物聯結起來的道德目的王國。

# 結　語

　　當代學術界對孔孟傳統的「天」的理解主要分為三種意思，包括神性義的天、虛化義的天及形上實體義的天，當中以形上實體義的天似乎是學術界較為共許的見解，其中尤以牟宗三先生的學說為此見解的表表者，並由此建立他的「道德的形而上學」。牟先生的「道德的形而上學」規模宏大，分析慎密，卓然成一哲學大系統。可是，作為「道德的形而上學」的其中一個基石，形上實體義的天，近年來，愈來愈受不同學者的批評，使「道德的形而上學」的穩固性似乎開始受到動搖。

　　本論文是筆者在新亞研究所修習的博士論文，筆者在研究所修業期間，一直追隨盧雪崑先生研習康德及孔孟哲學，並嘗試透過康德批判哲學的洞見思考孔孟傳統的「天」，發覺孔孟之天實未有形上實體義之意思，並理解到「下學上達」及「盡心知性知天」的理路是一「由下而上」的主、客先驗綜和所成的「道德的形而上學」的理路，而並非「由上而下」的「由客觀的天命實體下貫成為主觀的心、性」之「道德的形而上學」。這是由於後者的說明方式是超過了人之認識能力的界限，即「天命實體」的實存及「由客觀的天命實體下貫成為主觀的心、性」皆超出了人的認識界限。孔孟學說旨在由人的踐仁以實現仁道於天下，從未有對一外在實體義的天之實存作肯定，故「天命實體」義的天是否為孔孟所意涵，實有可值得討論之處。

　　但是，如以「由下而上」的「道德的形而上學」理解孔孟哲學則可能更為符合孔孟之原意。我們每一個人皆清楚明白人自身便有自訂天理（道德法則）及自我遵循天理的能力，並由於天理之既由主體而立而又具絕對普遍性，以及天理所規定的終極目的，我們便可指出透過人己身的實踐天理，就能實

現一主、客先驗綜和的作為創造的終極目的的道德世界，從而肯斷一形上天作為道德世界的超越根據，這便是一先驗綜和的「道德的形而上學」。故這「道德的形而上學」是建基於人之道德能力及所自立的天理，這便如孔孟所言「我欲仁，斯仁至矣」及「人皆有怵惕惻隱之心」，而不需要另外肯定一天命實體的實存。這似乎可更合孔孟之原意，亦是本文所欲表達之旨趣。

　　「道德的形而上學」是從理上說由道德的人分定要求實現道德世界，從而肯定一形上義的「天」。可是，人是可以並時常不依從道德法則，而就算人依從道德而行，道德世界能否實現亦有人力不及的因素，故我們把「天」高舉在全人類之上，以為我們共同崇敬的對象，以促進我們致力於實現我們之道德的分定，並共同邁向實現道德目的王國（道德世界）之確當之途。故此，孔孟哲學中的「天」，不只是從理上說的一種必然的設定，亦是我們道德的信仰及確信，以促使我們在這對越在天的關係中，共同努力實現人以至萬物的實存之分定。

# 附　錄

本文對康德譯文的引用，主要是參考李秋零先生主編的《康德著作全集》第三卷至第六卷（北京：北京中國人民大學出版社，2005 年至 2010 年）。此外，相關譯文亦參考盧雪崑先生有關康德研究的著作。〔註 1〕康德著作引文來源的縮略語亦是參考盧先生有關康德研究的著作，詳見下列的說明，而在縮略語之後的阿拉伯數字分別為《康德著作全集》的卷數及頁數。

A/B：　　Kritik der reinen Vernunft,《純粹理性批判》，（A 即第一版，B 即第二版。）（隨後之阿拉伯數字為德文原著之頁數，不標卷數。）

Proleg：　Prolegomena zu einer jeden Künftigen Metaphysik, die als Wissenschaft wird auftreten können,《任何一種能夠作為科學出現的未來形而上學導論》。

Gr：　　　Grundlegung zur Metaphysik der Sitten,《道德形而上學的基礎》。

KpV：　　Kritk der praktischen Vernunft,《實踐理性批判》。

KU：　　　Kritik der Urteilskraft,《判斷力批判》。

MS：　　　Die Metaphysik der Sitten,《道德形而上學》。

Rel：　　　Die Religion innerhalb der Grenzen der bloβen Vernunft,《單在理性界限內的宗教》。

Anthro：　Anthropologie in pragmatischer Hinsicht,《實用觀點下的人類學》。

O.p.：　　Opus postumum,《遺著》。

---

〔註 1〕盧雪崑先生透過康德哲學以考察孔孟哲學的「天」之主要著作包括：《康德的自由學說》（台北：里仁書局，2009 年）、《物自身與智思物：康德的形而上學》（台北：里仁書局，2010 年）及《孔子哲學傳統──理性文明與基礎哲學》（台北：里仁書局，2014 年）。

# 參考書目

## 古籍

1. 漢·孔安國傳，唐·孔穎達正義：《十三經注疏·尚書正義》，國立編譯館主編，台北：新文豐出版社，2001年。

2. 漢·毛公傳，唐·孔穎達正義：《十三經注疏·毛詩正義》，國立編譯館主編，台北：新文豐出版社，2001年。

3. 漢·何晏集解，皇侃義疏：《論語集解義疏》，收於《無求備齋論語集成》第27～31冊，台北：藝文印書館，1966年。

4. 漢·許慎著，臧克和、王平校訂：《說文解字新訂》，北京：中華書局，2002年。

5. 漢·劉熙：《釋名》，台北：國民出版社，1959年。

6. 元·何異孫：《十一經問對》，收於《通志堂經解：總經解：40》，台北：大通書局，1969年。

7. 宋·朱熹：《四書章句集注》，北京：中華書局，1983年。

8. 宋·朱熹：《朱子語類》（三）及（四），北京：中華書局，1986年。

9. 宋·朱熹：《周易本義》，台北：大安出版社，2008年。

10. 宋·朱熹：《詩集傳》，台北：學海出版社，2001年。

11. 宋·張載：《張載集》，北京：中華書局，1978年。

12. 宋·陸九淵著，鍾哲點校，《陸九淵集》，北京：中華書局，1980年。

13. 宋・鄭汝諧：《論語意原》，收於《無求備齋論語集成》第 152～153 冊，台北：藝文印書館，1966 年。

14. 明・王陽明，鄧艾民注：《傳習錄注疏》，基隆：法嚴出版社，2000 年。

15. 明・焦竑輯：《焦氏筆乘》，收於《歷代筆記小說集成：52：明代筆記小說：21》，石家莊市：河北教育出版社，1995 年。

16. 明・劉宗周，戴璉璋、吳光主編：《劉宗周全集》第二冊，台北：中央研究院中國文哲研究所籌備處，1997 年。

17. 清・何焯：《義門讀書記》，北京：中華書局，1987 年。

18. 清・焦循：《孟子正義》上冊及下冊，北京：中華書局，2012 年。

19. 清・劉寶楠：《論語正義》，北京：中華書局，1963 年。

20. 竹添光鴻：《論語會箋》，台北：廣文書局，1961 年。

## 現代著作

1. 丁為祥：《虛氣相即——張載哲學體系及其定位》，北京：人民出版社，2000 年。

2. 丁原植：《郭店楚簡儒家佚籍四種釋析》，台北：台灣古籍，2000 年。

3. 方東美：《生生之德》，台北：黎明文化事業公司，1979 年。

4. 方東美：《原始儒家道家哲學》，台北：黎明文化事業股份有限公司，1983 年。

5. 王國維著，彭林整理：〈殷周制度論〉，《觀堂集林》上，河北：河北教育出版社，2002 年。

6. 任繼愈主編：《中國哲學發展史：先秦》，北京：人民出版社，1983 年。

7. 朱心怡：《天之道與人之道：郭店楚簡儒道思想研究》，台北：文津出版社，2004 年。

8. 朱建民：《張載思想研究》，台北：文津出版社，1989 年。

9. 朱維煥：《周易經傳象義闡釋》，台北：台灣學生書局，2000 年。

10. 牟宗三：《才性與玄理》，台北：台灣學生書局，2002 年。

11. 牟宗三：《中國哲學的特質》，台北：台灣學生書局，1994 年。

12. 牟宗三：《心體與性體》，台北：正中書局，1996 年。

13. 牟宗三:《宋明儒學的問題與發展》,台北:聯經,2003 年。

14. 牟宗三:《從陸象山到劉蕺山》,台北:台灣學生書局,2000 年。

15. 牟宗三:《圓善論》,台北:台灣學生書局,1996 年。

16. 牟宗三主講,盧雪崑錄音整理:《四因說演講錄》,台北:鵝湖出版社,1997 年。

17. 牟宗三主講,盧雪崑錄音整理:《周易哲學演講錄》,台北:聯經,2003 年。

18. 吳建明:《先秦儒家「天人合德」哲學之探究》,台北:花木蘭文化出版社,2009 年。

19. 李杜:《中西哲學思想中的天道與上帝》,台北:藍燈文化事業股份有限公司,2000 年。

20. 李杜:《中國古代天道思想論》,台北:藍燈文化事業股份有限公司,1992 年。

21. 李杜:《儒學與儒教論》,台北:藍燈文化事業股份有限公司,1998 年。

22. 李明輝:《儒家與康德》,台北:聯經出版事業公司,1990 年。

23. 李澤厚:《中國思想史論》上,合肥:安徽文藝出版社,1999 年。

24. 享利・柏格森著,王作虹、成窮譯:《道德與宗教的兩個來源》,貴陽:貴洲出版集團,2007 年。

25. 周群振:《論語章句分類義釋》上冊及下冊,台北:鵝湖出版社,2003 年。

26. 周群振:《儒學探源:古代儒家的心性思想》,台北:鵝湖出版社,1984 年。

27. 周群振等著:《當代新儒學論文集:內聖篇》,台北:文津出版社,1991 年。

28. 屈萬里:《尚書今註今譯》,台北:台灣商務印書館,2005 年。

29. 屈萬里:《尚書集釋》,台北:聯經出版事業公司,1983 年。

30. 屈萬里:《尚書釋義》,台北:華崗出版部,1972 年。

31. 屈萬里:《詩經詮釋》,台北:聯經出版事業公司,1983 年。

32. 姜志勇:〈前孔子時代之「德觀」──中華民族「德」觀之起源與演變〉,

《鵝湖月刊》，第 36 卷，第 2 期，總號第 422，頁 17～23。

33. 姜義華注譯，黃俊郎校閱：《新譯禮記讀本》，台北：三民書局，1997 年。

34. 威廉‧詹姆斯著，蔡怡佳、劉宏信譯：《宗教經驗之種種》，2001 年。

35. 范良光：《易傳道德的形上學》，台北：台灣商務印書局，1990 年。

36. 范良光：《儒家基本存有論》，台北：樂學書局，2002 年。

37. 唐君毅：《中國哲學原論：原道篇一》，台北：台灣學生書局，2004 年。

38. 唐君毅：《中國哲學原論：導論篇》，台北：台灣學生書局，2004 年。

39. 唐端正：《先秦諸子論叢》，台北：東大圖書，1995 年。

40. 徐復觀：《中國人性論史：先秦篇》，台北：台灣商務印書館，1999 年。

41. 徐復觀：《中國思想史論集》，台北：台灣學生書局，1975 年。

42. 徐復觀：《中國思想史論集續編》，台北：時報文化，1982 年。

43. 秦家懿著，吳華、吳有能譯：《儒與耶》，台北：文史哲出版社，2000 年。

44. 馬持盈註譯：《詩經今註今譯》，台北：台灣商務印書館，2008 年。

45. 高樹藩編纂，王修明校正：《正中形音義綜合大字典》，台北：正中書局，1974 年。

46. 康德著，牟宗三譯註：《康德：純粹理性之批判》上冊及下冊，台北：台灣學生書局，1997 年。

47. 康德著，牟宗三譯註：《康德判斷力之批判》上冊及下冊，台北：台灣學生書局，1993 年。

48. 康德著，牟宗三譯註：《康德的道德哲學》，台北：台灣學生書局，2000 年。

49. 康德著，李秋零主編：《康德著作全集》第 3 卷，北京：中國人民大學出版社，2006 年。

50. 康德著，李秋零主編：《康德著作全集》第 4 卷，北京：中國人民大學出版社，2005 年。

51. 康德著，李秋零主編：《康德著作全集》第 5 卷，北京：中國人民大學出版社，2010 年。

52. 康德著，李秋零主編：《康德著作全集》第 6 卷，北京：中國人民大學出

版社，2010 年。

53. 康德著，鄧曉芒譯，楊祖陶校：《判斷力批判》，北京：人民出版社，2002
年。

54. 康德著，鄧曉芒譯，楊祖陶校：《純粹理性批判》，北京：人民出版社，
2004 年。

55. 康德著，鄧曉芒譯，楊祖陶校：《實踐理性批判》，北京：人民出版社，
2003 年。

56. 許倬雲：《西周史》，台北：聯經出版事業公司，1990 年。

57. 郭沫若：《青銅時代》，北京：科學出版社，1957 年。

58. 郭齊勇：《儒學與儒學史新論》，台北：台灣學生書局，2002 年。

59. 陳來：《古代宗教與倫理：儒家思想的根源》，台北：允晨文化實業股份
有限公司，2005 年。

60. 陳詠明：《儒學與中國宗教傳統》，北京：宗教文化出版社，2003 年。

61. 陳俊民：《張載哲學與關學學派》，台北：台灣學生書局，1990 年。

62. 陳拱等著，牟宗三先生七十壽慶論文集編輯組編撰：《牟宗三先生的哲學
與著作》，台北：台灣學生書局，1978 年。

63. 陳夢家：《尚書通論》，北京：中華書局，2005。

64. 陳夢家：《殷虛卜辭綜述》，北京：科學出版社，1956 年。

65. 傅佩榮：《儒道天論發微》，台北：台灣學生書局，1985 年。

66. 傅斯年：《性命古訓辨證》（上、中及下卷），上海：商務印書館，1938 年。

67. 勞思光：《新編中國哲學史》（一）、（二）及（三上），台北：三民書局，
2012 年。

68. 程志華：《牟宗三哲學研究——道德形而上學之可能》，北京：人民出版
社，2009 年。

69. 馮友蘭：《中國哲學史》，香港：太平洋圖書公司，1956 年。

70. 馮耀明：《超越內在的迷思：從分析哲學觀點看當代新儒家》，香港：中
文大學出版社，2003 年。

71. 黃秋韻：《先秦儒家道德基礎之研究——兼論「惡」的問題》，台北：花

木蘭文化出版社，2011 年。

72. 黃振民：《詩經研究》，台北：正中書局，1982 年。

73. 楊祖漢：《中庸義理疏解》，台北：鵝湖出版社，1997 年。

74. 楊祖漢：《當代儒學思辨錄》，台北：鵝湖出版社，1998 年。

75. 楊祖漢：《儒學與康德的道德哲學》，台北：文津出版社，1987 年。

76. 楊寬：《西周史》，台北：台灣商務印書館，1999 年。

77. 楊澤波：《牟宗三三系論論衡》，上海：復旦大學出版社，2006 年。

78. 廖曉煒：《牟宗三·勞思光哲學比較研究——以儒學重建和文化哲學為中心》，台北：花木蘭文化出版社，2012 年。

79. 熊十力：《讀經示要》上冊及下冊，台北：明文書局，1999 年。

80. 熊公哲註譯：《荀子今註今譯》，台北：台灣商務印書館，2010 年。

81. 劉述先：《儒家思想意涵之現代闡釋論集》，台北：中央研究院中國文哲研究所籌備處，2000 年。

82. 劉述先：《儒學的復興》，香港：天地圖書，2007 年。

83. 劉述先著，東方朔編：《儒家哲學研究——問題、方法及未來發展》，上海：上海古籍出版社，2010 年。

84. 劉滄龍：〈《性自命出》的情性論與禮樂觀〉，《鵝湖月刊》，第 36 卷，第 9 期，總號第 429，頁 32～43。

85. 歐陽禎人：《郭店楚簡論略》，台北：台灣古籍出版有限公司，2003 年。

86. 蔡仁厚：《孔子的生命境界：儒學的反思與開展》，台北：台灣學生書局，1998 年。

87. 蔡仁厚：《孔孟荀哲學》，台北：台灣學生書局，1984 年。

88. 蔡仁厚：《儒家心性之學論要》，台北：文津出版社，1990 年。

89. 蔡仁厚等著，李明輝主編：《牟宗三先生與中國哲學之重建》，台北：文津出版社，1996 年。

90. 鄧秀梅：《儒學中有關「天命流行」一義之探討》，台北：花木蘭文化出版社，2008 年。

91. 鄭宗義：〈心性與天——論勞思光先生對儒學的詮釋〉，劉國英、張燦輝

合編,《無涯理境──勞思光先生的學問與思想》,香港:中文大學出版社,2003 年。

92. 鄭宗義:《明清儒學轉型探析:從劉蕺山到戴東原》,香港:中文大學出版社,2009 年。

93. 鄭宗義主編:《香港中文大學的當代儒者》,《新亞學術集刊》第十九期,香港:香港中文大學新亞書院,2006 年。

94. 盧雪崑:〈就牟宗三先生對康德自由學說批評提出商榷〉(抽印本),《新亞學報》,2006 年,第 24 卷。

95. 盧雪崑:《孔子哲學傳統──理性文明與基礎哲學》,台北:里仁書局,2014 年。

96. 盧雪崑:《物自身與智思物:康德的形而上學》,台北:里仁書局,2010 年。

97. 盧雪崑:《康德的自由學說》,台北:里仁書局,2009 年。

98. 盧雪崑:《儒家的心性與道德形上學》,台北:文津出版社,2009 年。

99. 錢穆:《中國學術思想史論叢》(一)及(二),北京:九州出版社,2011 年。

100. 錢穆:《四書釋義》(修訂重版),台北:台灣學生書局,1993 年。

101. 謝冰瑩等編譯:《新譯四書讀本》,台北:三民書局,2002 年。

102. 謝君直:〈郭店儒簡《性自命出》的心性論與當代孟學詮釋之對比〉,《鵝湖月刊》,第 36 卷,第 9 期,總號第 429,頁 14～31。

103. 謝斌:〈唐君毅先生詮釋孔子天命觀〉(上),《鵝湖月刊》,第 39 卷,第 4 期,總號第 460,頁 37～46。

104. 謝斌:〈唐君毅先生詮釋孔子天命觀〉(下),《鵝湖月刊》,第 39 卷,第 5 期,總號第 461,頁 14～20。

105. 羅光:《儒家哲學的體系》,台北:台灣學生書局,1990 年。

106. 羅光:《儒家哲學的體系續編》,台北:台灣學生書局,1989 年。

107. 龐樸:《郭店楚簡與早期儒學》,台北:台灣古籍,2002 年。

108. 顧史考:《郭店楚簡先秦書宏微觀》,上海:上海古籍出版社,2012 年。